拉美寻美

Lamei Xunmei

袁南生◎著

中国社会科学出版社

图书在版编目(CIP)数据

拉美寻美/袁南生著. —北京:中国社会科学出版社,2014.1
ISBN 978 - 7 - 5161 - 3875 - 5

Ⅰ.①拉… Ⅱ.①袁… Ⅲ.①拉丁美洲—介绍 Ⅳ.①K973

中国版本图书馆 CIP 数据核字(2014)第 011903 号

出 版 人	赵剑英
责任编辑	王 茵
责任校对	王友学
责任印制	王炳图

出　　版	中国社会科学出版社
社　　址	北京鼓楼西大街甲 158 号 (邮编 100720)
网　　址	http://www.csspw.cn
	中文域名:中国社科网　　010 - 64070619
发 行 部	010 - 84083685
门 市 部	010 - 84029450
经　　销	新华书店及其他书店

印　　刷	北京君升印刷有限公司
装　　订	廊坊市广阳区广增装订厂
版　　次	2014 年 1 第 1 版
印　　次	2014 年 1 月第 1 次印刷

开　　本	710×1000　1/16
印　　张	26.25
插　　页	7
字　　数	430 千字
定　　价	79.00 元

巴西伊瓜苏瀑布

巴西伊泰普水电站

巴西的天主教堂

巴西的鸟

快乐的苏里南人

男尊女不卑的苏里南

使馆馆员买下这袋鲜虾,花了 35 个苏元(约 70 元人民币)

又钓了一条

丰收的渔民

特多风光

苏里南原住民印第安人

苏里南原住民印第安人

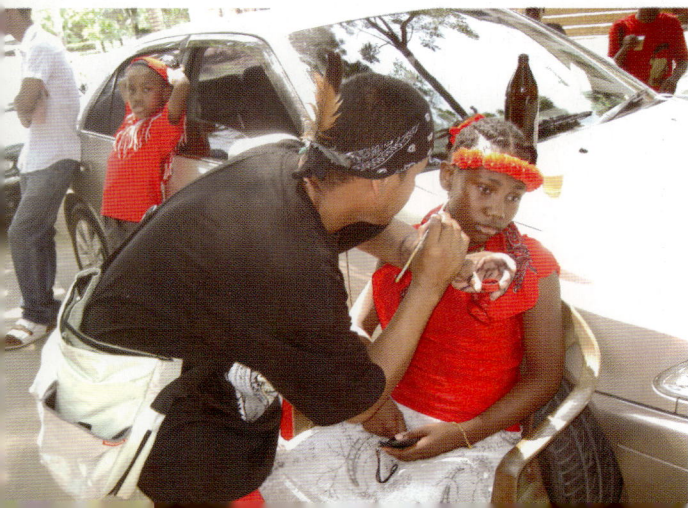

爱美的印第安人

华人艺术家魏南光笔下的
印第安人

古内城大街的陆军方队

古内城大街的女兵方队

和苏里南外长拉金交换中苏经济技术合作协定文本

陪同鲍特瑟总统出席使馆国庆招待会

欢送第一夫人率家人访华寻根

被苏里南总统授予苏里南国家最高荣誉勋章

目　　录

第二篇　拉美奇闻异事

第三篇　拉美社会百态

第四篇　拉美特色文化

第五篇　拉美廉政掠影

第六篇　拉美华界奇事

第七篇　拉美生态景观

序言：从"天上神仙洞，地上苏里南"说起

2009 年 8 月 29 日，我奉命来到拉丁美洲，来到小国成群的加勒比地区，出任第十任中华人民共和国驻苏里南共和国特命全权大使。我在这个职位上工作了三年半。

我在只有 50 万人口的典型小国苏里南工作，时间虽不长，却几乎天天都能感受到他们的自豪感，总觉得他们活得轻松、活得潇洒、活得有尊严，幸福指数很高。当地华人写给我的一幅对联集中体现了这种自豪感："天上神仙洞，地上苏里南"；横批："人间天堂"。苏里南的美体现在自然之美、和谐之美、法治之美、文明之美，同时，苏里南的美集中体现、

图 0-1　苏里南河

反映、代表了拉丁美洲的美。

了解拉美的独到之处，领略拉美独特的美，可以将中国与苏里南作一个大致的比较：中国自然灾害不断，苏里南没有天灾；中国外来移民极少，苏里南移民为主，是一个移民国家；中国男多女少，苏里南女多男少；中国人多地少，苏里南地多人少（国土面积同中国山东省差不多）；中国国富民穷，苏里南国穷民富；中国大国小球（13亿人玩乒乓球），苏里南小国大球（出了不少世界级足球明星）；中国人吃饭先菜后饭，苏里南则先饭后菜；中国军强警弱，苏里南警强军弱，发生骚乱，没有警察同意，军方不能开枪，国庆阅兵，警察方队走在最前面；中国一楼多户，苏里南一户一楼，或一户多楼；中国一夫一妻，苏里南既可一夫一妻，也可一夫多妻，还可一妻多夫；中国以发展为纲，苏里南以潇洒为纲；中国是人情社会，苏里南是闲情社会；中国重目标正义，苏里南重程序正义；等等。因此，《拉美寻美》这本书从中苏比较的角度，集中介绍苏里南的特点。

天人合一的和谐美

中国人重视天人合一，认为万事万物的和谐是最大的美。老子说："人法地，地法天，天法道，道法自然"（马王堆出土《老子》乙本），即表明人与自然的一致与相通。我认为天人合一在中国只存在于几千年来的哲学理念之中，而在苏里南则是一个活生生的现实的存在。

苏里南共和国位于南美洲东北部，比邻圭亚那和法属圭亚那，其南部与巴西接壤。该国90%的国土面积为森林所覆盖，有"地球之肺"的美称。苏里南面积163265平方公里（包括同圭亚那有争议的2万多平方公里），苏里南人口53万（2013年人口最新统计），其中20万集中在首都帕拉马里博。苏里南共和国曾先后沦为西班牙、法国、英国和荷兰的殖民地。1975年，苏里南与荷兰王国达成协议取得独立。独立后，当局与荷兰签署有关法律手续，允许苏里南人选择自己的国籍。当时10万人以上选择了荷兰国籍，并选择在荷兰定居。时至今日，几乎每一个苏里南家庭都有亲戚或朋友在荷兰。而在荷苏里南人给国内亲人的侨汇，每年高达数亿美元。虽然苏里南民族众多，宗教信仰各异，但这个国家极为和谐，集

中体现在如下方面:

一是人与自然的和谐。几千年来,在有文字记载的历史上,苏里南就没有地震、没有海啸、没有台风、没有火山爆发、没有旱灾、没有洪涝、没有山崩、没有冰灾、没有瘟疫。虽然苏里南海岸线不短,是半岛国家,但上帝对苏里南特别眷顾,连台风都没有。苏里南人对大自然的保护不遗余力,例如,对树木采伐审批极为严格。

二是人与人之间的和谐。这里没有战争、没有革命、没有特权、没有黑社会、没有民族冲突、没有宗教冲突、没有文化冲突。苏里南族群众多,文化多元,却能和谐共处。这里有受荷兰殖民者影响300多年的混血"城市黑人",有当年为逃避殖民者残酷剥削而遁入森林的黑人奴隶后代"丛林黑人",有作为契约劳工在该国甘蔗园、香蕉园劳作的华人、印度人和印度尼西亚人,甚至还有紧随荷兰殖民者而来的南欧犹太人以及黎巴嫩人等中东人后裔。苏里南没有一个族群占绝对多数,政治上50多个党派主要以族群划分,平均1万人1个政党,但各族群互尊互敬,彼此包容,成为世界上多族和谐共存的典范。在首都帕拉马里博市中心,清真寺和犹太教堂毗邻而居,相安无事,遇有大型活动还共享同一个停车场。这

图 0-2　印尼裔移民定居苏里南纪念碑

里的民众不出社区即可体验到印度族的点灯节和洒红节庆典、印尼裔等穆斯林族群开斋节的狂欢、黑人奴隶解放日的纵情欢歌等。鲍特瑟总统在2013年6月5日晚举行的印度裔移居苏里南140周年纪念大会上表示，"对不同族群的尊重，对彼此文化的承认和包容，是建设苏里南未来的基础"。这揭示了苏里南实现社会和谐、人民团结的"秘诀"所在。

图 0-3   印度裔苏里南人欢度传统
           民族节日洒红节

图 0-4   苏里南盛装的黑人

图 0-5   苏里南盛装的黑人

人们常说，君子动口不动手，在苏里南，吵架骂人的事极少发生，女士优先是社会的规则，车让人是司空见惯的现象。苏里南是一个多民族、多宗教、多语言、多文化并存的国度，各民族间和睦相处，既保留了各族群在宗教信仰、民族习惯、语言文化以及饮食禁忌方面的与众不同，又打破了各自的传统，乃至在某些国家被视为不可逾越的事情，在苏里南却是司空见惯、习以为常的现象，比如，父亲是基督徒，儿子是穆斯林；丈夫是不吃牛肉的印度教徒，妻子却是酷爱吃牛肉的穆斯林；讲荷兰语的婆婆

图0-6　苏里南首都帕拉马里博的华人纪念碑

图0-7　盛大活动点灯是印度裔拉美人的传统

与讲客家话的儿媳要通过孙子的翻译进行沟通；选举期间一家门前插着多面代表完全对立党派的旗帜，这一家人却是和睦如故。在这个多族群、多宗教、多文化的国度里，不同族群间相互通婚现象十分普遍，从皮肤颜色上似乎已无法断定其血统关系，混血人越来越多，甚至一家人的肤色大不

图 0-8　苏里南小姐

相同，以致一些人根本就弄不清楚自己应该属于哪一个族群。苏里南就是这样一个多民族、多宗教和谐共处的国家，没有族群对抗，没有信仰歧视，没有文化壁垒，多种语言混用，和睦共存。

三是与周边国家的和谐。苏里南与周边国家有边界争议，但从没有发生过边境冲突。例如，苏里南与圭亚那虽然有边界争议，但他们采取的办法是请求联合国裁决，而不是诉诸武力。苏里南全国陆海空三军只有 2000 多人，保卫着国土面积像中国山东省面积那么大的地方，严格来讲只具有象征意义。和睦的周边关系使苏里南把尽可能多的钱花到了经济建设和社会建设上。

苏里南的人均 GDP 超过 7000 美元（2012 年），手机人均 1 部多，汽车人均占有率比美国还高。海地发生特大地震时，苏里南人均捐款达 5 美元。我亲眼所见，苏里南妇女拿着碗、碟子和衣服等到河边洗，一边洗，一边搁一根钓鱼竿在河边，等到衣服都洗完了，鱼也钓了几斤，于是收起钓鱼竿，提着衣服和鱼回家了。我在想，这一幕是否比每天到超市购物，用洗衣机、洗碗机的城里女士更有诗

图 0-9　苏里南国庆时的宣传画说明印度裔、印尼裔、黑人、华人和克里奥尔人是苏里南的主体民族

图 0 - 10　苏里南总统办公室

意？中国人为高层住宅鳞次栉比而自豪，苏里南人不羡慕，却为他们一家
一户的别墅式住宅风格而自豪。他们常常问我，中国人家里种花在什么地
方？养动物在什么地方？苏里南人至今住的是一家一户的房子，式样没有
一模一样的，有荷兰风格的、美国风格的、英国风格的、巴西风格的，首
都仿佛是一个建筑博物馆，所以首都帕拉马里博古内城和北京故宫一样，
被联合国定为世界文化遗产。

移民国家的多元美

　　汉族是中国的主体民族，汉族，在东南亚被称为华族，在海外被称为
华人或唐人，成千上万的中国人不断移民海外，在一个个别的国家建立起
唐人街、唐人城，但是，在中国有什么法人街、德人街、俄人街等外来移
民的聚居地吗？没有。中国外来移民极少。现在，苏里南成了中国移民的
主要目的国之一，而苏里南本身就是一个主要由移民构成的国家。

　　苏里南以移民为主，是个多民族国家，常被人们描述为"世界的缩
影"，甚至还有"小联合国"的雅称。苏里南国内民风淳朴，社会总体稳

图 0 - 11　苏里南的印第安人

定。苏里南共有六个主要民族群体，分别是印度人（亦称印度斯坦人，Hindustanis）、克里奥尔人（Creoles）、印度尼西亚人（Indonesians，亦称爪哇人 Javanese，因为主要为爪哇岛人，但苏里南华人常称其为"马来人"）、丛林黑人（Bosnegers 或 Boschnegers 或 Bush Negroes）、印第安人（Amerindians）和华人（Chinese）。另有少量欧洲人、黎巴嫩和犹太等移民。外来移民比原住民印第安人要多得多。

　　苏国民中还有不少来自于荷兰、英国、德国、葡萄牙和西班牙等欧洲国家，主要是过去殖民者或移民的后代，也有一些是后来移民过来的。苏里南独立后，他们之中许多人回到了原籍国。现在，苏里南的欧洲人为数不多，大约5000人，多数生活在城镇，从事自由职业或服务业；另有一些为外资企业管理人员、技术人员或工人。其他少数民族如黎巴嫩人、犹太人、巴西人、圭亚那人、北美人等，居住分散，根据职业状况或生活在城镇或居住在农村，或在沿海或在内地，但一般来讲，同一个民族的成员为了生活方便和互相依靠、照顾，还是喜欢聚族而居。

　　苏里南民族数量多，而且每个民族都各自抱团，相互界限分明，就民族多样性和民族的分离程度而言，苏里南是拉美和加勒比地区首屈一指的国家；在全世界范围内，苏里南也是位居最为典型的民族众多而分离程度较高的 20 个国家之中。苏里南的民族分离突出表现在政治舞台上，其国内主要政党、群众组织等基本上是依据民族界限组建起来的。同时，由于苏里南各民族之间能够相互尊重、理解，并能包容其他民族的文化传统，因此民族关系相当宽容、融洽与和谐。世界新老国家中，如此众多的民族能够如此融洽与谅解地生活在一起实属罕见，苏里南正是这样的国家，这也是苏里南国民引以为豪的特点。

苏里南的土著居民是印第安人，其他民族都是外来民族。但严格地讲，从现有的考古证据推定，印第安人也是外来民族，只是他们进入拉美和苏里南的时间更早一些；与后来民族相对而言，一般将他们视为土著人。在历史上，英国和荷兰等欧洲国家曾对苏里南进行长期的殖民统治。殖民者发展甘蔗等种植园经济需要大量劳动力，于是先从欧洲移民，接着又从非洲贩入黑人奴隶。在奴隶制被废除后，殖民者又从欧洲、亚洲、非洲等地引进契约劳工。因此，苏里南社会逐渐由单一的印第安民族演变成为多种族、多民族社会。现在，各民族一般都有自己的生活地区、经济活动、语言文化、风俗习惯、政党或群众组织等。各民族的上层人物、社会

图 0 - 12　犹太教堂与穆斯林清真寺睦邻友好、和平共处

名流一般可以通婚。他们之外的普通人一般仍保持各自民族群体的界限。但是，由于各族成员之间一般能够互相理解、容忍与和睦相处，民族通婚或融合一直在自然地发展。在首都帕拉马里博，犹太教教堂和清真寺比肩而立，似有手足之情。在学校和工作场所，人们可以看到各种各样的民族成员组合在一起，各司其职。在市场、商店及其他公共场所，不同肤色、不同衣着的人混杂在一起，相安无事。

苏里南移民为主决定了苏里南多元文化的基本国情，苏里南人为他们的多元文化而自豪。苏里南首都国内机场的一块牌子特别醒目，上面写着："欢迎来到苏里南：小联合国"。走进首都市区，犹如走进世界建筑博览会；看人种，黑、白、棕、黄，各种肤色应有尽有；听语言，荷兰语、英语、西班牙语、葡萄牙语、法语、印地语、马来语、汉语、印第安人土语，南腔北调，万语俱全；看节目，印度舞、非洲舞、中国舞、印尼舞、拉丁舞、土著舞以至西方的芭蕾舞司空见惯，比比皆是。

西班牙、荷兰、英国、法国先后将苏里南作为殖民地，并多次易手，留下了五光十色、丰富多彩的建筑等遗迹。帕拉马里博市内有各种民族风格的建筑，房前竹竿上有白色或红色小旗的，是印度人的住宅；硬木结构、树叶屋顶的"A"形茅屋，是黑人的房子；圆顶清真寺附近色彩淡雅的建筑，是爪哇人的住宅；克普莱因大街上庄重低矮的教堂，是荷兰人的圣地；罗马风格的木结构教堂，是信奉天主教的欧洲人聚会的场所。帕拉马里博是全国的经济中心。工业有小型轻工业、食品、啤酒酿造、木材加工等。该城市还是全国的交通枢纽，公路通往沿海各城镇；铁路通往布隆斯维格；港口码头长1600米，全国对外贸易货物几乎全部在此吞吐。帕拉马里博有全国唯一的大学苏里南大学，还有苏里南医学院、农业研究中心、苏里南博物馆、动物园、植物园等，因而它也是全国的文化中心。

图0－13　印第安人零售摊点

小国大球的运动美

论起人均出足球明星，没有一个民族比得上苏里南。苏里南是南美洲的一个小国，只有 50 万人，然而这里世界级的足球明星辈出，荷兰有很多著名的足球明星都是苏里南移民后裔，例如古立特、里杰卡尔德、戴维斯、西多夫、克鲁伊维特、温特、巴贝尔等，光这些人都能组成一支球队了，这使我惊诧不已。我出任驻苏里南共和国大使不到两个月，总统费内西安、议长苏摩哈尔乔、总统政治秘书皮豪分别邀请我和他们一起观看足球比赛，这更促使我对苏里南所具有的大球文化刮目相看。

说足球是苏里南的国球一点也不过分，上至总统议长，下至平民百姓，几乎人人关注足球赛事，个个参加足球运动。足球大明星西多夫在首都创办了足球职业俱乐部，培训足球专业人才，400 多个业余足球俱乐部更是使足球运动实现了普及化、经常化和精英化。几乎每个内阁部长都参加了某一个足球俱乐部，部长、议员在球场踢球，甚至参赛在当地不是新闻。几乎每个公务员每个礼拜至少参加一次俱乐部组织的足球比赛。富人的宅邸通常建有足球练习场，有无练习场成为宅邸是否上品位的一个标志。中小学下午无正课，孩子们在下午的活动内容很多时候就是学足球、练足球和比足球。常看到学生上学，一面走，一面用脚运着足球。即使是穷人家的孩子，也喜欢光着脚，把足球在空地踢来踢去。

在中国，家家都望子成龙，"成龙"的含义很大程度上是升官发财。在苏里南，我却发现不少人家以小孩能成为足球明星为荣。据媒体公开报道，著名足球运动员克鲁伊维特的苏里南籍父亲和荷兰籍母亲几乎从恋爱开始便商量：我们必须生一个足球明星。足球巨星对于他们来说就是金钱、荣誉、名望和天堂。克鲁伊维特不负父母所望，仅仅用了 19 年便顺利攀上了欧洲足球之巅。1995 年的欧洲冠军杯决赛，最后时刻上场的克鲁伊维特攻进了全场唯一进球。一年后，米兰痛定思痛买下了这个神奇小子。

苏里南大球文化大行其道，同家财万贯的很多足球巨星成为反哺祖国的大慈善家有关。在人们的印象中，明星球员往往会贪得无厌，他们在腰包塞得满满的情况下仍会不断地向俱乐部要求涨薪，而后又会在稍有不顺心的情况下不顾球迷的愿望以巨额转会费改换门庭。但如果你来到苏里南，你会发现事情并不都是这样。例如，足球明星西多夫让他的父亲把从祖父手里继承的大块地产捐出来，他则捐出100万英镑在这块地上盖了一个体育馆。尽管他在2岁后就离开了故土，但他还是不时地回到家乡去探访他的祖父弗雷迪以及他的亲朋好友。他很早就有了为家乡修建一座体育场的想法，因为他认为家乡那些坐在路边卖蔬菜和报纸的苦孩子们需要他的援助，足球会给他们一个全新的机会。西多夫在苏里南首都帕拉马里博的新闻发布会上说："我认为多少钱并不是问题，重要的是它会给人们带来希望。我的梦想就是让那些孩子们离开街道，让他们有机会到体育场里去踢足球。"足球明星巴贝尔既是一个很好的球员，也是一个很好的公益大使。他积极参加安东尼·沃克基金组织的反种族歧视活动和英超的"创造机会"活动，努力帮助12－16岁的各种残疾儿童。在苏里南，人们经常可以看到足球明星们为慈善目的而进行比赛，足球明星将门票收入捐给当地的弱势群体。

在苏里南的大球文化中也有伤痛的一页。1989年6月7日，从荷兰

图0－14　为苏里南空难中丧生的足球队员建立的纪念碑

阿姆斯特丹飞往苏里南国际机场的苏里南航空公司 PY764 航班坠毁在靠近首都的树丛里。机上 187 名乘客与机组人员中有 176 人丧生，其中有 15 名足球运动员，绝大多数是苏里南裔，他们组成一支表演性质的球队为了慈善目的来苏里南比赛。古利特、里杰卡尔德、温特、罗伊和布林德等明星因米兰不肯放人或身体不适等原因未能参赛，荷兰国脚梅杰和门佐搭乘了较早的一班飞机前往，从而与噩运擦肩而过。遭遇空难的球员作为英雄受到纪念，部分飞机残骸被设计成纪念碑立在空难者长眠的首都的一座公墓里。空难 20 周年纪念活动过去 2 个多月时，我来到了苏里南，看到空难纪念碑和空难者墓碑前仍然摆满了鲜花。我感到，一个珍惜足球人才、将球员空难视为国殇、将足球明星视为民族英雄的民族是不会缺乏足球明星的。

还有一点也许令国人感兴趣，苏里南裔的足球明星有的其实是华裔。例如，荷兰国脚阿隆·温特的祖父张俊强是中国人，后远渡重洋去苏里南做生意，与当地女子生下一子，此子随母亲改姓"温特"。老"温特"后又移民去了荷兰落地生根，后来生下了大名鼎鼎的球星小温特。1996 年 5 月，中国队曾经与荷兰队进行过一场友谊赛。小温特在赛前握手时，用标准的汉语对中国球员说了一句："我是中国人。"他曾 83 次代表国家队出战，创下荷兰国脚的出场纪录，同时，他分别以球员和队长的身份，代表荷兰国家队参加了 1990 年、1994 年、1998 年三届世界杯和 1992 年、1996 年、2000 年的三届欧锦赛。

中国是大国，中国的小球（乒乓球）文化名扬天下，相比于小国苏里南的大球文化，国人是否能从中得到某些启迪？

地多人少的生态美

苏里南是世界上人口密度最低的国家，平均每平方公里只有 2.7 人；不惟地广人稀，苏里南也是森林覆盖率最高的国家，达 90% 以上，绝大部分国土为广袤的森林所覆盖，且北纬 4 度以南基本上处于"未被触及"状态，仍然保持着原始的生态环境。苏里南共设 16 个自然保护区，占其国土面积的 1/7。这里的水资源十分丰富，河流、湖泊、水库众多，世界第一大河——亚马逊河（Amazon）的支流河系流遍这里的广大地区，苏

图0-15　加勒比岛国风光

里南河便是其中最重要的河流之一，它全长480公里，被称为苏里南的母亲河。这些河流水系不仅滋润、肥沃了这块土地，也使这片森林成为地球上所剩无多的天然净土。苏里南北部为热带草原气候，南部属热带雨林气候，年平均气温27℃，且雨量充沛，年降水量在2000毫米以上。这里常年无冬，树木终年生长，加之近赤道，日照时间长，自然条件优越，具备了极佳的植物生长要素，更无人为砍伐破坏，任凭原始森林自生自灭。森林中的水源、空气几乎没有任何污染，大面积的原始森林在光合作用下，消化了大量的二氧化碳，释放出不尽的氧气，空气新鲜得不得了，可谓天然"大氧吧"。在全球性大气污染日趋严重的今天，其净化空气的作用不可低估，故人们誉为"地球之肺"。深深地吸上一口，清新醉人的空气令人心旷神怡。

首都帕拉马里博，在印第安人的语言里意为"花都"。花都帕拉马里博的人口几乎占了这个国家的一半，但空气特别清新，晴日里天空始终是那么湛蓝，夜晚苍穹星罗棋布。此处虽然林海浩瀚，却无险峻的山峰，丛林深处海拔最高的朱丽安娜峰也只不过1286米，多数山峰只有几百米高。由于地处热带，整个市区椰林相连，棕榈成荫，到处可以看到成片的椰树

图0-16　来苏里南的游客

图0-17　苏里南度假村一角

林，街道两旁整齐地排列着高耸的棕榈树、俊秀高大的桃花心木和罗望子树，各种乔木缀满了红艳艳、紫茵茵的花朵。最为常见的是一些丛生的灌

图 0 – 18　拉美盛产木材

图 0 – 19　拉美蛇纹木制成的木雕

木，各色花朵争芳斗艳，有红、紫、黄、白等各种颜色。被誉为"国花"的"法娅鲁比"更是多彩多姿，"法娅鲁比"在当地语言中是"火一般的友情"的意思，鲜红的细小花瓣，一簇簇、一团团，聚集成球形，宛如火红的大绣球连成一片。还有一种开红花的热带树木，被当地人称为"火焰树"，花开时犹如浓焰烈火，给人以兴旺热烈之感。

苏里南林深树密，雨量充足，气候适宜，加之优越的地理和自然环境，成就了生物的多样性，千百年形成的大面积森林中，各种热带动植物无所不有，大树参天，老藤纵横，奇花异草，争芳斗艳。尤其是这里蕴藏着丰富的优质木材，成为木材资源的聚宝盆，其中不乏一些珍稀树种，山里特产的南美红木、蛇木、黄花梨等，都堪称上好的木材，材质坚硬，花纹多样，用途广泛，是建筑、家具或生产工艺品等不可多得的好材料。

与一般岛国不同，苏里南是南美大陆的一部分，这个半岛国家与巴西为邻，它们土地接壤，森林毗连，无边无际，为野生动物创造了天然的生存环境，动物没有国别意识，也无需申请签证，它们在广袤的原始森林中自由自在地活动、迁徙。苏里南堪称天然的世界物种基因库，生活着大量的珍稀动植物物种，科普调查发现，苏里南自然保护区植物物种丰富，数量繁多，有将近6000种植物，其中有47种是保护区特有的植物物种。保护区的动物物种也很丰富，有680种鸟类、185种哺乳动物、152种爬行动物、95种两栖动物、790种鱼类和400多种鸟类。苏里南总共有1890种脊椎动物，其中3%是这里特有的物种，这些数字还在不断变化中。浩瀚的森林中，山坡旁、沟壑里，树梢上、草丛间，飞禽、走兽、爬行动物无所不在，有取之不尽的野生动物资源，难怪有人感叹这里是"坐吃山不空"。原始的生态环境，世代沿袭的生存本能，形成了天然的食物链，完整地保留着动物各自的天性，它们相生相克，自生自灭，繁衍生息，这里是野生动物最理想的天然栖息之地。若要了解动物的原始生存状况，最好到包括苏里南在内的南美大陆来。大山中生存着世界上所剩不多乃至濒临绝迹的珍稀动物，诸如美洲虎、美洲豹、穿山甲、野山龟、山猫、花豹、果子狸 、鳄鱼、蟒蛇、变色龙、山龟等野生动物，林中屡见不鲜。苏里南盛产美洲虎，这种虎不似东北虎、华南虎或孟加拉虎那样硕大威猛，其体形如豹，灵活矫健，身上有团块形状、布局均匀的花斑，在虎类动物日渐稀少的今天，苏里南的原始森林使之得以保存下来。苏里南水域纵横,濒临加勒比海和大西洋,鱼翅、虾蟹等海鲜多得不得了。苏里南四季花开,水果遍地,野芒果、野香蕉到处都是。

苏里南河的入海口处,是一片宽阔的水域,海水、河水交汇在一起,让人分不清是海还是河。成群结队的海豚时常出没于这一带水域,腾越翻转,煞是好看,因此,这里成为观看粉腹海豚的好去处。一条条十余米长的有篷的机动木船成为观海豚的水上快艇,船家最知道哪里有海豚、如何看海豚,一定不会让游客失望。时起时伏、或独行或群游的海豚,就在小船左右,有时故意来几个空翻,露出美丽的粉白肚皮,胆子大些的,敢到船边来与人对视,希望得到游客投来的另类美餐,它们是不在意嗟来之食的,那神态可爱极了。这里没有人伤害它们,因此,它们对人类没有太多的畏惧。

苏里南是看海龟下蛋的好地方。这些地方多是印第安人的聚居地,一片片天然沙滩,虽然由于海、河相混水不够清澈,不能成为天然浴场,但却是极好的海龟繁殖地。因此,每年的 4 - 6 月份,都有大量的海龟借着夜幕的掩护,爬上岸来扒沙生蛋,繁殖后代。这已成为水边一景,引来无数国内外游人闲客来此一睹这奇特景观。只要海龟上了岸,选好了位置

图 0 - 20　海鸥与渔船

开始挖沙，它们就不再顾及身边是否有人，生儿育女要紧，谁爱看谁看。海龟妈妈一次可以产100多枚乒乓球大小的龟蛋，边产边埋，然后回归大海，再也不管了。两个月后小海龟便会破壳而出，成群结队地钻出沙层，爬向大海。然而，小海龟毕竟是自然界的弱者，纵使这里天然条件优越，但由于其本身生存能力不强，岸上、水里又天敌甚多，因此最终能够存活下来的寥寥无几。好在这里的人们都很自觉，有保护海龟的意识，政府也有相关政策，所以很少有人拿走龟蛋，也很少有人伤害它们。

苏里南是南美第一个种植咖啡的国家，挪威曾是该国咖啡产品的主要进口国。1667年已在苏里南定居的荷兰人，于18世纪早期从爪哇引入了咖啡树。第一批咖啡树是由阿姆斯特丹市市长赠给一个佛兰芒（Flemish）海盗的，这个海盗是汉斯拜克人（Hansback）。确切地说这些咖啡树被种植在当时的荷属圭亚那地区（DutchGuyana），几年之后，便在邻近的法属圭亚那地区广泛种植。那时，有一名法国罪犯叫穆尔格（Mourgues），他得到许诺：如果把咖啡树引入法国殖民地，就能获得赦免及自由出入法国的权利。自然，他做到了。

苏里南人为他们的生态美而自豪，确实，感受生活的原生态，请来苏里南。有人说，苏里南人“懒”，我则认为，山中野味多的是，水中鱼虾捞不完，各种野生水果吃不尽，他们有“懒”的本钱。中国人则懒不起，一懒就会饿死人。这就是为什么对苏里南人来说，周末商店关门雷打不动，再多钱也不加班，发展不是硬道理，休闲潇洒才是硬道理。

饭先菜后的食物美

苏里南最流行的菜是中国菜，餐馆中绝大多数是中餐馆，中餐馆中绝大多数是客家餐馆，首都帕拉马里博至少有100家以上中餐馆，其中，龙凤酒家、翡翠酒楼、志明酒家、明苑饭店、苏东酒楼、客家王饭店等，都是声名遐迩的客家餐馆。中餐是如此流行，以致总统府举行国宴，提供的往往不是牛排、羊排、猪排、鸡排、炸薯条、奶油汤之类的西餐，而是有明显中餐色彩的菜肴，如红烧肉、什锦鸡块、炒白菜、白切鸡等，当地许多名流大腕都会用筷子就餐。苏里南人请客，上来的第一道菜是一碗大米饭，这是苏里南人与中国人请客吃饭的最大不同之处。

苏里南的饭菜有着独到的美。

一是美在食物安全。苏里南的食物都是原生态的食物，绝对安全，根本不用担心有什么假冒伪劣。鱼是从海里直接捕上来的，不是人工养殖的；鸡是地走鸡，是所谓的"土鸡"；猪、牛、羊不是吃生物化学饲料长大的，而是用原生态的方式喂养的；大豆、玉米、木薯等主食是在休耕制度确立下的土地上种植的，不用或少用化肥。苏里南的韭菜比起中国的韭菜，长短差不多，但叶子小多了，中国的韭菜叶子明显要肥大得多，苏里南的韭菜叶子则要结实得多，原因无他，中国的韭菜是化肥催大的，苏里南的韭菜则是自然而然长成的。

二是美在品种珍稀。苏里南盛产鱼翅，中国，特别是港澳台地区的鱼翅，不少是从苏里南进口的。苏生产的鱼肚，雅称为"花胶"，个头肥大，质量上乘，主要出口到粤港澳。苏里南的金枪鱼驰名世界，主要由来自中国台湾的渔船在捕捞，以国际拍卖的方式销售，主要销往日本，在苏里南是席上珍品，但价格比起东京、香港和京沪，则便宜多了。苏里南的三文鱼价廉物美，远销海外。苏里南虾蟹肥硕无比，而且非常便宜。一次，我们租船在帕拉马里博河海交汇处游览，有渔民在捕鱼，一条3斤的

图 0 - 21　加勒比岛国的特殊海鲜

图 0 - 22   拉美特产

大平鱼，只卖 10 个苏元（相当于 20 元人民币）；一塑料编织袋的活蹦乱
跳的虾，足有 40 斤，只卖 35 苏元。鲥鱼在中国苏杭，据说 2000 元人民
币左右一斤，在苏里南只要 10 个苏元一斤，就是说，中国的鲥鱼价格比
苏里南高 100 倍。之所以这样，是因为苏里南人压根就不喜欢吃鲥鱼，因
为鲥鱼刺多、肉少、鱼鳞尤其讨厌。苏里南大鱼头多得不得了，2011 年，
我到中央市场随便走走，一个 20 斤重的大海鱼鱼头只卖 20 个苏元，也就
是 40 元人民币，从不买菜的我情不自禁地把这个鱼头买了下来。苏里南
饮食中最珍稀的是山珍野味，其中有一道菜，无论是不是华人华侨都非常
喜欢，这就是乌龟肉。苏里南国土面积中百分之九十左右是原始森林，林
中百年乌龟很多，烧成菜一只乌龟的肉有好几斤。在路上行走时，有时候
都能捡到乌龟。当地人相信乌龟肉是壮阳的大补品，因而非常喜爱。外长
拉金和公共工程部长阿布拉汉斯特别喜欢吃乌龟肉，华人华侨请他们吃
饭，总是要事先备好乌龟肉。此外，苏里南的羚羊肉、果子狸肉、蟒蛇
肉、鳄鱼肉、穿山甲肉都是在中国国内难得吃到，甚至禁吃的野生动物。

　　三是美在食物鲜活。绝大多数苏里南人不吃鳝鱼、泥蛙，鳝鱼长得很
大很粗，泥蛙长得又肥又大，华人华侨想吃，只有自己去抓，不过很容易
抓到。首都帕拉马里博的水沟里鳝鱼丰富，承建中国驻苏里南大使馆馆舍

工程的安徽外径集团公司驻苏里南项目组几十个员工，经常自己抓鳝鱼吃，一来改善生活，二来降低成本。我在苏里南的官邸，草地里每天都有几十个泥蛙，至少有二三十斤，但从来没有人在官邸抓泥蛙吃。

四是美在烹调独特。苏里南中餐馆的烤乳猪是苏里南中国菜的招牌菜，或者说最体现苏里南中国菜风格的是烤乳猪，这道菜在一定意义上说比在中国的同道菜更显客家菜的特色。因为苏里南华人主要是客家人，苏里南的中国菜始终以客家菜为核心，苏里南的乳猪是原生态的猪，相比之下，中国国内的客家人群体还不如苏里南客家人这么集中，中国的乳猪来源也不是原生态的猪，而是生化饲料喂养的猪，其味道不可能跟苏里南乳猪相比。时为中共中央政治局委员、中共天津市委书记的张高丽2012年6月访问苏里南时，苏里南侨团用烤乳猪招待他，赢得他啧啧称赞，连声说味道很正宗。苏里南中国菜烹调的最大特点是肉多量多，如白切鸡，菜盘子端上来，全是肉，连一片葱花、一根菜叶、一块姜片都找不到，全是白生生、黄灿灿、香喷喷的鸡肉，非常实惠。大家开玩笑说，这在中国有的地方的餐馆，一盘白切鸡，至少要变成三盘！

五是美在气势宏大。比起印度餐馆、印尼餐馆、西餐馆，中餐馆最多，装修得最好，提供的菜肴品种最多，接待能力最强，效益最好。龙凤

图 0 - 23　欢宴苏里南总统鲍特瑟夫妇，侨领迟玉基（左一）作陪

酒家可以同时开 100 桌席，即使与中国国内酒家饭店相比，其规模也名列前茅。翡翠酒楼可以同时开席 70 桌。苏里南华人华侨办婚事，动辄 40 桌、50 桌、60 桌。中餐在苏里南的影响力，没得说！

闲情社会的潇洒美

中国是人情社会，中国人过年过节难得尽兴，难得潇洒，为什么？人情所困。过年过节了，要对老一辈尽孝心，对亲戚朋友表关心，对下一代表爱心，更重要的，还要对领导、对方方面面的关系户表忠心，活得太累了。苏里南人没有这一套，苏里南从来就不存在为人情所困的国情和民情，准确地说，苏里南是闲情社会。如果说中国以发展为硬道理，那么苏里南则以休闲为硬道理，潇洒、快乐、尽兴、怡情，等等，这些在苏里南人的人生中是第一位的，节假日务必休息，再加钱也不加班。中资企业在苏里南发展最大的挑战是如何面对苏里南人极致的闲情逸致。苏里南人太潇洒，许多在中资企业打工的，并不珍惜工作机会，发工资后，往往连续几天不来上班，大碗喝酒，大口吃肉，潇洒到把钱花光了，再回到单位上

图 0-24　议员布伦斯维克（右）艳福不浅

图 0 - 25　鲍特瑟总统向苏里南华人华侨春节拜年

班。苏里南人脑子里想的是自己如何尽兴快乐，想来就来，想走就走，根本没有现代企业的概念，许多中资企业常常遇到多数当地工人同时缺勤，以致无法正常开工的情况。

苏里南人的潇洒美，也表现在性交往、性生活的潇洒上。一次，时任苏里南议长的苏摩哈尔乔对我说："我很遗憾身体不够强壮，不能够同时娶两个妻子。"我问他："苏里南可以不是一夫一妻吗？"他回答："苏里南法律对此没有明确的规定，一夫一妻、一夫多妻、一妻多夫都是合法的。"他举例说：议员布伦斯维克有 40 多个性伙伴，100 多个孩子，并不违法。其实，现年快 70 岁的苏摩哈尔乔不止一个妻子，他的一个妻子现在雅加达担任苏里南驻印度尼西亚大使，他又在首都帕拉马里博金屋藏娇，娶了一个比他小三十岁左右的妻子，生了一个儿子才几岁。中国驻苏里南大使馆雇了一个当地花工，他没有结婚，但有几个性伙伴，这几个性伙伴给他生了几个儿子。每有中国文艺团体到苏里南访问演出，他总是带上他的性伙伴们一起去看演出。苏里南驻中国香港名誉总领事骆昊廷告诉我：20 世纪 90 年代末，苏里南共和国总统威登博斯访华，给中国通报第一夫人随访，但实际上并非真正的第一夫人，而是女友。时任苏里南驻中国大使对中国外交部有关官员说，苏方不认为这不正常。

苏里南人的潇洒美，还体现在苏里南人几乎人人都是歌唱家、人人都是舞蹈家。唱起歌来，悦耳动听；跳起舞来，挥洒自如。许多重要的会议，讲一通话，唱几首歌；致几句辞，跳一段舞，唱歌跳舞的时间比正式开会的时间还多。遇到这个时候，总统、副总统、议长等高管政要，一个个闪亮登场，跳了桑巴跳伦巴，舞了恰恰舞探戈，直跳到尽兴为止。在苏里南，只要说是舞会，不跳到凌晨三四点是绝不会结束的，一直跳到天亮，也不必大惊小怪。

苏里南人的潇洒美，更体现在与酒杯为伴的时候。中国人喝酒，讲究的是结果；苏里南人喝酒，讲究的是过程。首都帕拉马里博的路边酒吧，酒客们在那里品酒聊天，评头品足，谈天说地，一个个喝得兴奋不已。一杯威士忌，或一杯白兰地，或一杯香槟酒，在酒吧里能泡上好几个小时。如果说中国人是抢时间喝酒，拼的是在一定的时间里谁能喝更多的酒，那么，苏里南人拼的是谁能凭有限的几杯酒，耗更多的时间。相比之下，谁更潇洒？

苏里南是旅游大国，越来越多的人到苏里南旅游，与此同时，越来越多的苏里南人在外出旅游中尽享潇洒，尽显潇洒。一到节假日，人们纷纷到外地、外国旅游。使馆安排活动，要尽量避开周末和节假日，因为那时你要找的许多人都早已外出度假了。

享受人生的心态美

苏里南人的心态、拉美人的心态特别好，有了心态美，才能珍惜天人合一的和谐美，领悟移民国家的多元美，欣赏地多人少的生态美，把握小国大球的运动美，享受闲情社会的潇洒美，品味饭先菜后的食物美。

"你幸福吗？"超过八成的拉美人给出了肯定的答案。美国知名咨询公司盖洛普 2012 年 12 月的调查显示，全世界最幸福的民众既非富裕的卡塔尔人，也非平均寿命最长的日本人，更不是受教育程度最高的加拿大人，而是拉美人。

据美联社 2012 年 12 月 19 日报道，这个调查覆盖全球 148 个国家近15 万人，平均每个国家有 1000 人被调查。问题包括：你是否休息得好、是否受到尊敬、是否经常笑、是否有时间学习或尝试自己感兴趣的事情，以及是否享受生活。结果在世界 10 个最幸福的国家中，拉美国家占 7 个。其中，巴拿马和巴拉圭有 85% 的民众都对这几个问题给出肯定答案，成为"幸福冠军"，萨尔瓦多和委内瑞拉以 84% 位居其次。报道称，尽管不少拉美国家犯罪率高、内战频繁，但这并未影响到拉美人的积极心态和感受快乐的能力。危地马拉冲浪教练卡斯蒂罗表示："在危地马拉，友好的人们总是微笑，这是一种文化。尽管面对很多问题，但我们被美丽的大自然包围，随时可以逃离。"

值得深思的是，在这次调查中，经济高度发达的新加坡以 46% 获得倒数第一，紧随其后的是美国（49%）。一名新加坡商人称："我们像狗一样工作，挣得却少得可怜。这里没时间休假或者放松，因为你随时要应付下一次会议、下一个'截止日期'。"

我看到这一调查结果时，一点也不感到奇怪。读者读完本书，我相信，对这一调查结果的心态，估计十之八九也会和我一样。

这些年来，中国发展了、发达了，中国人也越来越自豪，这很自然，因为国人有太多的理由自豪，国人的自豪感也几乎随处可见、随时可见。国人已习惯为中国拥有几千年最古老的文明而自豪，为中国拥有越来越多的世界第一而自豪，例如，为外汇储备世界第一而自豪，为汽车产销量世界第一而自豪，为成为世界第一出口大国而自豪，为成为世界第一旅游大国而自豪，为在应对世界金融危机方面世界一枝独秀而自豪，为办成了世界最大规模的奥运会、世博会而自豪，等等。《中国不高兴》之类的出版物集中宣泄了国人的自豪感。如果要问中国人为什么自豪感越来越明显、越来越强烈，追究起来无非与四个字有关：一是"老"，历史悠久，几国能比？二是"大"，世界大国，谁能否认？三是"多"，网民人数世界最多，每年毕业的学士、硕士和博士世界最多，电视机、电冰箱、手机、钢铁、水泥、玻璃等数百种主要产品数量世界最多，谁不承认？四是"富"，中国国库充盈，百万富翁、千万富翁、亿万富翁比比皆是，中国成了美国最大债主之一，中国不差钱，这些谁不相信？既然如此，国人能不自豪吗？

但是，世界上毕竟中小国家、年轻国家居多，值得国人自豪的许多因素别的国家的人民没有，一些中国人由此走向另一个极端，以居高临下的

图 0 - 26   滋润的苏里南人

眼光看待中小发展中国家，以为天下就中国一枝独秀，就中国人值得自豪，甚至误以为中小发展中国家的人还生活在水深火热之中，还需要我们去"解放"他们，那就大错特错了。中国人应当为祖国的古老而自豪，同时也要理解拉美人，特别是像来自于苏里南这样的加勒比国家的人却为他们的国家年轻而自豪；中国人应当为自己的国富而自豪，同时也要明白来自于苏里南这样的国家的拉美人更为他们的民富而自豪；中国人应当为自己能勤出硕果而自豪，同时也要懂得来自于苏里南这样国家的拉美人能为他们有本钱"懒"出潇洒而自豪；中国人应当为国家越来越城市化而自豪，同时也要理解来自于苏里南这样国家的拉美人更为他们的原生态而自豪。一个国家值得自豪的事情并不等于在别的国家也值得自豪，理解了这一点，对于我们保持清醒头脑、加强对外交往、获得更多共同语言、促进相互合作、推进建设和谐世界，确实非常重要。

第一篇 拉美平民政治

第一章　在巴西感受平等

来拉美工作三年多，一个很大的感受是平等的意识在当地社会深入人心，不少凸显平等精神的习惯和做法大大出乎我的意料。2013 年元月，我前往巴西开会，这次公务之行使我有机会亲眼目睹、亲身感受了巴西的平等。其实，这是我第二次到巴西了，第二次的巴西之旅，巴西的平等使我很震撼，给我留下了终生难忘的印象。

旅行中感受到的平等

为什么第一次的巴西之旅就没有留下这个印象呢？这是因为第一次到巴西纯粹是因私旅行，是为了去参观举世闻名的巴西伊瓜苏大瀑布，因为是自己掏钱，所以能省就省，自己排队乘飞机，自己掏钱吃饭，自己挑经济实惠的地方过夜，因此没有太多机会感受人与人之间是否平等。第二次巴西之旅是因公之旅，我和中国驻特立尼达和多巴哥大使杨优明、中国驻圭亚那大使张利民同行，一起从苏里南首都帕拉马里博山低乃国际机场飞往巴西边境城市贝伦，从那里转机到巴西首都巴西利亚开会。作为大使，按规定可以乘坐头等舱，可以用机场贵宾室，但是我们不仅没有享受到，而且对我来说实际上还饿了肚子。为什么会出现这种情况呢？是因为事先不了解巴西"平等"的交通设施和习惯。

事情得从头说起。我们从苏里南飞巴西贝伦乘坐的是苏里南航空公司的航班，这一段航程是头等舱（实际上是公务舱，因苏里南航班只有头等舱、经济舱两个档次，没有商务舱），飞机早晨 7 点左右起飞，巴西时间 9 点半左右到贝伦，出关时已是快 10 点。因是头等舱，在飞机上有吃有喝。因要在贝伦转机，我们打算在贝伦机场换票后，到机场头等舱休息室候机，吃点东西当午饭，同时休息一下。等到换票时，我们才知道，巴西国内航班只有一个等级——经济舱，所以，我们三人事先通过各自驻在国使馆办公室定的票也是经济舱，这就是说，压根就不存在什么头等舱、商务舱旅客休息室，我们想进头等舱休息室解决午餐、喝水和休息的计划完全泡汤了。我们想，没有头等舱、商务舱旅客休息室，那供达官显贵、外国政要乘机的贵宾室总会有吧？按惯例，大使使用贵宾室是可以的，于是，我们到问讯处打听机场是否有贵宾室，问讯处人员也看了我们的护照，但结果令我们失望。于是，我们只能掏钱在机场大厅里找饭店吃饭，但折腾了半天，什么吃的东西都买不到，为啥？我们只有美元，没有巴西货币，任何一家商店都不收美元。没有办法，我们只能走到机场大厅外一家换汇的商店换，再转回来买东西吃，结果东西没吃完，安检进机场候机楼的时间就到了。虽然如此，我们一点脾气都没有，为什么呢？因为对任何人都一样。

　　中国驻巴西使馆二把手祝青桥到机场接我们，我把这段经历告诉他，他说：最近前总统卢拉乘飞机，没有任何陪同人员，自己提行李，自己换票，和普通旅客一样过安检，一样在候机大厅里候机，一样排队登机。卢

图 1-1　里约热内卢的海滩

拉在巴西国民中享有崇高威望，乘客发现卢拉后，纷纷跟他握手留念，卢拉一点也不摆谱，愉快地满足每一个人的要求。

到使馆后，我们见到了驻巴西大使、前外交部副部长李金章。当然，我们又免不了谈起这段经历。他笑呵呵地告诉我们：他亲眼所见，主管巴西民航的巴西交通部长照样自己提行李上飞机，巴西的大法官也是自己拖着行李箱上飞机。他作为中国大使，到巴西任何地方，也和巴西任何人一样坐经济舱。他说：巴西人讲究的就是平等。我问：他们的部下、保镖，或者是机场工作人员不能帮他们提行李上飞机吗？他告诉我：各人有各人的本职工作，例如，保镖是负责人身安全的，所以提行李不是他的事。当官的自己提行李、打雨伞是分内的事，习惯了，没有人认为对当官的来说这是掉价的事，相反，还有利于加分，有利于改善形象。

后来和儿子说到这事，他告诉我：他和他的同学们与美国前总统老布什都在同一个城市奥斯汀，曾经在同一个电影院看电影，老布什就坐在普通观众之中，没有特别的警卫和服务措施；他还看到老布什在超市亲自购物，尽管有贴身警卫跟随，但老布什自己提东西，因为提东西不是警卫的事。我们还聊到：西方政府首脑或大老板出访，自己拎公文包、打雨伞是司空见惯的事。法国朱佩当总理之后，一次到某地视察，一边接受采访，一边手里却始终像老百姓一样拎着一只超级市场的塑料袋，并不觉有失国家总理的面子。旁边虽有助手和警卫，却无一人要去把他的塑料袋拿过来，因为他们觉得帮总理拎塑料袋不是他们的工作职责。

旅行平等、代步方式上平等恐怕是社会发展的一大趋势。据英国《每日邮报》2013 年 1 月 11 日报道，英交通运输部长寒冷月台等火车上班。报道说：英国交

图 1 - 2　在巴西利亚缔造者——库比契克总统塑像前留影

通部运输部长西蒙·伯恩斯上下班有专车接送，每年为此花费8万英镑（约合80万元人民币）公款一事遭到公众的指责。鉴于舆论压力，伯恩斯决定"调整"上班方式，乘火车去上班。伯恩斯于5点58分的时候在寒冷的月台上等待，一脸的迷茫。当他随着人流乘车时，脸上的迷茫依旧未能散去。而且他上车后发现，车厢已经没有座位了，因此他只能在过道中站了36分钟，才到达位于伦敦利物浦街的办公地点。

公共设施利用上的平等

不少公共设施是用纳税人的钱盖起来的，例如，总统府、总统官邸、议会大厦、最高法院大楼、各部办公楼等，在巴西，这些公共设施是否只有官方才能使用？非也。

巴西总统府和最高法院分别矗立在巴西首都三权广场的北面和南面。三权广场是巴西的"天安门广场"，在建筑布局上充分体现了三权分立的政治理念。对总统府、总统官邸来说，总统毫无疑问是使用的主体，但总统不能终生使用。总统下台后，必须无条件搬出，让给新当选的总统使用。同时，总统对总统府、总统官邸也不能每天24小时独家使用，总统不在总统府时，总统府对所有人开放，无论是巴西公民还是外国游客，都

图 1 - 3　巴西国会大楼

可以免费参观。总统的家——官邸也一样，总统不在时任何人都有权进去一饱眼福。理由很简单，总统府、总统官邸不是私有财产，而是公有财产。总统在时，总统府、总统官邸前的旗杆上会升国旗，如果没升国旗，那就表示你可以进去参观了。我到总统府、总统官邸的那天，看到那里飘扬着国旗，知道那天不是开放日，只好就此却步，等待下次机会了。

对议会大厦来说，议员当然是使用的主体，但不等于非议员不能"染指"。不仅巴西普通老百姓，而且任何外国游客，就像我这样偶尔到巴西的外国人，都可以旁听议会的会议。三权广场中央最显眼的位置留给了议会大厦，表示人民在国家权力结构中居于中心地位。作为总统制的联邦共和国，巴西采用三权分立的政治制度，议会作为立法机关在国家政权中起着重要作用。议会大厦坐东朝西，巴西利亚的中轴线从议会大厦的中间通过，议会大厦成为巴西利亚最引人注目的标志性建筑。可以说，不去议会大厦就等于没有到过巴西利亚。大厦主体是一幢呈 H 形的大楼，裙楼在南西北三面包围着主楼，构成大厅和参众两院。有意思的是裙楼屋顶的设计，南侧裙楼是众议院，屋顶形如碗口朝上的大碗，表示广泛收集民意；北侧裙楼是参议院，屋顶是碗口朝下的大碗，表示决策一锤定音。由于众议员比参议员多，众议院也比参议院大一些，所以众议院的碗比参议院的碗大。我原以为一国的议会大厦必定是警戒森严，查验严格，谁知道进入大厅竟然没有人来检查。大厅右侧有一个不大的服务区，拿身份证或拿护照到服务区办理登记手续，几分钟就可以办好。进入议会，管理人员会要求游客们将随身携带的包、手机、相机全部寄存在一个玻璃柜子里，然后，游客们可以在二楼的旁听席上就坐。旁听席实际上是会议厅的夹层，游客们从这里可以看到参议院的全貌。当议员发言时，主席台上就会站起一位手语翻译，这一细致的安排不禁让游客感叹巴西人对残障人士知情权的重视。让我意外的是议会的辩论通过电视向全国直播。我了解到，支持或反对议会某一法案的都可以到后排就坐，为了吸引议员和电视观众的注意，他们可以统一着装。

以议会大厦为界，三权广场分成两大部分：议会大厦以西是大片的草坪，草坪南北两侧对称地分布着外交部、司法部、财政部等各大部。这些部毫无例外，任何人任何时候都可以进去。2012 年我和秘书小阎第一次一起到巴西时，小阎就走进了巴西外交部，他没有任何公务，纯粹是看一看。想不到外交部一个司长级的高官接待了他，之前小阎还与多位官员进行了交谈，而这些人事先并不知道小阎是中国的外交官。

就业机会中的平等

在巴西境内坐过六次飞机，发现巴西民航航班上绝对没有中国民航航班上的空姐现象，飞机上的工作人员老大妈、老大哥真不少，有沉鱼落雁之姿、闭月羞花之貌的年轻空姐，我从未见过，就连眉清目秀、风姿绰约的中年"空嫂"也很少，相反，"空妈"、"空娘"和"空爷"却比比皆是。候机大厅里的工作人员，也有不少是老大妈、老大哥。中国民航的空姐队伍足以养眼，而巴西民航绝对不是。那么，为什么巴西民航不多招一些帅哥靓女做工作人员呢？不行！巴航不是不想，而是不能，因为涉嫌就业歧视，此话从何说起呢？

在巴西，虽然离事实上的平等就业还有很大的距离，但就业机会平等的思想却深入人心，这方面的法律也比较规范，特别是新闻媒体这方面的平等意识很敏锐，单位在招工时用词稍有不慎就涉嫌违法。以巴西航空公司为例，你招聘机上服务人员时，公开提出的条件如果是"25 岁以下"，人家马上会告到法院，说你"年龄歧视"；如果是"必须拥有大学学历"，人家会告你"学历歧视"；如果是"必须身高 1.65 米以上，五官端正"，人家马上指责你是"形象歧视"；如果你招来的人基本上是白人，人家立

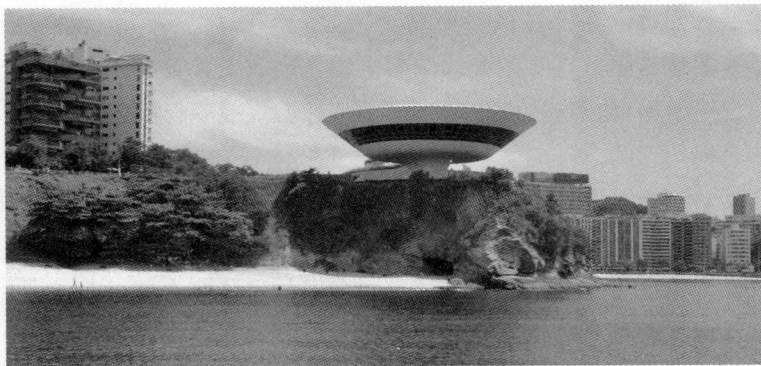

图 1-4　大都市圣保罗的美丽风光

马告你"种族歧视";如果你只在这里招工,没在那里招工,人家又会告你"地域歧视"。所以,如果巴西民航航班上都是秀色可餐、楚楚动人的空姐,那人家告你,你绝对输了,因为铁证如山,你是"年龄歧视"、"性别歧视"。如此一来,恐怕除了军队,任何单位工作人员中,男男女女、老老少少自然就都有了。

其实,世界上绝大多数航空公司都是空姐少,空嫂、"空娘"多,美国的航空公司更是如此,中国民航空姐成群,美女如云,确不愧为一个中国特色,或者可说成是有中国特色的民航空中服务人员队伍。我这次从巴西返回苏里南时,乘坐的是苏里南航班,想不到航班上端茶送水、年过半百的"空娘",竟是苏里南总统府办公厅主任格拉努斯特的太太,他们夫妇俩都有华人血统,是中国驻苏使馆和我的老朋友、老熟人。现任部长级高官的太太,早已做奶奶了,还在当"空娘",还在干伺候人的工作,这在中国恐怕不大可能。

这次巴西之行留给我的另一个很深的印象是巴西采取措施,帮助就业市场中弱势群体,即没有工作经历、低学历的年轻人。中国驻巴西大使馆的同事告诉我:青年失业是巴西失业问题中一个较为突出的现象。据统计,在失业人员中,16—24岁的青年约占45%。2003年起,政府开始实施"第一次就业"计划,于2003年和2004年分别投资1.39亿雷亚尔和4.189亿雷亚尔,在全国范围内建立促进青年就业的网络,着重解决16—24岁之间、首次进入劳动市场的低学历、贫困青年的就业问题。该项目主要通过部分减免税收或发放补贴等方式鼓励企业招聘无工作经验的年轻人,享受政府资助的企业必须保证在12个月内不解雇年轻人,如有违反,每解雇一人将被处以345雷亚尔的罚款。同时,政府还向自主创业的年轻人提供低息贷款和经营方面的指导培训。据估计,该计划实施的头两年,就有50多万青年人从中受益。

值得一说的是,巴西注意维护城乡劳动者之间利益上的平等。巴西城市劳动者的退休年龄为男性65岁、女性60岁;农村劳动者的退休年龄则为男性60岁、女性55岁。城市劳动者缴纳180个月的社保基金后可领取相当于一个最低工资的退休金。个体农民则没有必须每月缴纳社保基金的义务,只是在出售农产品时由收购方代扣2.3%的社保税,到退休年龄后,只要有文件证明他从事了180个月的农业劳动就可以领取相当于一个

图 1 - 5　巴西圣保罗风光

最低工资的退休金。农村劳动者缴纳的社保基金远远少于领取的退休金，其差额均由政府补贴。

全民免费医疗上的平等

　　发达欧洲国家如英国、瑞典、瑞士、丹麦，都是全民免费医疗，一切费用国家全包。美国、日本等国实行医疗保险制度，但是对于退休老人、穷人，则是免费医疗。俄罗斯，只要是在俄国土地上的人，无论本国人外国人，一概免费医疗。当我第一次听到巴西这么大一个国家竟然实行了全民免费医疗制度时，我十分惊讶，不敢相信，直到到了巴西，经实际了解，才知道，拥有约1.8亿人口的南美大国巴西，虽然是世界上贫富差距最大的国家之一，但确实早就建立了全民免费医疗制度，为了让所有人都能得到医疗服务，巴西建立了"统一医疗体系"，实行以全民免费医疗为主、个人医疗保险为辅的医疗制度。这种制度为保障人民健康和社会稳定发挥了重要作用。

　　1988 年，巴西颁布的新宪法中决定建立"统一医疗体系"，以改变医疗卫生领域存在的不平等状况。新宪法规定，健康是所有公民的权利和国家的责任，不论种族、宗教信仰和社会经济状况如何，每一个巴西公民都有权利得到政府各级医疗机构的免费治疗。不管是城里人还是农村人，连外国人都可以在公立医院享受免费医疗。

巴西全民免费医疗制度的第一个基本特征是全国统一。"统一医疗体系"由全国所有的公立卫生站、医院、大学医院、实验室、制药厂、血库、医疗科研机构，以及公共卫生管理部门聘用的私立医疗机构组成，由卫生部、州卫生厅和市卫生局统一领导。该体系规定联邦、州和市三级政府共同承担保障公民健康的责任，特别要加强市政府在医疗卫生管理方面的职能。同时，各级政府都建立有公民代表参加的医疗卫生委员会，参与医疗卫生政策的制定，对实施情况进行监督。

巴西全民免费医疗制度的第二个基本特征是分区分级。分区分级是统一医疗体系实行的治疗原则。居民看病必须先到所在社区的卫生站，如医治不好，则根据病情分级转向设备和医生水平较高的二级医院、三级医院。实行"分区"原则的好处是便于医疗机构随时了解当地居民的健康状况，及时防治传染病和流行病，控制病源，开展健康教育。"分级"的好处是可以合理配置人力和医疗设备，节约开支，避免患者不管病大病小都到大医院就诊。

巴西全民免费医疗制度的第三个基本特征是完全免费。在卫生站和医院挂号、看病、拿药，做各种化验、检查和手术完全免费，最可贵的是住院患者还免费享受一日三餐。患者第一次到卫生站看病需要办理医疗卡。每次看病需要预约，需要转院的由卫生站负责向上一级医院预约。巴西十分重视疾病预防和妇幼保健，以降低发病率、提高人口的健康素质。卫生部制定了1—10岁儿童、11—19岁青少年、20岁以上成年人和60岁以上老年人需要打预防针的种类和剂量的日程表。记者在采访时看到，每个卫生站都设有打预防针的专职人员。

巴西全民免费医疗制度的第四个基本特征是私立补充。虽然人人都可以到公立医院免费看病、拿药，但是由于到公立医院看病要排长队，因此经济条件好的人都自掏腰包买私人医疗保险，到私立医院看病。巴西有2000多家经营医疗保险的公司，3700万人接受私人医疗保险服务。市场上有各种不同内容、价格的医疗保险，消费者可以自由选择。

为加强"统一医疗体系"的管理，卫生部1999年开始引进信息技术，建立市、地区、州和联邦四级计算机网络。患者原来的纸质医疗卡改换成名为"全国医疗卡"的磁卡。通过这套系统，卫生主管部门可以准确了解各地和各医院接诊的病人数量、药品的使用和需求、每个医生的业务水平和工作量，以便更合理地分配资金、采购药品和培训医务人员。该系统还便于对各地的资金使用进行审计，及时打击贪污舞弊行为。而且，这套信息系统还可以监控流行病，实现流行病通报自动化，便于确定流行病的发源地，及时采取控制措施。

巴西推广使用许多国产的仿制药，其价格比名牌药品平均低40%。卫生部还与市政府和慈善机构合作，在全国各大城市建立了100家低价药房，以成本价供应84种药品，可治疗80%的常见病，药品价格比市场价低40%—85%。

"统一医疗体系"覆盖了巴西90%的人口，加上私人医疗保险的补充，巴西人都能享有基本的医疗服务。二十几年来，尽管受国家经济发展水平限制还存在不少问题，但是该体系为提高人民健康水平、降低婴儿死亡率、控制各种传染病和流行病，特别是艾滋病的蔓延发挥了决定性的作用，受到巴西社会的认可和赞赏。

目前，巴西医疗支出占国内生产总值的比重约为8.5%，高于我国5.5%的水平；年人均医疗支出约为280美元，相当于我国的5倍，其中公共支出达到41%，比我国高出约10个百分点。每千人口医生数约为1.4人，略低于我国1.7人的水平；每千人口床位数为3.2张，远高于我国的2.5张；享有卫生设施人口占总人口比重为76%，其中城市享有卫生设施人口占城市总人口比重为84%，农村享有卫生设施人口占农村总人口比重为43%，分别远高于我国38%、68%和24%的水平，与世界发达国家的平均水平相当；"统一医疗体系"每年接待1170万病人住院，接诊10亿人次以上。巴西完善的公共医疗服务为提高人民健康水平，降低婴儿死亡率，控制各种传染病、流行病和艾滋病的蔓延发挥了决定性的作用，对缩小贫富差距也有积极的意义。

在公共医疗服务方面，联邦政府卫生部、州卫生厅和市卫生局分级管理公立医疗机构。其中，市政府负责市级医院和卫生站的规划、建设、运行管理等，联邦政府和州政府按照法律规定向市政府拨付部分医疗经费。州政府负责规划、建设和管理州立医院，除圣保罗等人口较多的州，一般只有 1—2 所州立医院。联邦政府卫生部除按照法律规定对州政府和市政府进行医疗经费转移支付外，还在全国各地建立了一批条件较好的医院，装备先进的医疗设备和仪器，配备医术精良的医生和护士，为服务区域内州立医院无法治疗转来的疑难病症提供免费治疗。医院所有费用由政府支出，政府根据医院的工作量，按病种成本核定医疗机构的费用，按期拨付。职工工资和科研等费用由政府另行拨付。

除了巴西，古巴、智利等拉美国家也实行全民免费医疗保健制度，全民普及基本卫生服务，人均期望寿命、婴儿死亡率、孕产妇死亡率等国民健康指标都位居世界前列。

全民义务教育上的平等

教育是实现社会平等的基础，受教育权上的平等是最重要的平等，因此巴西政府对教育的投入很大。法律规定联邦政府预算的 18%、州市政府预算的 25% 都要用于教育。从托儿所、幼儿园到小学、中学和大学，凡是公立的都不收费。除大学和部分高中外，从托儿所到初中，政府都免费给学生提供午餐。我在巴西期间，还了解到巴西这方面所取得的历史性进步。

巴西目前实行 8 年义务免费教育。巴西宪法规定，对 7—14 岁的儿童和所有其他不在此年龄段者实行免费教育，并明确政府负有免费帮助 6 岁以前的儿童在幼儿园和学前教育机构中学习的责任。在这 8 年中，学生的教材和文具也由政府免费提供，很多地方学生的校服也是免费的。在农村和边远地区，政府还必须出车免费接送居住分散的学生上学。为了保证让贫困家庭的孩子接受 8 年义务教育，每个贫困家庭除了每月免费领取基本食品外，还可以有 3 个孩子每月享受政府提供的助学金。每个孩子每月的助学金约等于 50 元人民币。进城农民的子女带原来学校开具的转学手续可以在公立学校上学，享受与城里学生同等的待遇。

正在实施的基础教育改革，准备把义务教育年限由 8 年增加到 9 年。

目前，巴西政府用于公共教育的支出较大，公共教育经费支出占国内生产总值比重约为 5%，高于我国的 3.5%；政府用于每个小学生、中学生、大学生的公共支出占人均 GDP 的比例约为 12.5%、12.6%、72.8%，

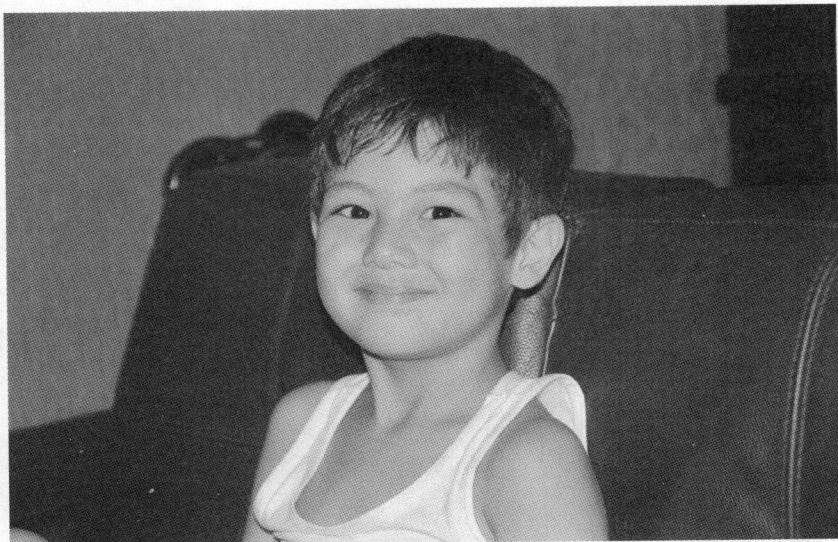

图 1 - 6　巴西少年

图 1 - 7　巴西狂欢节之夜

三项指标均高于我国的水平。在整个教育体系中，公共教育发挥着主导作用，特别是高等教育，以政府公立学校为主，为经济社会发展提供了有力的智力支持。

在公共教育服务方面，市一级政府负责举办和提供幼儿教育和 8 年义务教育，所需费用由联邦政府、州政府和市政府三方分担。市一级政府还负责提供属于义务教育阶段的残疾人特殊教育、少年和 15 岁以上成人扫盲教育、初级技工学校教育等。举办中等教育学校是州政府的职责，费用由州财政负担，联邦政府给予适当补助。高等教育主要是联邦政府的职责，联邦政府在每个州办一所大学，费用全部由联邦政府负担。

第二章　拉美高官的平民化现象

拉美高官越来越显现平民化趋势，我在苏里南工作的三年多时间里，有多次机会亲身感受了这一趋势。

侨领见证了高官平民化

2012 年 9 月初，我应邀和使馆政务参赞等几位同事一起到苏里南著名侨领、中侨福利会会长周友仁家中作客。周友仁曾任苏里南最老最大的侨团广义堂的堂长，担任过苏里南历史上主要执政党民族党的中央委员和总统费内西安的顾问，周友仁家墙上挂着不少他和政要、名人合影的照片，其中有与中国人大常委会副委员长陈慕华、中联部副部长蔡武等合影的照片。我一张张地欣赏这些照片，一张照片突然吸引了我的眼球。那是周友仁夫妇等家人与美国奥巴马总统的合影。照片中，高个子的奥巴马总统伸出两手，分别搭着周友仁夫妇的肩膀，仿佛多年的老朋友。"你这是在哪里照的？"我问周友仁。他告我在美国旧金山。"你怎么会认识奥巴马总统？"我问他。他摇摇头，说不认识。他的回答使我疑惑不已："不认识怎么会合影了？这到底怎么回事？"周友仁告诉我，他儿子儿媳都在美国旧金山工作，老两口 2012 年上半年到美国看望儿子一家，儿子在一家餐馆欢宴父母。用餐过程中，想不到奥巴马总统也进来吃饭，因为他们的饭桌正好在总统路过的过道旁边，奥巴马主动伸手和他们握手。周友仁的儿子跟总统说他的父母从苏里南到美国，可否跟总统合影留念，奥巴马欣然同意，于是就有了这张照片。随后，奥巴马向其他顾客点头致意，其他顾客报之以点头微笑，然后，奥巴马自己走到餐台掏钱买了食物。奥巴马少量随行人员主要关注安保，并不代替总统购物，整个过程，没有清

图 2-1　老华侨周友仁

场，没有隔离，没有为奥巴马准备雅座，没有列队欢迎，没有起立鼓掌，没有拍照摄像，没有人争着与总统握手合影，当然，更没有人感动得热泪盈眶，商家也没有让总统白吃，该收钱照样收钱，更没有想到让总统题词留念、借此大作广告招徕生意之类。

看着这张照片，我和周友仁自然聊起了高官平民化的话题，他说，他20世纪70年代就移民到苏里南，那时苏里南还没有独立，他与苏里南开国后的总统、总理都熟悉，苏里南许多高官一直都是平民化的。

在周友仁家做客的当月，我又见到了两次高官平民化的事例。

一次是副总统阿梅拉里亲自处理交通事故。9月中旬的一天，阿梅拉里副总统主持内阁部长会议例会，散会后，教育部长希塔丁的专车司机因强行超车，与他车相撞，使交通一度混乱。散会后在回家路上的阿梅拉里副总统得知消息后，赶到现场，和交警一起帮助解决事故，疏导交通。苏里南气候炎热，烈日下，副总统前后奔波，大汗淋漓，不认识他的人根本看不出是国家的第二号人物冲到第一线帮助交警处理交通事故。

另一次是总统鲍特瑟亲自检查语言提示设备是否到位。2012年9月26日晚，我在使馆大厅举行中华人民共和国成立63周年国庆招待会。当天下午，总统府官员来使馆国庆招待会现场为总统安装了语言提示设备，这样，鲍特瑟总统为中国国庆发表讲话时就不必带一份纸质讲稿照着念，看着语言提示设备讲就可以了。电视台播出时，电视机前的观众往往以为演讲人没有稿子。我和总统先后致辞后，一起进入一个餐厅吃自助餐。这时，总统府的工作人员趁这个机会赶快把语言提示设备拆下来，马不停蹄地运到议会并立即安装好，因为，次日上午议会要开会，鲍特瑟总统要对议员就国情咨文发表演讲，并当场回答议员质询。总统在使馆用完自助餐后，立即赶往议会，干什么呢？总统府高官告诉我，总统要亲自去检查语言提示设备是否已安装好，并且一定要亲自试一下效果。我说：使馆国庆招待会，是总统府的工作人员来安装语言提示设备，效果不是挺好吗？为什么这么晚了，总统一定要亲自去议会检查呢？他们回答：总统认为到议会发表演讲，听讲的是国会议员，而且讲的是国情咨文，内容是国家明年的大政方针，马虎不得，所以再晚也要亲自去检查。

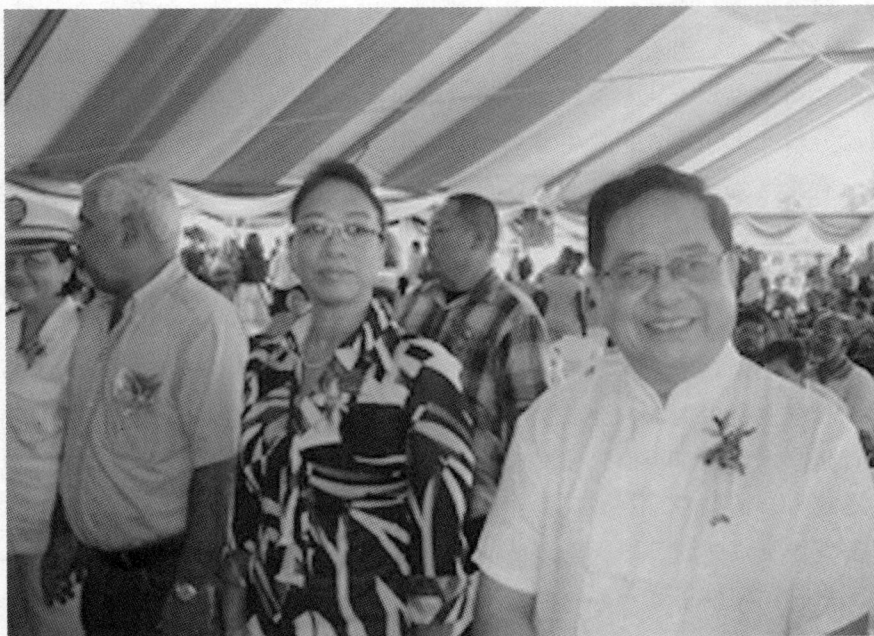

图 2 - 2　苏里南副总统阿梅拉里（左二）和夫人在大连公司
承建的苏里南低造价住房项目启动仪式上

图 2－3 苏里南总统夫妇来到华人当中

高官平民化体现在什么地方

其实，高官平民化，既然是"化"，就是一种倾向、一种趋势、一种普遍性的存在，而绝对不是偶然、不是个别、不是特殊性的存在。拉美高官的平民化至少体现了如下特点：

一是不搞特殊化，生活和工作方式尽量与常人无异。例如，苏里南没有高干医院，政府高官看病与老百姓一起排队。我妻子到苏里南中央医院排队看病时，苏国会议员为其家人看病同样也在排队。古巴社会相对公平，领导干部没有特殊化，部长工资 450 比索（约合 25 美元），教授工资 490 比索（不会出现 40 个教授争 1 个处长位置的反常现象），最高领导人卡斯特罗的工资也只有 500 比索（比教授只多 0.5 美元）。自 20 世纪 60 年代以来，古巴就实行全民免费医疗、免费体检、免费教育，"从襁褓到坟墓"一包到底，从中央领导人到平民百姓人人平等；物质生活保障方面，不仅领导人没有特供，而且儿童和老人还多一些。90% 以上的居民都有私人住宅，没有因房屋拆迁而居无定所的现象；失业率不到 2%，几乎人人有工作，高干子弟绝不会保证给个什么省级、部级、将军之类职务，能做什么就做什么，就业面前人人平等。如果要求民众尽义务，领导人一定带头，比如献血，中央领导人都义务献过血。

二是与老百姓打成一片。鲍特瑟当选总统后不久就因患登革热不得不卧床治疗，指定阿梅拉里副总统代理总统。堂堂国家元首，生活工作环境和设施应是最好的，怎么会被蚊子咬，染上登革热呢？这同他与底层老百姓经常打成一片有很大关系。他过生日，经常离开首都，到没有开发的印第安人部落中去。那里有毒的蚊子挺多，弄得不好容易染上登革热。尽管如此，他照样经常到原始部落去。委内瑞拉总统查韦斯经常走到百姓之中亲吻及拥抱在场的当地原住民。

三是不摆谱，能透明的透明，能简单的简单，能节约的节约。例如，巴西总统府就在"三权广场"左边，总统从那里出发出国访问，出发前，不清场，游客该干嘛干嘛。中国驻巴西大使馆的一位官员告诉我，有一次，他们漫步到"三权广场"，正值总统准备出国访问，不少市民站在总统府前等着送别，他们也好奇地驻足观看。不多久，便见总统沿着总统府那条宽阔的直通外面广场的斜坡道走了出来，微笑着与欢送民众挥手告别，仪式简单，却让人感到这条斜坡道拉近了国家领导人与民众之间的距离。

四是着装突出一个"土"字，他们抛弃西装领带，改穿民族服装，主要是因为他们在政治上的崛起以及执政基础源于南美土著的支持，穿上民族服装意味着他们不会忘本，同时也彰显个性，突出了个人魅力。例如：委内瑞拉总统查韦斯在公开活动和群众集会上都会戴上他特有的红色贝雷帽。这和查韦斯与红色贝雷帽的"情缘"有关。1992年，查韦斯发动军事政变，但最后惨遭失败。查韦斯"投降"时对着电视镜头说："同胞们，遗憾的是，目前……"他当时头戴红色贝雷帽、一身伞兵装束的军人形象以及他不服输的言论，使他一夜之间成了委内瑞拉家喻户晓的人物，甚至还因此获得女人的芳心，这包括他后来的妻子罗德里格斯。因此，红色贝雷帽对查韦斯来说是经历和运气的象征，也是委内瑞拉公众对他认可的标志。厄瓜多尔总统科雷亚在就职典礼上穿了一套深色服装，不打领带，配了一件圆领白衬衣，引人注目的是，衬衣上饰有本国土著风情的图案，这件衬衣现在已成为他的标志性服装。2005年，莫拉莱斯以

53.7%的选票当选玻利维亚总统，从而成为该国自西班牙占领后500年来第一位本土领导人。印第安人的血统和贫寒的家庭出身决定了莫拉莱斯的政治立场，也是他在总统选举中获得人气的原因所在。2006年1月，莫拉莱斯正式就职时的亮相就非常"土"：深色领口装饰印第安传统图案的毛衣，浅色衬衫，不系领带，下身是黑色正装裤和皮鞋。外访时他也从来不穿西装，不打领带，一直穿玻利维亚特产的驼羊皮夹克和驼羊毛条纹毛衣。服装设计师比特利兹·帕提诺评价说："他在向人们传递一个信息：他是一个谦卑的人，他想和自己的国民保持密切关系。"巴拉圭总统费尔南多·卢戈在就职仪式上没穿西服，没打领带，而是像平常一样穿一件白衬衣和凉鞋宣誓就职。据总统的姐姐梅塞德斯透露，卢戈当选总统后，很多国际知名品牌制造商都表示愿意为他免费提供服装，但是被卢戈拒绝。梅塞德斯说："因为我们来自民间，一直都是普通百姓……对于一国总统来说，他的着装并不重要，重要的是要有一颗为民众服务的心。"尼加拉瓜总统奥尔特加在就职典礼上穿了一件长袖白衫衣，还挽起了袖口。墨西哥前总统福克斯被称为"穿靴子的总统"，因为他经常穿一种牛仔风格的靴子。

五是关心和体谅下属。作为一国元首、三军统帅，关心部属原在情理

图2-4 经常一身便装的鲍特瑟总统

之中，不过，委内瑞拉总统查韦斯显然做得更体贴。据俄新社 2008 年 7 月 2 日报道，这位看起来一直"特立独行"的总统在百忙之中，专门为该国十几万军人撰写了一本类似生活指南的小册子，教导军人们如何获得事业成功和生活幸福。在这本名为《谈修养与道德》的小册子中，查韦斯总统给军人们提出了 38 条建议，讲述了在特定生活情形下的行为规范。譬如说："要看别人眼色行事，要量入为出，要以己之所欲施之于人。"查韦斯还号召军人们要勇于承认错误，对自己的行为负责，敬告他们"千万不要轻易剥夺别人的希望，因为有时那可能就是别人的最后一线希望"；还有如不要"坐待生活变得公平"，而是"要去努力争取"等。小册子中甚至还谈到军人的"私生活"。查韦斯认为，同妻子争吵后离家出走是不可取的，在盛怒之下鲁莽行事或者使用枪支更是不对的行为。

六是议会、政府等权力机关的大门向平民开放。笔者亲身经历，作为一个外国游客，无任何公务，纯粹为了休闲，不需付费，不需事先办任何手续，先后走进了一些国家的政府办公大楼。

为什么高官越来越平民化

其实，在中国，高官平民化的现象也并不罕见。例如，早在民国时代，身为国民政府主席的国家元首林森，一直过着平民化的生活。他在衣着饮食方面都很朴素，经常身着黑色或蓝色大衣长袍，戴灰绒呢帽或黑色礼帽。一年四季，无论寒暑，都是一身布衣，只有厚薄之分，没有其他变化。在饮食方面，他也很简单，喜欢清淡素食，烟酒基本不沾。尤其是在抗战时期，更是一切从简。据厨师诉苦说，每天只限买两角钱的肉。初到重庆，还可买得斤把，后来物价高涨，只能买得两个指头这么大的一块。你想，叫人怎样做菜呢？如果采购的人买回来的菜贵了，林森还要批评。林森轻车简从，习惯独来独往，除司机外，平时不喜随带侍从。他还经常随意停下车来，自己一个人走下车与旁边的人闲谈；有时一个人走在街头，与市民聊天，或者在田间地头与农民拉话，了解民情民意，那些与他说过话的人，怎么也想不到这个长须飘飘、衣着朴素的老人家就是国民政府主席。中共主办的《新华日报》这样赞扬林森的平民化作风："主席一生持躬最正，持身最俭，国之元首，官民表率，其处公处私之处，影响社会风气，间及国运者，实至深且大……而其持身约，俭德之盛，尤为一生推崇。"

新中国成立以来，同样不乏高官平民化的现象。据中南海厨师王近仁介绍，刘少奇最不能容忍的是浪费，吃剩的饭菜不许扔，下顿还接着吃。有一次，王近仁给刘少奇掌勺，用炸过油的猪油渣做了三个葱油饼，又香又脆，刘少奇和夫人各吃了一个，剩下一个退了回来，也没有吩咐怎么处理。负责送饭的卫士见了，认为扔掉可惜，就把它吃了，结果吃出"麻烦"来了。晚上开饭时，刘少奇特意吩咐把中午吃剩的那个葱油饼送来，卫士一时傻了眼，情急之中，恳请王近仁重新做了一个送去。在刘少奇的带领下，整个中南海没有一个扔剩饭剩菜的。朱德吃饭更为简单，他吃瓜果从来不削皮，洗干净了囫囵吃。为了节约，他给炊事班提出要求，土豆、黄瓜、萝卜能带皮吃，不要去皮，芹菜叶子也要拌着吃。当时七角钱一斤的大虾，他都舍不得吃。他说："我们又不是地主，吃那么好的东西干啥子！"他每次进厨房，总要掀开垃圾桶，看一看桶内有没有不应该扔的东西。菜叶丢了，土豆削皮了，他就要提出批评。改革开放以来，高官平民化现象增加。例如，全国政协副主席王选去世前还一直以自行车代步。20世纪80年代，郝建秀身为纺织工业部副部长，每天骑自行车上下班，有口皆碑。我在湖南省委机关工作时，亲眼见到省委副书记刘夫生经常骑自行车上街购物。

为什么越来越多的高官讲究平民化？说白了，一是民主制度化使然。谁摆谱，谁摆阔，谁高高在上，谁就得不到民意，谁的位子就坐不稳。从政治角度看，官员平民化，能够多接触老百姓、把自己当做老百姓中的一员，其实这是一件好事，既了解了民情，又为自己的形象加分，何乐而不为呢？二是社会信息化使然。高官的一件善事或一件恶事，一旦经媒体传播，其产生的社会力量常常影响很大。三是理念现代化使然。平民化成为现代社会不少人的生活方式和价值取向。

第三章　苏里南平民政治扫描

人类进入文明社会至今，先后经历了极权政治时代、威权政治时代、精英政治时代和平民政治时代，我所出使的国家苏里南历史很短，仅36年，国家也不大，此前先后是英国和荷兰的殖民地。苏里南开国时间不长，政治文明建设的步伐却很快，上自总统，下至百姓，人人得以沐浴平民政治的春风。平民政治意味着常人政治、凡人政治，最大的特点是没有当官专业户，没有垄断权力的政治世家。

今天是部长，明天是百姓

2009年，我出使苏里南，当时是民族党为首的新阵线执政，华人杨进华是内阁土地和森林部长。他在这个位子上已干了快五年，也就是快干满一届。此前，还当过一年多贸工部长。杨的父亲从广东移民到苏里南，做小生意起家，杨后来到加拿大留学，在那里遇上了来自台湾的一位女同学，两人相爱结婚，到苏里南共同创业，担任日本电器总代理，后来又办报纸，日子很滋润。更使他喜出望外的是他竟从一个普通商人一夜之间变为内阁部长。

事情得从贸工部长张振猷突然去世说起。张也是来自广东的华人，他是爪哇人为主的政党——崇高真理党的党员，该党加入政府，张便成了内阁部长。崇高真理党成为执政党之一，离不开华人的支持，为了稳住华人选民，执政党便给了华人一个部长职位。想不到张因病突然去世，这时需要找一个能说荷兰语（出任部长和议员的必备条件）的华人来接替张的职务，以便保证内阁里有一个华人部长。华人能说荷兰语的人屈指可数，于是喝过洋墨水，能说荷兰语、英语和苏里南语的杨进华获得了这个机会。2010年政府换届时当了六年多部长的杨进华离开了部长的位置，又干起了商人的老本行。公车没有了，公车司机没有了，保镖没有了，杨进华现在每天都自己开车，乐此不疲地干着讨价还价的买卖。

典型的还有副总统阿梅拉里。他多年来是苏里南总商会会长，自己开个旅馆，也做一点生意。总商会会长头衔很大，但与行政级别不挂钩，只是一个民间社团的领导人而已。2010年大选期间的一个晚上，他邀请中国、美国等国驻苏里南使馆官员参加他举办的一个沙龙，中心内容是给大家提供一个平台，就大选侃大山，互相交换意见。他首先谈他个人的看法，对哪个党会得多少票、哪个政党联盟最可能赢得大选、谁可能当总统、谁可能当副总统，都作出了预测。事后发现，他的预测许多是正确的。可是，他根本没有预测到，使团的任何一位外交官也没有预测到，大选结果出来不久，阿梅拉里经执政联盟协商被推举为副总统！阿梅拉里是一位纯粹的商人，既不是执政党的党员，也不是反对党的党员。他出任副总统具有极大的偶然性。执政联盟几个党的人都想当副总统，这事很难摆平；获胜的政党是左翼政党，跟卡斯特罗、查韦斯等政治立场相似或相近，商界、金融界担心新政府推行国有化政策，新政府担心商界、金融界操控股市、外汇等来搞垮政府，让商会会长阿梅拉里出任副总统，同时，让不是执政党党员的一家商业银行行长出任财政部长，于是，皆大欢喜，政府组阁顺利完成。

今天是高官、明天是百姓在苏里南是司空见惯的现象。卡斯特伦曾经担任运输、通讯和旅游部长，现在是工党主席、国会议员。苏里南国会议员一面可以当民意代表，一面可以干别的事情，特别是在议会闭会期间，议员有大量时间从事自己的工作。华人议员曾少猷平常精力主要花在管理自己的塑料厂上。卡斯特伦不是老板，虽然现在身为工党领袖、国会议员，但他仍在一家港口货运公司谋得一份差事，以便多挣点钱。这家公司老板并不因卡斯特伦以前是部长、现在是议员就给他特别待遇，而是与其他员工一样对待，一样考核。后来，这家公司要解雇卡斯特伦，原因是他要参加国会活动、履行议员职责，并且作为政党领袖常常要请假，影响公司业务的正常进行。卡斯特伦一再申辩无效，不得不上诉法庭。前任卫生部长瓦特贝赫丢官以后，又干起了医生的老本行。

苏里南平民政治的一个基本特征是资格不那么重要。苏里南现任驻中国大使皮纳斯在中国留学十几年，先后获得了学士、硕士和博士学位，说得一口流利的汉语。2011 年，他被任命为驻华大使，此前，他只是一个普通的读书人，唯一与外交工作有关的经历是作为留学过中国的人在驻华使馆就文化教育事务提供一些临时性帮助，并非专业外交官。现任卫生部长波洛克兰德出任部长之前，就是一位普通的医生。前任司法警察部长密斯匠以前只是一位普通律师。前贸工部长、现劳工部长米希金以前只是行业协会的一个普通工作人员。现外交部长拉金当外长之前最高外交职衔只是驻外使馆的一等秘书。

可上可下，司空见惯

在苏里南官场，今上明下，下了再上，能上能下，人人习惯。2012年 6 月 25 日，苏里南卫生部任命前内政部长克多德爵担任国家健康保险公司经理，卫生部长波洛克兰德亲自出席任命仪式并致辞。克多德爵当内政部长时，波洛克兰德只是一个普通得不能再普通的医生，两者的社会地位相差巨大，如今，曾经的内政部长被新的卫生部长任命为一个普通公司的老总，管管医疗保险方面的事情，也觉得挺高兴。苏里南外交部常秘是外交部第二号人物，主持外交部日常工作。我来苏里南近三年时间里，外

图 3-1　会见苏外交部常秘瑞丹，这次会见后，瑞丹改任副常秘

交部换了三位常秘。我还认识我来之前担任过外交部常秘的几位高级外交官。常秘有常秘专门的办公室，不当常秘了，就搬到别的普通办公室去。南湖女士任常秘时，我经常到她办公室与她见面，在隔壁办公的副常秘拉姆拉坎常应南湖邀请在座。后来，拉姆拉坎当常秘，拉就到常秘办公室办公，南湖就搬到普通办公室去了。我请拉姆拉坎吃饭，南湖照样高高兴兴应邀作陪。能上能下在苏里南官场习以为常，司空见惯。苏里南一个萝卜一个坑，每个坑都是一个固定的级别，在司长位子上就是司长，在副司长位子上就是副司长，没有领导职务非领导职务一说，更没有所谓正司级的副司长，或者说以前的正司长当副司长，就是副司长了，也就是没有打括号的官员。

2009 年，我刚到苏里南不久，我宴请苏中友协全体理事。不少理事把夫人也带来了。友协主席约翰斯先生只是介绍玛丽亚·莱文丝是友协理事莱文丝先生的夫人，因莱文丝先生在礼宾名单中排名在最后，所以他们夫妇座位安排在最旁边。等到宴会结束时，友协理事、华人艺术家魏南光无意中说到莱文丝理事的夫人玛丽亚 2000 年大选后曾担任外交部长，期间她热心苏中友好，积极支持友协工作，这使我大吃一惊。一个前外交部长只是跟在丈夫后面，在外事活动中默默扮演一个夫人的角色，这在很多国家都是不可思议的。

不在其位，不享受其待遇

苏摩哈尔乔和西蒙斯 2010 年大选中通过竞选都蝉联国会议员，苏是上届议长，苏与西蒙斯竞争议长一职，议员投票时，我在现场就坐，亲眼目睹西蒙斯击败了苏摩哈尔乔。从第二天开始，苏的工资就降为普通议员的工资，作为议长的这份薪水，就由西蒙斯领取了。第二天，我又遇到苏摩哈尔乔，他给我讲到工资的事，说是少了一大截。

费内西安三次担任总统，累计 15 年。2010 年大选失败，失去了总统宝座。此后，他担任民族党领袖、国会议员，是反对党联盟领袖。由于他不再担任总统，防弹汽车、总统卫队等都交给了新总统，国家派到他家里的警卫也撤走了，工资也降下来了。现在，给他看家的是保安公司的人员，也就是说，是他自己掏钱请的安全人员。

　　苏里南是毒品由美洲通往欧洲的主要通道，苏里南司法警察部长山度基在任期间严厉打击贩毒，他甚至把苏里南政治强人鲍特瑟（现为苏总统）的儿子以涉嫌贩毒罪名投入监狱。山度基打击贩毒方面的政绩非常突出，他由此赢得国际社会赞赏，也引起毒贩子对他的极端仇视。荷兰政府从打击贩毒和保护他的生命安全出发，送给他一辆防弹轿车。苏新政府上台后，山度基失去司法警察部长职位，转而担任反对党议员。由于他在打击贩毒方面声名退迩，他当选为美洲禁毒委员会主席，他以此为理由希望保留防弹轿车，说毒贩子们一直要报复他，想置他于死地，如果没有防弹轿车，他生命安全得不到保障。政府会议讨论的结果是防弹轿车转给新任司法警察部长，理由是他不再是司法警察部长，不能再享受相关的待遇。

　　苏里南前总统威登波斯、前副总统兼总理阿杜加、前议长苏摩哈尔乔、前副总统萨炙等一大批前政要都健在，见到这些人非常容易。如果不事先告诉你这些人的身份，他们在你眼里跟普通老百姓毫无区别，你到饭店用餐，到商店购物，到公园旅游，说不定你遇到的食客、顾客或游客当中，就有一位政要或前政要。有一次，在一家中餐馆用餐，在一个普通桌子上坐着一位老者在静静吃饭，等我发现这位老人是前总统威登波斯后，我吃惊不已，他却神情自若。我确信，饭店服务员肯定不知道这个人曾经是他们国家的元首；当然，我还确信，知道了也照样收费，也不会提供特殊待遇，因为，平民政治的国度里，人人平等。还有一次，中国外交部验收组一行到苏里南验收新馆舍，我陪他们到一家粤菜馆吃早茶，因是北京来的客人，我特意定了一个包间，正吃着，忽然闯进来一个人幽默地向我鞠一个躬，待他抬起头来，才发现是已 75 岁高龄的前外交部长、第一任驻中国大使海伦贝格。他本来坐在大厅用早餐，看见我来了，就特意来打个招呼。我的中国客人们搞清他的身份后，兴奋不已，纷纷与他合影留念，还直说我真会交朋友，和前外长就像哥们一样。其实，即使是大人物，本来也就是平民色彩。吃过早点，海伦贝格自己开车呼啸而去。我猜测，饭店里的人没有一个知道，这位食客是这个国家曾经呼风唤雨的人物。当然，知道了也不会像中国人见到大人物那样引起这样或那样的轰动。

　　在苏里南，在公众场合见到总统、副总统都可以握手，保镖不会阻拦。一些中国人，当然也包括当地华人了解到这一"潜规则"，抓住机会与总统、副总统握手，并请人抓拍照片，回国后免不了拿出来炫耀一番，其实，在苏里南当地这是非常普通的一件事情。苏里南舞会很多，苏里南人擅长跳舞，总统、副总统经常在舞场上一显身手。他们没有固定的舞伴，平民百姓也可以和他们翩翩起舞，他们也乐此不疲。不像有些国家，便衣保镖在总统、副总统和老百姓之间秘密地架起了一道人墙，只要是非圈子内的人走近总统、副总统，便衣保镖就会很艺术地挡住你。

规矩面前没有例外

苏里南是一个没有特权的国度，任何人都必须按规矩办事。2012 年年初的一天，我妻子身体不适，晚上到苏里南中央医院去看急诊，有当地华侨给我建议，给卫生部长瓦特贝赫打个电话，请他给医院打个招呼，让医院优先给我妻子看病，不必排队。那天是星期六，我考虑是周末，妻子病情虽然严重，但并无生命危险；加之已凌晨，人家毕竟是内阁部长，早已入睡了，此时打扰人家不大妥当，所有就没打电话。到医院后，发现排队看病的人里面竟然有议员瞿久瑟普拉，他父亲病了，他是为父亲排队挂号看病。那晚，议员亲自排队挂号，挂了号后，一个个轮着看病，不存在议员父亲优先的问题。要知道，苏里南国会总共只有 51 位议员！了解到这一情况，我庆幸没有给卫生部长打电话，不然，真给部长阁下出个难题。

我还亲身经历了这样一件事情。2010 年，应中联部邀请，苏里南主要执政党民族民主党组团访华，四名代表团成员都是苏里南赫赫有名的政要：帕兰德，党的副主席，议会任职时间最长的议员；帕梅萨，国会议员，上届大选的总统候选人；蒙萨，党的秘书长；海伦贝格，前外长，鲍特瑟总统的政治顾问。中国有关方面在帮他们办理机票事宜时，不知为什么在填写旅客姓名时都倒过来写，如约翰·帕兰德，写成了帕兰德·约翰，苏里南首都国际机场知道这些人都是苏政坛上的大腕，但认为他们的护照和机票上的名字不一致，因此，拒绝他们登机，这些人把苏外交部搬出来，以两国两党关系为理由，希望机场予以放行，但机场就是不同意。不知道谁想到了是中国方面邀请他们访华，于是，电话打到了中国驻苏里南使馆，希望使馆出面做机场工作，意思是只要苏里南机场放行，其他方面不会有事，即使有麻烦，中方完全可以摆平。使馆与国内有关方面联系，最后的结果是推迟一天出发，重新出机票，新的机票上的名字改成与护照一致。虽然这几位政要当中有两位年龄已七十有几，但他们第二天重新登机时并没有给机场颜色看，而是和颜悦色，满面笑容。这件事给我留下非常深刻的印象，即使是政要大腕，在规矩面前也人人平等；普通老百姓不媚上，不拍马屁，办事不因取悦政要大腕而破坏游戏规则；政要大腕在规矩面前不耍大牌，不弄权，不谋特权。仍以此事为例，机场是国有企业，机场负责人的帽子是政府给的，这几个人如想报复机场，完全可以通过政府渠道，巧立名目，找机场负责人的麻烦，但他们没有这样做。

第一夫人在干什么

不久前，我应邀造访华商循义公司农场，问公司老板洪春麟先生一个问题：苏里南为了纪念该国第二任总统兼总理、华人陈亚先，将首都一条街道命名为"陈亚先路"，他是否见过陈亚先？他回答说，不仅见过，而且是很熟悉的朋友。他特别补充说，陈亚先去世多年，太太是混血人，70多岁了，仍健在，住在离他公司不远的地方。以前做点小生意为生，他曾多次给她提供过中国食品。我特别问道：作为前国家元首的遗孀，国家是否为前第一夫人提供某些特殊待遇。洪先生说，没有，就是一个普通老百姓，和大家没什么区别，完全自食其力。

费内西安任总统期间，夫人没有担任公职，也就是说，是全职太太，是家庭主妇。鲍特瑟出任总统后，他夫人比前第一夫人年轻20来岁，照样没有出任公职。最典型的是副总统阿梅拉里夫人，只有41岁，主要工作就是相夫教子，同时兼顾一个复印店，承接一些复印小生意，不过，她自己不坐堂经营，而是请人打理。2011年，中国对外友协邀请副总统夫人访华，她很高兴，想不到副总统不同意，说她到中国去访问，谁给他洗衣做饭？将来他以副总统身份访华，夫人届时一起去，岂不更好？

第一夫人虽然没有出任公职，但都热心公益，推动慈善事业，无论是费内西安总统夫人，还是鲍特瑟总统夫人都一样。笔者动用外交资源，动员中资企业和侨界力量，多次配合第一夫人开展这方面的活动，不少部长夫人、政党领袖夫人、女议员也一起参加。在孤寡老人、残疾人、孤儿、艾滋病患者、原住民印第安人，以及其他弱势群体中间，经常出现第一夫人和其他政要夫人的身影，这本身就是苏里南平民政治的一道靓丽风景吧？

图 3 - 2　鲍特瑟总统夫人到孤儿院慰问孤儿

苏里南平民政治的结果是国民幸福指数很高，不用巴结领导，活得很轻松。现在，苏里南人任何人满 60 岁，不分高贵贫贱，包括坐过牢的人和正在坐牢的人，都可每月从政府领到 550 苏元（相当于 1100 元人民币）的养老金（退休金是退休金，养老金是另外算的），一个大学生读大学的学费一年才 650 苏元，一个 60 岁老人一个月的养老金就差不多可以负担一个大学生一年的学费，平民政治使老百姓实实在在地得到了国家发展的实惠。

第四章　一次山寨版的民调

2012 年 3 月上旬，苏里南艺术学院的大学生完成了一次民意调查作为社会实践课程，并公布了民调结果，结果显示：包括总统鲍特瑟、副总统阿梅拉里在内的内阁全体成员不及格。

意想不到的山寨版民调结果

苏里南最大的报纸《标准时报》以"民调显示：内阁全体不及格"为题报道说：

苏里南艺术学院的学生在首都帕拉马里博举行了一次民意调查，调查结果显示，内阁所有成员的评分都不及格。得分最高的是总统鲍特瑟，仅有 56% 的受访对象对他表示满意。副总统阿梅拉里只获得了 30% 的支持率。其他内阁部长所获评价都很差。这次民调是在苏里南民调组织主席约翰·克里斯纳达的指导下进行的，他宣称：大学生们的这次民调采取的是同样的标准，具有同样的准确性。民调还显示，在执政联盟的各个政党中，来自于民族民主党的部长得分最高，得到了 46% 的受访对象的认可。来自于兄弟民主政治联盟的部长只获得 27% 的信任票，来自于崇高真理党的部长所获得的满意度只有 25%，KTPI 党的部长得票倒数第一，只获得 16% 的信任票。这次民意调查还询问了受访对象对国会议长西蒙斯工作的评价，77% 的受访者对议长工作表示满意。媒体试图了解各政党领袖对民调结果的看法。A 联盟主席布伦斯维克说，评分低不一定表示部长们工作做得不好，有可能是部分部长需要得到更多的帮助，不管怎样，内阁全体部长都要更加努力地工作。民族民主党领袖林格未发表个人意见，崇高真理党主席苏摩哈尔乔正在国外未能接受采访。

图 4 - 1　苏里南总统鲍特瑟在民调中获得 56% 的支持率

图 4 - 2　议长西蒙斯在民调中获得 77% 的支持率

最令人关注的是当地华人报纸《中华日报》以"国会议长西蒙斯的民众支持率最高"为题，报道了这次民调，这条消息的结尾话是："调查结果显示71%的民众希望政府重新组织内阁。"

内阁如何对待山寨版民调的结果

我原以为，这次民调结果会惹大麻烦了，为什么呢？因为民调结果竟然说总统得票率不到60%，比议长的信任票低了21个百分点；副总统所得信任票只有区区30%，所有内阁部长所得信任票都没有过半，这不是让总统、副总统难堪，让内阁部长丢脸，让与总统同属一个政党的议长尴尬吗？这不是给了反对党一个攻击执政党和政府的口实吗？

原来我还以为，一些媒体闯祸了，为什么？你以"国会议长西蒙斯的民众支持率最高"为题报道这次民调是什么意思？你这不是明着说担任总统的党的领袖鲍特瑟威望不如担任议长的党的副主席西蒙斯？以"民调显示：内阁全体不及格"为题报道民调结果是什么意思？这不是煽动民众对政府的不满吗？更有甚者，有媒体公然说"调查结果显示71%的民众希望政府重新组织内阁"，这不是公然鼓吹颠覆本届政府吗？

我原判断，这次民调的组织者和媒体不会有好果子吃，因为关于这次民调的结果肯定惹总统不高兴，惹执政党不满意，惹内阁部长不舒服。然而，事态的发展表明，我错了。我至少有五个没想到：

没想到副总统沉默如金。民调结果出来后，副总统没有发表任何言论，泰然处之，行若无事。

没想到国会对这次山寨版的民调很重视。2月10日《标准时报》发表题为"国会认为总统应重视更换部分内阁成员的民意"的专题报道，说："最近公布的民调结果显示，很多人认为有必要更换部分内阁成员，即更换部分部长。""许多国会议员认为，总统应认真对待民意调查的此项结果，因为这说明政府的政策可能存在严重的错误。"来自崇高真理党的国会议员塔姆西兰对记者发表谈话，说："某些部门的工作确实存在严重问题，因此，我认为有必要更换某些部长。"他举例说："土地森林规划部的工作存在严重问题，其政策必须改变，因民众和国会对该部工作都

图 4 - 3　副总统阿梅拉里对民调结果泰然处之

严重不满。"另一位议员肯森惠斯也公开说："鲍特瑟总统应对内阁工作作深入检讨，特别是对司法监察部。"

　　没想到内阁部长们能对这次民调行为和结果持理性态度。许多部长得到的信任票少得可怜，这是很丢面子的事情。不少人借机提出更换部长、重组内阁，这意味着一些部长很可能丢掉乌纱。更有甚者，不少人借民调结果，指名道姓地批评土地森林规划部、司法警察部、青年体育部、教育部、卫生部等部门，在报上公开议论哪些部长会丢官，谁可能最先丢官。按照中国人的思维习惯，这些被议论的部长肯定会觉得自己很难堪、很窝囊，但是，没有一个被议论的部长和部门站出来为自己辩护，更没有一个部长和部门利用手中掌握的公权力找民调人员和有关媒体的麻烦。苏里南艺术学院是苏里南教育部的下属院校，民调结果使教育部长处在舆论议论的风口浪尖上，但教育部长并没有迁怒于自己的下属——艺术学院院长。按说，教育部长有太多的理由找艺术学院院长算账：艺术学院是学艺术的，为什么组织学艺术的学生搞针对总统和政府的民调？搞民调为什么不事先向教育部请示报告？民调结果出来后，为什么不事先打个招呼就直接捅到媒体上去了？教育部长也有太多的办法给艺术学院院长小鞋穿，即使收拾他，拿掉他的花翎顶戴也不是难事。但是，教育部长也好，其他部长们也好，不仅没有一个指责民调"败坏政府形象"、破坏"稳定大局"，没有一个拿艺术学院说事，向媒体施压，而且纷纷出台改进工作的方案。例如，被高调批评的土地森林规划部长提出在部内高调反腐，将两名涉嫌受贿的高官停职审查。

没想到反对党一声不吭。原以为反对党会利用这次民调结果大做文章，讲几句风凉话，没想到反对党在这件事情上，没有一个人出来说过一句话。

最没想到的是，鲍特瑟总统顺势而为，借汤下面，以民调结果为基础，适时推进他的内阁改组计划。鲍特瑟特别宣称："教育部和卫生部应脱离政治"，言下之意这两个部的部长首先应该是这方面的技术专家，不能是外行，不能由职业官僚和政客担任。

这次民意调查不是官方主导的，不是政府行为，不是执政党的行为，也不是非政府组织的有计划的行为，跟通常意义上的民调不可同日而语、混为一谈，因为，它只是在校大学生的一次社会实践行为，所以，人们把这次民调看成是一次山寨版的民调，不是没有道理的。

图4-4 苏里南青年体育部部长阿贝纳在民调结果出来后被解除职务

图 4 - 5　财政部长布杜民调后主动辞职

山寨版民调的意义

然而，苏里南对待这次山寨版民调的过程却显示了多方面的意义。

第一，显示了苏里南政治和社会生态的稳定性。这次山寨版的民调虽然只是学生们的社会实践，但涉及的内容却是与社会是否稳定密切相关的十分敏感的问题。民国时期，饭店茶馆等公共场所墙上，都贴着"莫谈国事"的标语，国事都谈不得，还谈什么组织以政府为对象的民调？其实，即使当今世界上，一些国家仍然不让搞有政治色彩的民调，许多国家仍然禁止非官方组织的以政府官员为对象的民意调查，针对市长、省长、州长、邦长等封疆大吏的民调不行，针对总统、议长、内阁部长进行的民调更不行。苏里南不仅允许专业民调机构进行各种民意调查，还允许大学生组织以总统和内阁成员为对象的山寨版的民调，民调结果出来后，社会照常有序运转，这显示了苏里南社会的稳定性。

第二，显示了苏里南政治和社会生态的开放性。围绕这次民调，苏里南上上下下、方方面面相互之间互动频繁，沟通有序，民调的组织方、实施方、对象方、新闻报道方，以及首都社会各界，许多人积极参与：学生以总统、议长和内阁部长为对象，按照民调规范与流程，积极进行社会调查；被采访对象，不管是公务员、军人、商人，还是教师、医生、律师，都能不唯上，只唯实，没有压力，没有客套，没有虚情，没有假意，是什么就说什么，不满意谁就说不满意谁；作为民调对象的总统、副总统、议长和内阁部长，在民调过程中，能做到不设前提，不作暗示，不搞引导，民调结果出来后，能做到不抓辫子，不打棍子，不戴帽子，同时，尽可能积极回应；作为苏里南其他民众，或积极讨论，或评头品足，或献计献策，一时间，各媒体因民调结果引发的言论议论评论纷至沓来，有的说这个部长该下，有的说那个部长应挪个位子……体现了民众对国家大事高度的参与性，仿佛人人都在当国家的家，做国家的主。开放性意味着公开性，民调结果出来后，全部公开，在透明度上无可指责。

第三，显示了苏里南政治和社会生态的包容性。民调结果对政要们来说，毕竟不光彩，总统、副总统和所有内阁部长得到的信任票不仅都不达标，而且有的实在是低得惨不忍睹，如果说有政要因此恼羞成怒，那一点也不奇怪，然而，结果风平浪静，像我这种为中国官场文化耳濡目染的人，反觉得有点不可思议。此外，我也高兴地看到，国会中和报上也不乏有这样那样的言论，为得票低的一些部长说话，从这个角度来说，包容性又体现为宽容性。国会议员博瓦说："民众应再给予政府一些时间，因政府已制定出许多力图今年更改的政策，如果到年底政绩仍乏善可陈，令人失望，则相关部长再换不迟。"

在处理山寨版的民调上显示出来的苏里南政治和社会生态的稳定性、开放性和包容性，实质上是政治文明、社会文明、精神文明建设上的一定程度的成熟性。尽管苏里南开国只有 36 年，此前几千年是没有历史记载的部落社会；中国有几千年的文明历史，但在如何理性地对待山寨版的民调这类事情上，13 亿中国人还是有必要从苏里南的做法中获得某些有益的启示。

第二篇　拉美奇闻异事

第五章　大总统和小法官的斗法

2011 年 7 月 29 日，苏里南城市中心酒店举行开业祈福仪式，我和苏里南前总统费内西安应酒店主要投资商希拉咖里的邀请共同出席。苏里南盖房子、企业开业、高官就职等一般都会举行一个宗教仪式，祈求神灵保佑。酒店是中国安徽外经建设集团有限公司承建的，建筑面积 11700 平方米，总造价 3000 万美元。安徽外经集团于 2009 年获得该项目承建资格，历时 2 年 10 个月顺利完成整个工程建设。酒店位于苏里南首都帕拉马里博最繁华的地带，是首都新的地标性建筑。安徽外经集团项目组的负责人陪我一起出席仪式。希拉咖里是出生在苏里南的印度裔穆斯林，按照伊斯兰教的习惯，酒店开业前举行伊斯兰教祈福仪式，祈求酒店拥有真主护佑、大吉大利。

总统亲自吊销赌场牌照

然而，酒店还没有正式营业就遇到不顺利的事情。安徽外经集团项目组的戴飞飞经理告诉我，酒店的餐饮、住宿、桑拿、按摩、娱乐等各种服务，都能按时对外营业，但位于酒店二楼、投资了 500 万美元的赌场，却遇到了大麻烦。在苏里南，只有总统才有权审批赌场牌照。希拉咖里的赌场牌照是前总统费内西安在位时批的，酒店工程还没有完工，没想到费内西安大选中失败，丢掉了总统宝座，新上台的鲍特瑟总统在酒店开业前夕，通过行政程序，吊销了酒店的赌场牌照。

当地主要报纸《真理时报》以"城市娱乐中心赌场的牌照被吊销"为题报道说：

"总统鲍特瑟于星期五通过法令吊销了城市娱乐中心赌场的牌照。这间正在修建中的赌场位于多明尼街口处。前任总统费内西安于 2010 年 7 月 29 日向这家赌场批发了牌照。总统办公厅主任尤金·萨恩说,这个牌照的审批违反相关条例。此外,还考虑到政府有责任妥善治理社会。此前,政府与博彩业已达成协议,只会让个别企业有权开赌场,但现在苏里南赌场太多。"

希拉咖里等投资商投资开设酒店,包括酒店内赌场的钱都是从银行贷款来的,赌场不能营业,不仅几百万美元的赌场投资打了水漂,而且还会因还不起贷款引发一连串的债务纠纷,安徽外经集团也无法按时收回工程款,一项本来能够盈利的工程会变成亏本的工程。祈福仪式开始前,我问费内西安前总统和希拉咖里先生下一步怎么办,他们说只能向法庭起诉,请求法庭判总统府吊销赌场牌照违法。费内西安在祈福仪式上的讲话中,对鲍特瑟总统吊销城市中心酒店的赌场牌照的做法提出了批评,认为有违法治。

将总统告到法庭,这有胜利的可能吗?说老实话,我当时认为希拉咖里胜诉的可能不大。

费内西安前总统是民主党的主席,该党长期执政,费本人先后三次担任总统,时间长达 15 年。希拉咖里不仅是民主党的忠实党员,而且还是党的财政资助人,同时与费内西安前总统私交甚笃。我出使苏里南不久,应邀到希拉咖里家作客,当时,费内西安还在台上,希拉咖里非常高兴地告诉我,总统给他特批了赌场牌照。

赌场老板告总统违法

鲍特瑟总统为什么要吊销希拉咖里的赌场执照呢?人们分析有如下原因:一是苏里南首都已有 14 个赌场,而且集中在闹市区,希拉咖里的城市中心酒店赌场,隔壁紧邻另一家赌场,中心酒店停车还要借用另一家赌场修建停车场,另一家赌场对希拉咖里开新的赌场明显有意见。苏里南赌场协会会长朱利斯·让拉坎也对在多明尼街开那么多的赌场持反对意见。总统吊销希拉咖里赌场执照的对外说辞就是赌场太多了,不利于树立良好的社会风气。二是希拉咖里是费内西安前总统的死党,费内西安则是鲍特瑟总统的头号政敌,费内西安下台前 15 天匆匆批给希拉咖里赌场牌照,鲍特瑟总统认为这是费利用职权为死党谋取私利，吊销赌场牌照，既打击了费的死党，更使头号政敌难堪。三是希拉咖里的城市中心酒店在苏里南规模最大，服务最全，设施最好，其他星级酒店都没有赌场，这样一来，希拉咖里就很可能会发大财，希如果发了大财，捐助给民主党的钱就会多，从而就会对鲍特瑟总统和执政党的执政地位带来严重的挑战，因此，必须釜底抽薪，不许赌场开业。

希拉咖里果然向帕拉马里博一家地方法院起诉，要求法院审理总统决定是否违法，并要求判决他的赌场牌照有效。这家法院居然受理了这一案件。这一情况引起了我很大的兴趣，如果法官判决希拉咖里胜诉，那就意味着鲍特瑟总统打输了官司，大总统会听小法官的判决吗？如果听，那岂不意味着国家元首太没面子？鲍特瑟会不会利用手中大权端掉小法官的饭碗？如果希拉咖里败诉了，他投资的酒店会不会因为欠债而被银行收走抵债？安徽外经集团的工程款又如何收回？

小法官判总统败诉

8 月 18 日，报纸报道，法院裁定，在判决结果出来前赌场可以开业。这实际上已亮明法院的态度，即法院的判决将违背总统的意志，维护希拉咖里的利益，也就是说，小法官与大总统叫上板了。果然，随后的正式判决是希拉咖里胜诉。

然而，希拉咖里只高兴了 4 天，他的赌场牌照又得而复失。8 月 22 日，鲍特瑟总统下令再次吊销了费内西安前总统批给他的赌场牌照。8 月 23 日，希拉咖里毫不犹豫地再次向法院起诉，法院决定 25 日重审。

24 日，即法院决定再次开庭前一天，鲍特瑟总统的一个举措既令希拉咖里，也令承审法官，还令几乎所有关注这一案件的人大感意外：鲍特瑟亲自向希拉咖里批发了赌场牌照。他在批发牌照的时候表示：批发牌照是为了避免浪费希拉咖里已经为赌场投入的资金，本政府的宗旨之一是促进本国经济的发展。牌照有效期为 15 年，之后，可以无限次地提出 5 年延期申请。

有趣的是，希拉咖里通过律师要求法院把原定 25 日的开庭推迟到 9 月 1 日，以便他有时间考虑是否取消这一诉讼。也就是说，他是接受鲍特瑟的新牌照，还是要求发回费内西安前总统批发给他的老牌照，他还没有打定主意。

鲍特瑟为什么会改变主意，这已不是我感兴趣的问题。我感兴趣的是，大总统尊重司法，不以言代法，不以权干涉司法；小法官不媚上、不畏上，敢于按章执法和秉公执法，希拉咖里敢于通过合法的途径维护自己的合法权益。

2011年9月3日晚，城市中心酒店举行隆重的开业仪式，我应邀出席。副总统阿梅拉里在开幕式上致辞，说酒店的开业说明了鲍特瑟和阿梅拉里政府为企业提供了良好的投资环境。他为酒店开业剪彩，随着阿梅拉里一剪刀剪下去，一串串彩色气球腾空飞起，一束束浏阳礼花凌空绽放，百年侨社广义堂的舞狮队翩翩起舞，至此，大总统和小法官围绕赌场的斗法画上了圆满的句号。

第六章　总统与一本教科书的较量

　　2011 年 7 月 26 日，苏里南所有报纸登载的一条消息使我大吃一惊，这就是苏文化教育部推出的小学六年级历史新课本竟然公开指责苏里南现任总统德西·鲍特瑟曾发动军事政变，课本有几章专门讲述 20 世纪 80 年代鲍特瑟军政权时期的历史，其中有一段描述在那个时期，"经常有人会神秘失踪，有的人会无缘无故地被军人虐待，也有一些人会莫名其妙地死去"。更有甚者，课本公开写道："鲍特瑟作为当年军政府的领导人，于 1982 年 12 月 7 日下令逮捕 16 名异议人士。12 月 8 日那天，其中 15 人被严刑拷打后被杀害。"课本有一页上还印着一幅图，画的是一群抗议的人士举着一块标语牌，上面写着："鲍特瑟是杀人犯"。新教材竟然公开指责新总统是"杀人犯"，下令启用新教材的竟然是新总统自己任命的文化教育部仅次于部长的常秘（相对于常务副部长），这在世界历史上恐怕是闻所未闻的事。我一面看报纸，一面在想，鲍特瑟总统会做出什么反应？编教材的人会不会被抓起来？文化教育部的常秘会不会丢官？教育部有关官员会不会受牵连？老百姓对这件事会怎么看？反对党会不会借此大做文章？苏里南政坛会不会因此引起动荡？

新总统为什么被说成"杀人犯"？

　　鲍特瑟是苏里南独立以来的第十届总统、苏里南民族民主党的创始人和主要领导人，在苏里南拥有广泛的人脉和很高的声望。90 年代访问中国时曾与江泽民主席亲切会面，他夫人先祖来自于中国广东。他的党总部悬挂了两张外国著名政治家的画像，一张是南非前总统曼德拉，另一张是毛泽东。毛泽东的画像下面还印着一行字："伟大的领袖和导师毛泽东主席"。2010年7月19日，鲍特瑟在国会选举中以夺得总共50票当中的36票的压倒性票数获胜，当选苏里南总统，于当年8月3日就职。鲍特瑟1945年10月13日生于帕拉马里博，学历相当于初中，后前往苏里南前宗主国荷兰接受军事训练。自苏里南独立以来，鲍特瑟就一直影响这个国家的走向。他35岁时就是国防军司令，80年代大部分时候实际统治着这个国家。1980年，鲍特瑟发动军事政变，将总理亨克·阿龙的政府赶下了台，总统约翰·费里埃拒绝承认新政府，任命华人陈亚先继任总理，5个月以后，政变再次发生，总统费里埃被迫下台，陈亚先继任总统。政变受到了苏里南不少老百姓的欢迎，因为他们认为此举打击了苏里南的腐败，有助于提高人民的生活水平。尽管陈亚先是总统，但是苏里南被宣布成为社会主义共和国，鲍特瑟以"国家军事委员会主席"的名义，成为实际上的国家元首，直到1988年辞去职务。荷兰法院不断指控他涉嫌毒品交易，甚至在2000年缺席判处鲍特瑟11年监禁。2005年，荷兰首相巴尔克龙德造访苏里南，参加苏里南独立30周年纪念活动，在苏议会，他拒绝与苏里南最大反对党民族民主党主席、前军政府主席鲍特瑟握手，致使民族民主党议员愤然离场。第二天，一名退役军人身带手枪驾车撞击这位首相的车队后被捕，首相没受伤。90年代，苏里南恢复了民主制度，

图6-1   与鲍特瑟总统在一起

鲍特瑟数次试图通过选举就任总统，但是没有成功，然而，他的党的影响却一步步壮大。

为什么教科书把鲍特瑟说成是"杀人犯"？据当地媒体报道：1982 年 12 月 8 日，反对鲍特瑟军人政权的 2 名军官和 13 名平民在苏里南的泽兰迪亚堡被士兵杀害，鲍特瑟声称，这些人是在企图逃跑的时候被打死的，而证人弗雷德·迪拜则称，这些人受到了折磨拷打之后，才被杀害，而且鲍特瑟当时在场。鲍特瑟在 2006 年为此事受审时称，事情发生时，自己并不在场，杀害这 15 人的命令是由营长保罗·巴格旺达斯下达的，而该营长 1996 年已经去世。但是鲍特瑟愿意承担此事带来的政治责任。当地习惯上将这一事件称为"12 月屠杀事件"。事件发生后，荷兰和美国马上切断了对苏里南的经济援助，国际上要求调查此事澄清真相的呼声一直甚高。

教科书事件发生时，对"12 月屠杀事件"的审判正在进行。两年前，我来到苏里南出任中国驻苏里南大使，正好赶上苏里南法院启动了对"12 月屠杀事件"的审判，鲍特瑟作为主要被告走上了被告席。虽然审判进行了大半年，但并不影响鲍特瑟赢得大选。鲍特瑟就任总统后，对他的审判照样进行，唯一的变化是鲍特瑟自己不出庭了，改为委托自己的代表出庭。此外，被反对党视为非法的 80 年代的"军事政变"，如今被官方定义为"一场革命"，同时，在首都闹市区修建了纪念广场，成为首都一道新的风景线。执政党想把当年政变发生的这天定为全国性重要节日，但遭到反对党拼命反对。执政党目前控制了国会多数席位，如付诸表决完全可以通过，但执政党考虑到这样做不利于整个社会的和谐气氛，故并不急于强行通过。

"教科书事件"当事人的结局

教科书事件发生后，媒体说鲍特瑟总统非常生气，但他本人对此没有公开发表过任何言论，仿佛这件事从来没有发生。只有执政党民族民主党发表声明，指责教科书事件是反对党联盟新阵线的一个阴谋，是为了损害鲍特瑟总统的名誉。他们希望对这本教材的部分内容进行修改，也就是说，必须删除就"12 月屠杀事件"对鲍特瑟总统的指控。与此同时，总

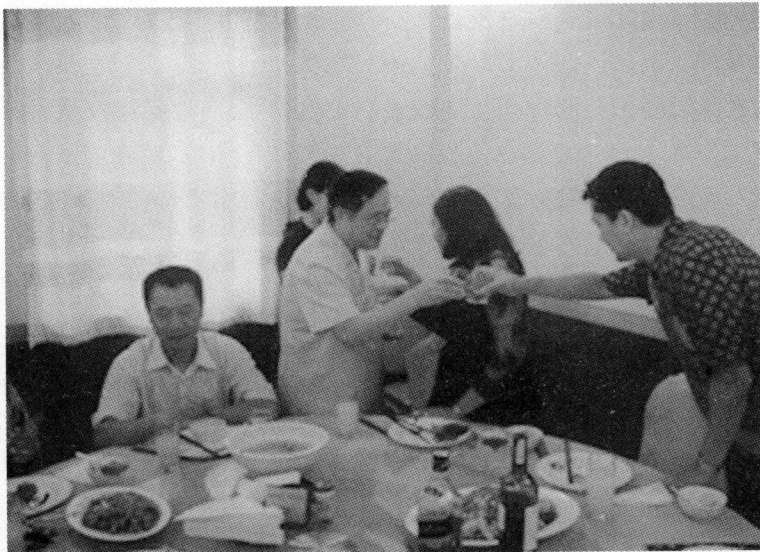

图 6 - 2   笔者向申狄克敬酒，大使夫人和申狄克夫人碰杯

统府发话：将撤销负责此事的苏里南文化教育部常秘罗伯特·申狄克的职务。

反对党联盟新阵线发出一份公告反驳执政党的指责。公告说："执政党要为自己的总统人选负责任，同时，该位人物（指鲍特瑟）也要为1982年的所作所为负责任。"公告还称：执政党把小学课本事件的责任推到新阵线身上是毫无根据的。1982年12月屠杀案的阴影会永远笼罩着鲍特瑟。2010年大选时，民族民主党选择鲍特瑟这位有争议的人物作为总统候选人。如果民族民主党有本事的话，可以跟编写小学历史教科书的专家们当面讨论教材的哪些内容不符合历史事实。执政党毫无根据地批评新阵线，恰好反映出执政党心虚。

苏里南文化教育部常秘罗伯特·申狄克是该部的二把手，是教科书事件的主要责任人，他就任常秘后我还请他夫妇品尝过中餐。是他下令要在2011—2012新学年开始使用新的历史课本，指示7月底开印2万本课本，同时配套印刷教师指导手册。教育部有关官员说，他们早就知道该教材会引起某些人的反对，但是他们的选择只能是忠实地反映历史事实。教育部还说，他们曾把教材清样送给国会教育委员会征求意见，但国会从来没有作出过回应。苏里南大学政治学教授汉斯·伯雷维尔德负责审阅过关于80年代军政府时期的课本内容。

　　教科书事件发生时，崇高真理党主席、前议长苏摩哈尔乔正在印度尼西亚访问。崇高真理党是执政联盟的成员党，是鲍特瑟总统的民族民主党的执政伙伴，教育部常秘申狄克是崇高真理党的党员，非常年轻，30来岁就由苏摩哈尔乔推荐出任了教育部的常秘。申狄克年少得志，人们传言苏摩哈尔乔将把崇高真理党的主席位子交给他。不料教科书事件的发生导致主要执政党严重不满，直接挑战了总统的名誉、尊严和权威，人们预计他的常秘位子肯定是做不成了。苏摩哈尔乔说整个参与编写教科书的人都应对教科书事件负责，而不应把所有责任推到申狄克一人身上。他建议申狄克暂时请假不要上班，等他从印度尼西亚回国后再做处理。文化教育部长莱蒙撒本也来自于崇高真理党，根据党主席的指示，他让常秘申狄克休了长假。7月29日，《真理时报》等报道，申狄克从30日开始，将不再是教育部常秘。一时，媒体纷纷猜测总统将任命谁接替申狄克的常秘职务。

　　8月2日，国会议长西蒙斯女士发表声明说，国会教育委员会对历史

图6-3　印尼裔崇高真理党领袖、前议长苏摩哈尔乔（右一）

教材的内容问题没有责任，教材编写部门和教育部长对此负有责任，因为教科书事件发生时，正式的教科书并没有提交到国会。

然而，8月28日，当地媒体的一则报道再次吸引了读者的眼球，说申狄克回到文化教育部继续担任常秘，这大大出乎人们的意料，当然，也令我大吃一惊。谁也没有想到，闹得沸沸扬扬的教科书事件会以这样的方式尘埃落定。除了教科书停止使用，总统没有下令抓任何人，没有组织任何媒体对教科书事件进行口诛笔伐，没有任何相关人员因此丢官降级，没有任何人因此写检查，没有任何政党和组织借此采取行动向总统表忠心，当然也没有动员任何"专家"、"权威"和"学者"来"澄清历史真相"，给总统个"说法"。

为什么会出现这样的结果？

一是法治大于人治。总统究竟是不是"杀人犯"，是不是"12月屠杀事件"的主要责任人，法庭正在审理，在法庭判决出来之前，无论是反对党的指控还是执政党的否认都说了不算。既然如此，总统还是照样当总统，教科书也理所当然地应当停止使用。

二是申狄克不是教科书事件的策划者。申当教育部常秘不到一年，教科书的编写早在几年前就已启动，编写新的教科书的思想、观点、原则、方法是前政府定的，也就是现在的反对党执政时定的。申狄克的错误主要是官僚主义，或者说他被教育部内站在反对党立场的知情官员"忽悠"了。

三是维护执政联盟内各执政党团结的需要。教科书事件发生后，申狄克所在党的党主席苏摩哈尔乔一直帮申狄克说话，甚至威胁说如果总统撤销申的职务，崇高真理党就退出政府。主要执政党民族民主党至始至终把矛头对准反对党，没有说过一句批评崇高真理党的话，也没有说过一句批评申狄克的话。

四是苏里南的主流文化"宽容文化"使然。苏里南是多民族的国家，主要由移民构成，混血现象普遍，这奠定了宽容文化的血缘基础。鲍特瑟80年代发动政变后，曾将当时的教育体育文化部长费内西安投入监狱，后费内西安先后当了15年总统，但费并没有因此罗织罪名报复鲍特瑟，即使鲍特瑟2000年因所谓"走私毒品"的罪名在荷兰被缺席判处11年狱刑，荷兰还通过国际刑警组织对鲍特瑟下了通缉令，费内西安也没有利用这个机会，借助荷兰等外部势力将鲍特瑟投入监狱，相反，尽管鲍是被告，却尊重他的被选举权，使其有机会多次当选为国会议员，直至当选为总统，取代了自己的总统地位。鲍特瑟现在的执政伙伴崇高真理党以前是鲍的政敌，党主席、前议长苏摩哈尔乔在军政府时期，一直从事推翻军政府的斗争，军政府悬赏通缉他，他不得不流亡荷兰，军政府结束后才回到苏里南。只是在 2010 年大选后他才结束作为鲍特瑟几十年的政敌的历史，成为鲍的执政伙伴。鲍特瑟现在的另一个执政伙伴、A 联盟领导人罗尼·布伦斯维克先是鲍特瑟的卫队长，因反对鲍的政变成为鲍的死敌。1986年，苏里南内陆地区的部分农民在他的领导下揭竿而起，成立反军政府的"森林司令部"，鲍出动政府军队，打死不少"造反"的农民，硬是把"起义"镇压了下去。不少造反者逃到邻国，鲍特瑟不仅既往不咎，而且为每一户免费盖一幢楼房（苏是一户一楼），欢迎他们回国。鲍特瑟赢得大选成为苏里南历史上得票最多的总统后，对政敌尽量给予尊重。2011年 9 月初，主要反对党民族党副主席、华裔政治家罗杰斯去世，鲍特瑟总统发表声明称赞他是"为国家的民主法治建设作出了重大贡献的杰出政治家"，对他的不幸去世深表哀悼。其实，罗杰斯和民族党主席、前总统费内西安一起，是坚决反对鲍特瑟当年政变和再次上台的领军人物，他一生的"主要政绩"之一就是与鲍特瑟的民族民主党作斗争。

总统处在弱势地位吗？

教科书事件的上述结果是不是说明鲍特瑟只是一个弱势总统呢？非也。鲍特瑟是苏里南独立以来唯一的在第一轮选举中就胜出的总统，是控制了议会多数议席的总统，是作风凌厉泼辣的总统，是先后十届、七位总统中最强势的总统。80 年代他实际领导苏里南时，曾先后撤换 110 多位部长。这次，他低调处理教科书事件，反映了他政治上的老成持重，反映了苏里南在依法治国方面的进步，也反映了他和谐治国的执政理念。人们不会忘记，2010 年，因"走私毒品"遭判刑并且背负"屠杀罪"的鲍特瑟当选苏里南总统后，他立即呼吁他的反对者们共同为苏里南的未来携手合作。"我向所有反对我的人伸出手，我向所有的苏里南人伸出手，因为我们每个人都需要共同努力来建设这个国家。让我们消除过去五六十年的前嫌。我们才是这个国家真正的主人，而并非外国势力。"人们看到，为了体现和谐治国，在 17 位内阁部长中，有 3 位并非来自于执政联盟，有的还来自于反对党，央行行长也是无党派人士，甚至副总统也不是执政党的党员。既然如此，低调处理教科书事件也就自然而然了。

第七章　从总统当面向我道歉说起

2011 年 5 月的一天，苏里南总统鲍特瑟约我到总统府见面。一般来说，总统没有大事不会约见一国大使，但总统约见我会跟我谈什么事呢？我确实心里没有底。我如约前往他的办公室，外长拉金在座。

总统郑重其事地道歉

坐下不久，总统说道，苏里南公共工程部就苏打算上马一个大的基础设施建设项目，先是跟中国大连一家公司签订了谅解备忘录，两个月后，又跟中国北京一家公司签订了谅解备忘录，这是不对的，人家会认为苏里南不讲信用，会给中国朋友留下不好的印象；他作为苏里南国家元首，已经就此对苏里南公共工程部提出了批评，同时，约我来当面向中国大使表示道歉。

原来，2010 年 8 月鲍特瑟赢得总统大选后，就推出了一个大的基础设施建设计划，包括建设苏里南到圭亚那、苏里南到法属圭亚那的跨国大桥、从首都市中心到国际机场的高速公路、18000 套低造价住房，等等。10 月，苏公共工程部长访问大连，实地考察大连国际经济合作集团，并在大连签署了大连国际集团承接机场高速公路等项目的谅解备忘录。我刚好回国度假，赶到大连，和大连市有关市领导共同出席了签字仪式。我回到苏里南后不久，苏公共工程部把机场高速公路这一项目又交给中国另一家大型知名企业实施，也签署了谅解备忘录。其实，苏方将项目交给哪一家公司做，不管是中国公司，还是其他国家的公司，完全是苏里南的内政。只要是交给中国公司做，就是对中国企业的信任，使馆都是支持的。鲍特瑟作为国家元首，亲自过问这一事项，说明了他对中国公司的重视，

图 7 - 1 与时任苏里南副总统费内西安（左二）和萨灸出席大连国合集团承包公路竣工典礼

图 7 - 2 陪同苏里南总统会见大连国合集团苏里南公司高管

但就工程承包苏方重复签署有关文件这件事，他特意约见我当面对我表示道歉，确实出乎我意料。毕竟，他贵为一国总统，与中国公司重复签约并不涉及中苏两国的战略关系和利益大局。不过，从苏里南总统当面向我道歉一事中，我感受到了总统对维护和发展中苏两国关系、加强双边合作的重视，同时也第一次深切感受到了，领导人，特别是国家领导人诚恳的道歉在消除误解、弱化矛盾、化解分歧、减少对抗、改进工作、促进和谐等方面所具有的不可替代的重要作用。我和使馆的同事都从总统的真诚道歉中，感受到了丝丝善意和缕缕清风。

总统不止一次道歉

鲍特瑟就任总统以来，就某些事项公开表示道歉已不止一次。例如，2011 年是苏里南国会成立 145 周年，鲍特瑟出席了国会专门举行的庆祝活动并发表了讲话。没想到他的讲话不仅没有赢得议员们的掌声，反而引起了议员们的反感和不满，即使是来自执政党的议员们也很不高兴。因为他当着议员们的面说国会的工作质量不理想，议员们水平有限，难以研讨更高层次的议题。4 天以后，国会再次举行会议，鲍特瑟总统出席。议员冉杰辛在会上当面向总统"开炮"，说总统在上次国会会议上的言论是对国会的直接侮辱，损害了所有议员的尊严；其实国会议员们对政府运作有好多意见和不满，议员虽然多次向政府质询，但政府总是拒绝回答；既然总统对国会如此无礼，国会应当为总统的言论发出正式的抗议。

没想到冉杰辛发言完毕后，鲍特瑟马上起立，表示要为自己的不当言论向国会道歉。他说他并没不是有意到国会来侮辱国会议员，他希望自己的道歉会被接受。他的道歉赢得了大家，包括来自反对党的议员的掌声。

道歉的并非只有苏里南总统

是不是只有鲍特瑟总统公开道歉？非也。曾经道歉的不仅有现在的总统，也有前任总统。例如，费内西安前总统领导的民族党是苏独立以来执政时间最长的党，费曾 3 次担任总统，历时 15 年之久。2011 年民族党在大选中失败，失去了执政地位，党的领袖、时任总统费内西安公开承认对大选失败负主要责任，并对全党和党的盟友深表歉意。

公开道歉的不仅有总统，而且有政府部长等高官。例如，苏里南政府卫生部长瓦特贝赫因言语不慎，被人告到法院，理由是侮辱了对方，经法院审理属实，法院判决卫生部长登报声明予以道歉，部长心悦诚服地照办。2010 年圣诞节到 2011 年中国春节期间，苏里南社会治安状况不那么好，出现抢劫凶杀案件，并且迟迟破不了案。各报纷纷发文公开抨击负责此事的政府司法警察部长密斯匠，议员在国会对密斯匠提出质询，这位部长不得不作出解释，因答非所问且用词不当，又招来一轮新的批评，这位部长连忙公开道歉来化解批评。

关于道歉的思考

从鲍特瑟总统、费内西安前总统、卫生部长、司法部长等高官的道歉中，我亲身感受到了，领导者的真诚道歉，对领导者来说，往往不是减分，而是加分；不是有损于威信，而是有利于增加威信。公开道歉，是苏里南的领导者对问题的坦然面对，也是对公众要求的积极回应，这明显拉近了官员和百姓的距离，增添了官民互信，有利于建立良性的官民互动关系。我感到，鲍特瑟总统和其他政府官员公开道歉，这实际上是以负责的态度公开问题、正视问题，是解决问题的第一步。在苏里南，一些问题，甚至一些社会危机，都因为领导者公开、及时、坦诚的道歉，正视问题而得到公众的理解和信任，从而激发和调动公众一起参与解决问题、应对危机，使问题和危机得到解决；当然，也有个别官员掩盖问题、推卸责任、拒不道歉，从而使问题更加严重。

道歉是一种美德，这是现代国际社会主流的共识。古话说：人非圣贤，孰能无过。实际上，人无完人，即使是圣贤，也不能完全"无过"。任何领导人失职和犯错，最好的应对方式不是隐瞒、不是逃避，更不是推卸责任，而是及时主动地向服务对象道歉，并下决心改进工作。所谓知错能改，善莫大焉，承认错误，作出道歉，才可能避免再犯；知耻近乎勇，如果死不认错，就不可能改变、进步。这些都是做人，特别是做官的基本道理。道歉，即表示歉意和认错。鞠躬道歉，更是对人民群众表示深深歉意和沉痛认错。任何领导人不可能不说错话、不做错事，但知错、认错、改错非常重要，道歉在有的时候、有的情况下是认错、改错的一个不可替代的方式。诚于道歉、敢于道歉、善于道歉是一个成熟的、负责任的领导者修养、识见、能力和胆略的体现。

在中国历史上，领导者道歉自古有之。汉武帝刘彻堪称一位具有雄才大略的君主，在位期间，发动了三次对匈奴的大规模战争，"推恩令"使中央集权进一步巩固，在他统治时期，汉朝国力空前强大。但是，他在荒淫享乐、劳民伤财方面也是出了名的。晚年时杀戮更是太重，巫蛊之祸造成父子相残、太子自杀，差点断送了日益稳固的刘氏江山。在种种打击下，晚年时的汉武帝对自己的一些所作所为颇有悔意，有人说他是中国历史上第一个以下《罪己诏》的方式表示道歉的皇帝。他在《罪己诏》中道歉说："朕自即位以来，所为狂悖，使天下愁苦，不可追悔。自今事有伤害百姓，靡费天下者，悉罢之……当今务在禁苛暴，止擅赋，力本农。"司马光在《资治通鉴》里评价汉武帝"有亡秦之失，而免亡秦之祸"。他认为汉武帝之所以没有重蹈秦王朝覆辙的重要原因，是汉武帝最后能够公开道歉，反省自己的错误，悬崖勒马，及时调整了政策。

国外领导人真诚道歉的也不在少数。例如，彼得大帝在位期间力行改革，努力推动俄罗斯走向现代化，使俄国成为崛起的欧洲新兴强国。在一次落水事故中，为了挽救落水的部下的生命，身为沙皇，他竟奋不顾身跳海救人，以致风寒伤身、旧病复发而去世。逝世前，彼得忍住剧痛，虔诚地祈祷说："我希望上帝宽恕我的诸多罪孽，因为我是在力图为我的人民做好事。"彼得大帝在生命的最后时刻，不是沾沾自喜于自己的文治武功，而是抓住时机诚心忏悔自己给人民带来不幸的"罪孽"，并认真道歉，这正是彼得大帝的伟大之处。

现代政要们没有彼得大帝幸运，因为前者靠选票登上高位，后者靠血统君临天下，这就决定了现代政要们对自己的过失不得不认真向选民道歉。例如，新西兰总理约翰·基因因在旅游会议的讲话中开玩笑说原住民吃人而郑重道歉；德国总理默克尔因闯足球队员更衣室而亲自打电话道歉；朝鲜内阁总理金英日就货币改革失败造成朝鲜社会秩序混乱和经济环境恶化而道歉；新加坡总理李显龙在莱佛士坊的群众大会上，特意放下身段，就政府此前所犯的多个错误，公开向选民道歉，并承诺将集中精力优先解决廉租房供不应求、公共交通拥挤等老百姓意见最大的问题；南非总统祖马曾专门发表声明，称他对于婚外性行为给全国造成的伤痛表示深深的忏悔，向他的家人、他领导的南非执政党非洲人国民大会以及南非人民表达歉意；加拿大总理马丁罕见地向全国发表电视讲话，就自由党政府内部发生的腐败丑闻向公众道歉，并在讲话中承诺，对丑闻的调查结束后，加拿大将提前举行大选。现代政要们就失误和错误向选民道歉的例子还可以例举很多。

道歉贵在真诚、贵在及时，特别贵在整改。道歉是愿意或决心整改的一个宣示，但不等于整改，如果只是把整改停留在道歉上，甚至只是把道歉当成一种不得已的权宜之计，则往往不仅于事无补，有时反而会事与愿违，导致事态恶化，历史上这样的例子不少。明末的亡国之君崇祯皇帝在短短的 17 年驭内，接连颁布了六道罪己诏，向全天下的官员士绅、黎民百姓道歉和谢罪，但是，朝廷弊政依旧，终于没能挽救日渐沉沦的江山社稷，只能绝望地选择自缢来了断一切，他在 34 年生命中的最后一次"罪己诏"，也就是最后一次道歉中说："朕死，无面目见祖宗于地下，自去冠冕，以发覆面，任贼分裂朕尸，勿伤百姓一人。"

不文过饰非，不推诿责任，有错认错，知过改过，是政府与官员以人民利益为重，光明磊落、富有活力的重要体现。任何人，特别是高级领导人，必须时刻反省自己，有错误要敢于"罪己"，及时道歉并予以改正。如果每个人都能担当起自己应负的责任，国家就会政令畅通、繁荣昌盛。三鹿集团被揭发生产导致婴儿肾结石的三聚氰胺毒奶粉后，温家宝总理在北京为毒奶粉丑闻向市民公开道歉，他还因南方雪灾救助迟缓和温州动车事件向广大人民公开表示过歉意。卸任不久的国务院副总理吴仪参加人大浙江省小组会讨论，听了代表谈到群众看病难、看病贵问题时，她主动说："在这个问题上群众不满意，我没有做好工作，愧对老百姓，应向大家道歉。"吉林省省长洪虎为长春"2·25"重大火灾公开道歉；教育部长周济在"两会"期间为教育领域持续存在的乱收费和教育不公平问题曾公开道歉。贵州瓮安"6·28"打砸抢烧事件发生后，贵州省委书记石宗源赶赴瓮安指导工作，直接到街头走访群众，倾听群众呼声。他没有就事论事，而是透过现象反思了当地执政中的问题，没有把"板子"打在群众身上，而是打在当地官员身上，表示对瓮安县人民感到愧疚，先后三次向瓮安的父老乡亲鞠躬道歉，显示了党政官员应有的认错纠错精神。看到现在政府高官不时出来公开道歉，甚至有政府官员因工作不力而被免职，不少人感受到了我国公共生活的巨大进步，看到了我国在责任行政、责任政府方面的可喜变化。

随着政治文明的推进，官员公开道歉的事会越来越多，这并不代表官员犯错误的越来越多，而是反映出官员的民主意识、责任意识的加强。过去不以为意的错事、内部包着的错事，知道要怀"愧"意，要向民众公开道歉了。只要这种道歉不是作秀、不是权谋、不是"言不由衷"、不是说了不改，就彰显了政府和官员的民本意识与民本指向的加强，在处理关系群众切身利益的事情上，不再是高高在上，以自己的是非为是非，而是以服务人民、有错必纠的态度，"有诸己，而后求诸人；无诸己，而后非诸人"。从网上得知，深圳市政府秘书长唐杰重申："各政府部门如果没有很好地履行自己的本职工作，得向全体市民道歉。"而深圳市监察局明确要求：公务员一旦出现严重的行政不作为或失职渎职问题，要以登报等形式公开道歉。我认为，深圳市政府的这一做法体现了现代政府的风范，不失为一种执政理念的进步，是走向责任政府的重要一步，体现了责任行政和服务行政的基本要求，必然有助于增加公众对政府的信任感和亲近感，便于解决面临的社会问题。

第八章　一次越洋越级的跨国电话"上访"

持有中国护照和苏里南签证的一位中国妇女，带着小孩在上海浦东机场办理登机手续，准备乘荷兰航空公司航班前往苏里南时，机场工作人员以签证不符合要求为由拒绝她们登机，情急之下，这位中国妇女打国际长途向远在万里之外、素不相识的苏里南外交部长拉金求助，外长让苏驻中国大使皮纳斯立即出面交涉，这对中国母女终于在飞机起飞前一刻钟得以登机。这件事情发生后，苏里南外交部和中国驻苏里南大使馆举一反三，共同努力，以方便中国公民来苏里南，避免再次出现被拒绝登机的问题。这是天方夜谭吗？不是。

浙商为什么打跨国电话向外长求助

来自浙江的华商周晓薇到苏里南打拼已近20年，当年在苏里南结识了来自福建的华商倪发明，二人结婚生子，夫妻俩拥有苏里南的绿卡，即长期居留签证，小孩生下来后，也自然而然办理了绿卡。不同的是，成人绿卡在护照上有一张专门的签证贴纸，小孩的绿卡则只是在小孩护照上盖一个专门的同意长期居留的签证章，苏里南的签证制度就是这么规定的。其他国家公民来苏里南，持这样的签证都没有问题，但有一个时期，来苏里南的中国公民，如果有持这样护照的小孩同行，在北京、上海、广州或杭州，乘荷兰航空公司航班出国，往往被拒绝登机，理由是：在小孩护照上盖一个专门的签证章无效，必须和大人一样，也要办一张专门的签证贴纸。这完全是荷兰航空公司的"土政策"，但却给中国公民乘荷航航班来苏里南带来了很大的麻烦。不少中国公民不知道荷航的这个土政策，遇到被拒绝登机的情况，毫无思想准备，无奈之下，只好到苏里南驻中国大使馆为小孩再申请长期居留签证贴纸，而苏里南驻中国大使馆对外国人申请长期居留签证无权审批，也就是说使馆没有颁发绿卡的权力，使馆必须把外国人对长期居留签证的申请报回国内，请苏司法警察部审核批准，这是一个漫长的过程，三个月、半年、一年、两年，没个准。在法律上讲，小孩护照上盖了苏有关当局同意长期居留的专用章，也就是获得了绿卡，获得了绿卡的人还要去申请绿卡，对中国公民来讲，费时费力费钱，反复折腾，令人头痛；对苏里南有关当局来说，不仅明显不合理，而且，苏方已经给了人家绿卡，荷航只是一家企业，凭什么不承认苏方给华商小孩绿卡的合法性和有效性，这不是对苏方主权的轻视又是什么？直到这次中国公民周晓薇从上海直接打电话找苏外长"上访"，或者说越级越洋"投诉"，才引起苏里南高层重视，为纠正荷航的错误做法创造了机会。

2011 年 7 月的一天，周晓薇带小孩一起按时到上海浦东机场登机，办理登机手续时，机场工作人员拒绝她们登机，说这是荷航的规定。周晓薇据理力争，说小孩早就有苏里南的长期居留签证，拒绝登机是无理的。并且质问：到苏里南给不给签证，同不同意长期居留，是苏里南的内政，荷航有什么权力、有什么资格拒绝拥有苏里南绿卡的人登机？经办人辩不

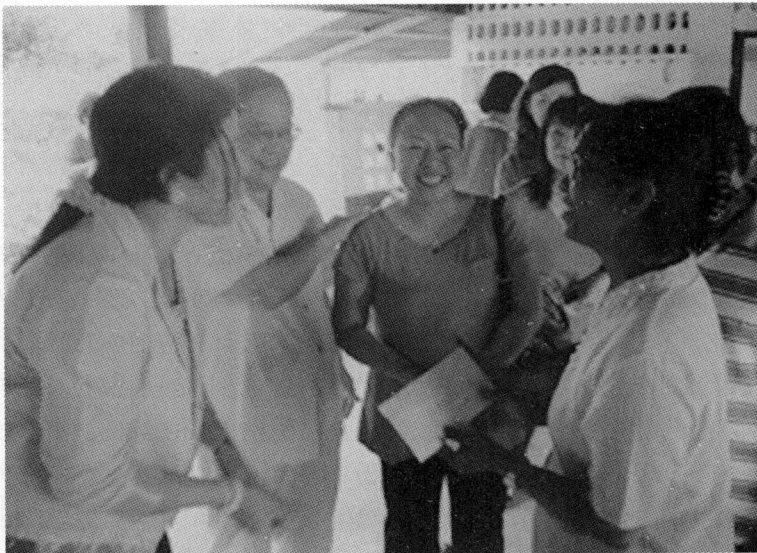

图 8 - 1   华商周晓薇（中）

过周晓薇，把机场负责人找来，机场负责人照样拒绝她们登机。周晓薇说：她是商人，拒绝她按时返回苏里南，会严重影响她公司的生意，如果拒绝登机，由此造成的损失，她将向荷航和上海机场索赔。但是，无论怎么交涉，机场工作人员就是不让步。

外长和驻华大使同伸援手

周晓薇当即打电话把被拒绝登机的情况告诉了在苏里南的丈夫倪发明，通过倪问到了苏里南外交部的电话总机号码，表示要直接找外交部长拉金反映，请苏里南当局直接干预。倪劝妻子算了，说是堂堂一个国家的外交部长，怎么会管一个普通老百姓的事情？再说他跟你并不认识，不可能找到外长，况且已经是下班时间，怎么能找到他？而且飞机很快到起飞时间了，即使找到了外长，他哪有时间来处理？即使他真想帮忙，中国机场人员怎么知道他是不是外长？所以，倪发明劝妻子算了，死了这条心，建议她按荷航要求，花几个月时间、再花点钱为女儿去申请一个长期居留的签证贴纸。

没想到周晓薇就是不死心，她当着机场人员的面拨通了苏里南外交部的总机，总机转到外长办公室，办公室转到外长秘书，周晓薇用苏里南语把情况同外长秘书反映后，秘书把电话转给了外长。拉金外长把情况了解清楚后，认为荷航的做法是完全错误的，他当即把苏里南驻中国大使皮纳斯的电话号码告诉周晓薇，让周立即打电话，请在北京的皮纳斯大使找中国机场做工作。周晓薇马上拨通了皮纳斯大使的电话。这位曾在中国留学9年、获得了中国的博士学位、说一口流利汉语、用中文出版过专著的大使，立即亲自用电话向中国机场人员阐明苏里南的签证政策，说明荷航的做法没有尊重苏里南的主权，或者说是以企业行为影响了苏里南的内政，影响了中苏两国之间的正常交往，完全是错误的，中国机场有关人员单方面根据荷航的意见拒绝持有苏里南签证的中国旅客登机也是不妥的。

通过苏里南驻华大使做工作，机场终于放行，周晓薇带着女儿在飞机起飞前一刻钟登上了飞机。登机前，周晓薇对机场有关人员说，希望以后对像她这种情况的中国旅客，机场都予以放行，不要再为难人家。

举一反三解决来苏华人华侨的重大关切

　　为什么会发生荷航拒绝某些持有合法有效的苏里南签证的中国国民登机的事情呢？因为苏里南是一个移民国家，中国改革开放初期，到苏里南来连签证都不需要。华人移民来苏里南已近160年的历史，苏里南一直是中国移民的一个目的地国家。大约10年前，苏里南收紧了签证政策，某些非法移民便通过伪造签证来到苏里南，其中，伪造小孩的长期居留签证最容易，因为在小孩的护照上盖一个章就行了。这些年来，苏里南机场入关处不时会发现伪造签证来苏的中国非法移民，遇到这种情况，乘哪个航空公司航班来的，苏当局就把中国非法移民交哪个航空公司的航班带回去。绝大多数中国非法移民来苏里南只能乘坐荷航班机，为了防止中国非法移民登机，减少经济损失和工作麻烦，近年来，荷航采取了三条措施：一是拒绝通过在护照上盖章而持有长期居留签证的中国小孩登机，迫使他们再去申请贴纸签证（贴纸签证较容易识别真假）；二是对获得苏里南签证的持中国内地护照的中国公民，不允许在香港登机乘荷航航班来苏，也就是说，在内地获得苏签证的中国人，如果想乘荷航航班来苏里南，只能在内地登机，只有持中国香港护照的中国人，才能在香港乘荷航航班来苏，对这个做法，荷航与苏里南驻北京大使馆曾达成共识；三是对持有苏里南签证的中国公民，荷航和机场工作人员觉得有怀疑的，不需给予理由，可拒绝他们登机。这三条措施实行以来，确实阻止了一些非法移民登上荷航航班，但同时也给合法持有苏里南签证来苏的中国公民带来了麻烦。例如，一些人在杭州机场因被怀疑签证造假等原因被拒绝登机，只好改票到上海、北京或广州重新登机，有的甚至导致机票作废；2012年4月，深圳中国龙通信设备有限公司卢国镶和王俊杰二人应邀来苏里南洽谈业务，卢持中国香港护照，王持中国内地护照，二人原计划结伴从香港登机，乘荷航航班来苏，结果，持中国内地护照的王俊杰被拒绝登机，无论怎么说都不管用，结果只有卢一人来苏里南，严重影响了公司业务。

　　倪发明、周晓薇夫妇事后把他们亲身经历的上述事情告诉了使馆，我当时听了真不敢相信。我没有想到，周晓薇这次越级越洋"上访"电话能真的找到拉金外长，没有想到拉金外长会亲自过问，没有想到驻华大使

图 8 - 2　苏里南外交部长拉金

皮纳斯会亲自做工作，没有想到上海机场的有关工作人员能买皮纳斯大使的账（因为大使是通过电话做工作，如果机场工作人员质疑他不是真的，皮纳斯大使和周晓薇也都没辙）。当然，更让我没有想到的是，周晓薇这次越级越洋电话"上访"，引起了苏里南高层对荷航错误做法的重视，之后苏里南政府、中国驻苏使馆和侨界三方联手，密切配合，采取一系列后续行动，方便了中国人来苏，改善了华侨华人在苏的生存和发展环境，同时加强了苏里南的移民、边境等管理。这话得从头说起。

外长拉金将周晓薇电话"上访"的事告诉了主管此事的外交部常秘瑞丹女士（相当于中国常务副部长），嘱她就解决此问题拿出办法。8月14日，瑞丹应邀到使馆做客，和我核实持有苏里南护照的中国人被荷航拒绝登机的情况，具体商谈了一些改进的办法。我和她商定就此事请侨团摸一个底，听听侨团的意见。9月3日，驻苏里南使馆政务参赞陈绪峰等到苏外交部与瑞丹见面，瑞丹表示：苏里南外交部已发出公函告诉荷航，荷航不可拒绝持有苏里南签证的中国旅客登机；对获得苏里南签证的持中国内地护照的中国公民，允许在香港登机乘荷航航班来苏，停止只允许持中国香港护照者在香港登机的做法。与此同时，解决在苏中国非法移民问题的工作也启动了，苏里南华人华侨社团联合总会会长迟玉基等侨界代表就苏里南政府对中国在苏非法移民实行大赦、同时对如何防止新的非法移民来苏，与副总统阿梅拉里商讨了有关办法。阿梅拉里副总统亲自打电话交代主管此事的苏司法警察部长贝尔福特认真办理。随后，司法警察部长贝尔福特约迟玉基等侨界四名代表作了认真磋商。接下来，各侨团就中国非法移民一一进行摸底登记。与此同时，根据鲍特瑟总统的命令，苏里南政府也关闭了圭亚那与苏里南之间的一个非正式口岸，以切断非法移民的主要源头。不少中国非法移民先合法地到圭亚那，在没有苏签证的情况下从圭亚那乘船非法到苏里南，然后，到中国驻苏里南使馆申请新的护照，由此抹掉非法进入苏里南的痕迹。在签证做假越来越难的情况下，经圭亚那进入苏里南成了非法移民的一条捷径。

　　如何对待上访，外长拉金的做法引起了我认真的思考。外长这样做并非个例，更不是作秀（苏里南没有报道此事）。老实说，在苏里南基本没有上访，如果有，想找谁都不会有大的困难。是不是只有苏里南这样对待上访者呢？非也。2003年，我担任驻印度孟买总领事，一天，我拜访孟买市政专员（孟买实际上的最高行政官员），两人在他办公室正谈得起劲，一位秘书进来对他说，一批教师到市政府来上访。他听了，连声对我

图 8-3　驻华大使皮纳斯宣誓就职

说抱歉，他必须先去和受访者见面，务必请我谅解，建议我休息一下再谈，或者暂时打住，改日他到我住处再谈。我不仅不认为这是他对我的不敬，相反，他对上访群体的高度重视给我留下深刻印象。

第九章　总统赤脚接见上访者

苏里南也有上访，我在苏里南期间有幸了解到一次特殊的上访。

印第安人到总统家上访

2011 年 7 月 13 日，苏里南《洵南日报》、《中华日报》分别转载的当地荷兰文报纸《标准时报》的一条消息和一张照片引起了我的注意。照片拍的是苏里南总统鲍特瑟穿着睡衣、赤脚穿着拖鞋在家门外面接见前来上访的一批印第安人。

图 9-1　苏里南当地中文报纸关于总统赤脚接见印第安人的报道

消息标题为"印第安人到总统家门前诉求土地权问题",消息说:

> 巴拿市印第安人村的一个村民团体于星期一来到总统办公室要求
> 政府注意印第安人的土地权问题。村民表示,在他们传统的生活区内
> 开发的黄金都归到了外人的手中,而世世代代居住在该区域的印第安
> 人却未能从中分享到任何利益,他们对此十分不满。他们得知总统当
> 时不在办公室后,转移地点,来到总统所在地龙恩司贝克的家门前呼
> 喊他们的诉求。最后,总统穿着平日生活的衣服从家里出来与团体成
> 员见面并聆听他们的诉求。鲍特瑟与带领队伍的村领导人塔坡托约定
> 星期五再进一步详细讨论所诉求的事。

总统接待上访说明了什么

这一则短短的消息留给我几个明确的印象:

在苏里南,老百姓有权利分享地下资源开发的成果。不然,"地下矿
产资源属于国家所有"一句这样简单的话就可以打发这些上访者。

向苏里南总统直接反映诉求不违法。不然的话,来自于巴拿村的这些
上访者越过了县政府、省政府和有关部委,直接到总统府"告御状",如
果真违法了,有关当局早就会把他们赶走,不会允许他们还"闹"到总
统家里去。

鲍特瑟总统身体力行,重视解决老百姓关切的问题。本来,他完全可
以让某个部长出面代表他与上访者对话,但是,他不仅亲自接见上访者,
而且还约定四天后与上访的组织者进一步讨论以解决有关问题。

鲍特瑟总统平易近人,不然的话,他就不会穿便衣、赤脚穿着拖鞋和
所有的上访者见面。

苏里南总统的行踪不属于国家机密,所以,总统府有关人员告诉上访
者总统当时不在办公室,而在家里,这不违法。

了解到这一消息后,我一直关注这个事情的进展和社会上的反应。我
了解到总统如约在星期五与上访代表见了面。总统府的新闻发言人并没有
借此机会说总统如何亲民、如何关心弱势群体之类为总统贴金的话、为政
府评功摆好的话,而只是把它看作一件例行公事,即正常的行政行为。国

图9-2   一个村民逮住机会向苏里南总统反映诉求，右为总统夫人

会议员们认为印第安人上访，说明政府对原住民、对弱势群体利益关注不够，说总统早就应该想到在国家开发发展中如何使包括印第安人在内的所有社会成员都受益。报纸广播电视没有刊登或播出任何文章就总统接见上访者一事为总统"歌功颂德"，也没有任何人写文章"引导"和"教育"上访者如何"理性"上访。

上访接访的多棱镜

上访这种情况，在不少国家很少，甚至根本没有。例如，东欧几个前社会主义国家，其总统或者总理府都对民众开放，除了办公区，游人可随意进出，但在那里，居然看不到一个上访者——半个都没有。人们在总统府门口摆摊，拉小提琴挣钱，就是没人上访。我来苏里南工作已两年多，在这个国家，上访情况确实很少，如真有上访，有关官员、有关部门对待上访也是认真的。这在别的不少国家，包括西方国家也是这样。例如，美国总统克林顿，就妥善处理过一起对他的"上访"。他的车队经过一个不起眼的小镇子，司机看到路边远远有几十个民众在那里等待，好像是要上访的民众。当时克林顿忙了一天，已经累坏了，车队继续前进，不准备停下来。就在接近人群时，克林顿看到了那队人，其中一个"上访者"举的牌子上面写着："给我们8分钟，我们给你8年！"克林顿随即命令车队立即停下来，然后，他领着夫人希拉里走下车，后面跟着自己的助手。他来到这群人当中，聆听他们的诉求，回答他们的提问、质疑和关切的问题，和他们讨论自己的经济政策和环保、医疗改革。克林顿总统后来在回忆录《我的生活》中还提到了这件事。

许多到过美国首都华盛顿，参观过白宫的中国人，都记得美国曾经有一个特殊的"上访者"——白宫前常住的一位反战母亲，她以这样的特殊方式持之以恒地对美国的战争政策连续抗议了26年！白宫是个二层的平顶小楼，美国总统工作、生活在里面。那里当然戒备森严，楼顶有保镖看守，前有大花园，但铁栏杆是全透视的，外边有不少警察。令人深思的是：正对白宫的路边有顶塑料薄膜帐篷，80多岁的反战母亲住在这边已有26年！从来没有城管、公安等强力部门的人为了美国的形象来拆掉这一"违章"帐篷。到此一游的旅游团导游必像介绍白宫一样将这位"上访专业户"介绍一番，这成了美国首都白宫的特殊一景。

图9-3 苏里南司法警察部大门台阶上的两位游客

有正常的上访，也有非正常的上访，非正常上访往往是违法乱纪的，这在国外也一样。美国曾经有一个流浪汉，谁也不知道他到底为啥也要在白宫门前扎一个帐篷，一住下来就是十几年，从那以后，凡是国内和国际有任何事发生，他都抗议白宫，说是白宫的阴谋诡计。很多国际媒体，包括我国媒体，都报道过这个上访专业户。报纸上还报道过美国有个老妇人，虽然申诉材料30多页，但白宫就是不接她的上访信，因为她的一个问题是：为什么美国银行的钱我不可以随便用？难道我不是美国人？虽然这二人的上访明显不正常，其诉求荒谬绝伦，根本得不到人们的支持，但无论是民众还是当局，对他们诉求的权利仍给予尊重，既没有简单地将他们撵走，也没有以维护国家利益、公共利益的名义将他们送入精神病院，更没有对他们动粗。

2011年是辛亥革命100周年，我想起了孙中山先生对待"上访"的往事。孙中山的卫队长郭汉章回忆说：孙中山在南京担任临时大总统期间，每天都要接见许多群众。一天，有位80多岁姓萧的盐商，特地从扬州来到南京，"上访"的唯一目的就是想看一下大总统。因为统治中国几千年的只听说过有大皇帝，只知道君主是什么意思；从没听说过大总统，想不明白民主是什么意思，他想看看大总统是什么样子，想体验一下什么是民主。门卫当然不让见。老人苦苦哀求，门卫没有办法，只好向孙大总统报告。出乎门卫意料，孙中山却说："好的，你请他进来，我很愿意接见他。"这位老人刚进门，孙中山就含笑迎上前去，要和他握手。老人马上扔下手杖，跪下要给孙中山叩头。孙中山连忙把老人扶起，说："使不得！使不得！这种旧礼节，已经废除了。"孙中山请老人坐下，亲切地和他谈起话来。最后，孙中山说："总统在职一天，就是国民的公仆，是为全国人民服务的。"老人问道："总统若离职以后呢？"孙中山答："总统离职以后，又回到人民的队伍里去，和老百姓一样。"谈话后，孙中山叫卫队长郭汉章用车把老人送到了旅馆。老人高兴极了，笑着说："今天我总算见到民主了！"

今天，我们的各级政府，无论门禁多么森严，上访者的困扰几乎都免不了。常有上访者成群结队堵在政府门口。许多基层政府工作人员，每到节假日更是忙得一塌糊涂。北京师范大学教授张鸣说："改革开放以来，中国的司法改革力度不可谓不大，从'无法无天'逐渐过渡到了有法可依。但是，法律和司法系统的公信力依然没有建立起来。各级政府虽已不是过去的全能政府，但依然有包办一切的趋向，长期占据权力的金字塔顶尖，通吃一切，不仅法院管不了，法律也管不了——不仅管不了，而且还要反过来管法院。"还说，这种情况不改变，上访和群体性事件就难以避免。笔者赞同他的这一说法，特意把苏里南总统赤脚接见上访者一事付诸笔端，但愿对解决我国普遍存在的上访问题能有所裨益。

第十章　一面当总统，一面当被告

苏里南共和国总统鲍特瑟坐在国家元首的位子上一点也不轻松，因为他在 2010 年 5 月赢得总统大选时仍带着刑事被告的帽子，大选对手、当时的执政党、现在的反对党一直称他为"犯罪嫌疑人"，一些媒体干脆直接称他为"杀人犯"，更令人难堪的是，军事法庭针对鲍特瑟等人的审判并不因为主要被告鲍特瑟成了国家元首而停止。鲍特瑟一面当总统，一面当被告，究竟是怎样的感觉恐怕只有他本人才能说清楚。我 2009 年 8 月出任中国驻苏里南大使时，军事法庭正好启动了对鲍特瑟的审判，审判不

图 10 - 1　反对党领袖、前司法警察部长山度基在
总统大选中败给鲍特瑟总统（中）

影响鲍赢得总统大选，鲍也不因为赢得了总统大选就可以免除对他的继续审判。出使苏里南快三个年头了，我一面目睹了鲍特瑟作为总统治国理政的方方面面，一面又直击了他作为被告被审判的大体过程。特别是 2012 年以来，审判对鲍特瑟来说，忽而险象环生，忽而又峰回路转，刚感觉已风平浪静，忽然又平地惊雷，整个过程充满了戏剧性。

证人：首次指证总统曾开枪杀死 2 人

2012 年 3 月 25 日晚，我结束在国内的休假回到苏里南。第二天，打开《洵南日报》当天报纸，一则新闻使我大吃一惊。新闻标题为："罗泽达尔称鲍特瑟在屠杀案中亲自开枪杀死 2 人"。标题中的"屠杀案"，全称为"十二月谋杀案"，是指 1982 年 12 月 8 日，13 名平民和 2 名军官因持不同政见被从床上拖走并被残酷杀害。当时的军政府领导人鲍特瑟声称，这些人因试图逃跑而被枪杀，但他本人并没有参与这一事件。西方社会一直拿这一案件说事，用来不断敲打鲍特瑟的党和鲍特瑟组成的政府。新闻全文如下：

【标准时报讯】3 月 23 日星期五，十二月屠杀案的证人罗泽达尔到达泽兰迪亚城堡，向审理这一案件的军事法院法官指证案件发生过程中的各个地点。罗泽达尔向法官宣称："鲍特瑟 1982 年 12 月 8 日亲自开枪打死了 2 名被捕的政治异议人士，他们是工会领导人塞里尔·迪尔和军官苏林德尔·兰博卡斯。"罗泽达尔曾于 2010 年 5 月 8 日作证说，鲍特瑟 1982 年 12 月 8 日不在泽兰迪亚城堡里，今年 3 月 9 日罗泽达尔在法庭上的供词则完全变了，说屠杀案发生当天鲍特瑟就在城堡里，是罗泽达尔本人亲自把另一位工会领导人弗雷德·迪拜押到鲍特瑟面前。罗泽达尔说，当年他与鲍特瑟是好朋友，有一次鲍特瑟私下告诉罗泽达尔，是自己亲自开枪打死了那两个政治异议人士。罗泽达尔还说，1982 年 12 月 8 日发生的事根本不是什么军事行动，完全是一宗杀人案，死者事先被武装分子闯入房内强行带走，押送到泽兰迪亚城堡。鲍特瑟从 12 月 7 日晚上到 8 日晚上一直都在城堡里。罗泽达尔说，他于 9 日清晨 5 点半回到城堡时，看到城堡二楼

图 10 - 2　泽兰迪亚城堡

走廊上有多具尸体，那时鲍特瑟还在城堡里。鲍特瑟当时欺骗当年和他一起发动军事政变的同党，说有人计划夺取军政府的权力，推翻军政权，因此必须逮捕那一批政治异议人士。罗泽达尔自称：他于 3 月23 日作完证供后，感到松了一口气，因为人民对真相知道得更多一点了。他于 2010 年 5 月第一次作证时称鲍特瑟在屠杀案发生时不在城堡中。第二天，鲍特瑟到罗泽达尔家中作客，他感谢罗泽达尔的证供，并送了一万美元给罗泽达尔。罗泽达尔接受了，因为他需要钱。

看了这条新闻，我的第一感觉是，"十二月屠杀案"整整 30 年了，30 年来，鲍特瑟在身为反对党领袖时，虽然一直因此案等官司缠身，但还没有人指证鲍特瑟亲自杀人，怎么鲍特瑟当上总统 2 年后，证人不仅公开指证他卷入和策划了"十二月屠杀案"，而且还曾亲自枪杀 2 人，这还了得！鲍特瑟的总统位子还坐得稳吗？

执政党：强势推动国会通过对鲍特瑟的特赦法

面对新的指控，鲍特瑟和执政党则通过各种合法的努力来维护总统地位，鲍的支持者公开驳斥证人的指控，例如，鲍特瑟的律师坎达海对记者说，身为十二月屠杀案犯罪嫌疑人的罗泽达尔最近两次向军事法庭作出的证供是谎话连篇，与其他证人所作的证供矛盾很大，在法律上是一堆废话。执政党议员维希纳达特等在国会辩论时说：特赦法有利于国家的稳定和民众的团结。

针对军事法庭可能对鲍特瑟等作出有罪判决，鲍有可能因此而失去总统宝座，执政党议员在国会推动通过对鲍特瑟和其他"十二月屠杀案"嫌疑人的特赦法。执政党控制了国会，在议会通过特赦法可能性很大，这样，即使军事法庭判决鲍特瑟有罪，鲍也可以依据赦免法继续执政。3月19日，来自执政联盟的议员提出议案，为"十二月屠杀案"的24位犯罪嫌疑人提供特赦。执政党组织了挺特赦法的游行。4月4日晚苏里南议会以28票赞成、12票反对，通过了特赦法。4月9日，赦免法被代总统阿梅拉里签署通过。按照法律，特赦法必须经过总统签字才能生效，为了避免出现鲍特瑟自己签字赦免自己的尴尬现象，鲍在议会审议特赦法草案期间故意前往圭亚那访问，以便一旦通过副总统以代总统的身份签字。《真理时报》和《苏里南时报》等都惊叹于签署的速度。

反对党：极力反对赦免法使鲍特瑟"逍遥法外"

"十二月屠杀案"受害者家属首先站出来极力反对特赦法。《电讯报》头版打出标题"遇难者再遭毒手"，以此形容受害者家属的复杂心情。由受害者家属组成的"十二月屠杀案遗属基金会"发表声明说："我们现在生活在一个伪民主的时代，特赦法案的提交者要意识到，这一举措可能引发社会动荡。基金会警告倡议者要对得起良心，要考虑日后如何面对被杀者的后代。为十二月屠杀案的罪犯提供特赦，就等于承认他们无罪。议员为这些杀人犯、侵犯人权的罪犯提供特赦，议员的名声也会遗臭万年。"声明还说："特赦法违背了国际社会的法治理念，无助于消除十二月屠杀案对苏里南社会的负面影响，因此，基金会将采取一切手段反对特赦。"一位屠杀遇难者的亲人表示，听到苏里南议会的决定时，他感觉是被人从背后捅了一刀。

反对党领袖高调谴责特赦法。民族党领袖、前总统费内西安说："一些议员看到案件的审判不利于犯罪嫌疑人，于是企图破坏司法的进展。国会本来是民主制度的重要机构，被政治家们以这样的方式滥用，令人痛心。"费内西安在这里公开指鲍特瑟为犯罪嫌疑人，指特赦法是"企图破坏司法的进展"。来自反对党的国会副议长威登波斯公开表示：如果国会3月23日启动讨论特赦法案，并且通过这一法案，则等于苏里南国会及全体苏里南人民都良知沦陷。反对党议员以缺席方式阻止国会审议特赦法案。国会原定3月23日审议法案，由于全体反对党议员抵制，向来持中立态度的杜党议员也以缺席方式杯葛国会会议，加上正好有2位执政党议员在国外访问，出席国会的议员达不到法定人数以致无法开会，第一次讨论特赦法案以流产告终。

就特赦法正式投票表决时，反对党联盟新阵线不仅全部投了反对票，而且新阵线在报纸上还刊登了一个类似于告全民书的东西，阐明他们的立场，呼吁民众反对通过特赦法，强调特赦法的通过是对历史的不尊重，是对十二月谋杀案受害者的不公平，这剥夺了受害者寻求真相和司法公平的权力，这也破坏了苏里南的司法公正。

不少社会团体和社会名流站在反对党的立场，反对国会通过特赦法。苏里南教师工会主席瓦力斯3月27日在电台发表讲话，指出教师工会将不会让特赦法的支持者如愿以偿，教师工会将在这个问题上与他们抗争到底，即使国会通过了特赦法，教师工会也不会接受。瓦力斯的意思换句话说，就是坚决不同意特赦鲍特瑟。著名律师克鲁斯兰德说："苏里南国会如通过特赦法来特赦鲍特瑟，可能招致国际法庭的制裁；如通过特赦法，将是苏里南历史上黑暗的一页，是对法治的严重破坏，是故意干预司法程序，是宪法明令禁止的行为。"

特赦法通过后，苏里南22个社会团体联合举行了名为"反对侵蚀法治体制"的抗议游行，数千名参加者一律穿白色制服，衣服上写着"公义和真理使人自由"的标语，示威者提出"对现今当政者要保持警惕"，要求继续审理"十二月屠杀案"。

国际社会：反对特赦法的声音不绝于耳

一些国家和国际组织纷纷针对苏里南执政党在国会提出赦免鲍特瑟的法案表示不安与不满。

联合国人权委员会代表皮雷伊女士召开记者招待会说：苏里南应尽快撤销特赦法，这明显违反国际公约，这与拉丁美洲近年来人权发展的良好趋势背道而驰。一个政府在独裁统治时期严重侵犯人权的事件是不可特赦的，这是国际法律公约。特赦法的目的只是庇护鲍特瑟和其他24名犯罪嫌疑人。美洲国家组织人权委员会3月30日发表公告指出：任何特赦法都不可庇护严重的侵犯人权的罪行，这是国际法的基本准则。该委员会要求苏里南撤销特赦法，敦促苏里南政府履行国际法责任。由不同国家国际法庭组成的国家法庭联盟公开致信苏里南国会议长西蒙斯女士，对苏国会有意通过特赦法一事表示严重忧虑，说苏里南签署了《国际人权公约》以及《国际刑事法院罗马规约》，捍卫人权是苏里南义不容辞的义务，应当放弃通过特赦法之类的行动；如通过特赦法，则表明十二月屠杀案的真相和公道都被抹杀。记者无疆界组织一如既往地反对通过特赦法，说这是对民主和法制的严重破坏，是对死难者及其家属的不尊重。大赦国际组织发起一项名为"闪电行动"的全球行动，呼吁其网络内的各个单位向苏里南国会发电子邮件，表示反对特赦法案，该行动将持续6个星期。欧盟也发表声明，认为只有查明十二月屠杀案的真相，才可能消除这一件事对苏里南社会的负面影响。

美国驻苏里南大使内伊对记者说："我个人反对国会通过特赦法，因为该法对死者不公平。"他声称尊重苏里南的民主选择与国会权力，但强调国家法治不可动摇；并威胁说如果国会通过特赦法，会影响美国与苏里南的外交关系。美国使馆说，美国对苏里南法治的情景严重担忧，对特赦法一事严重不安。在民主体系中，三权分立和对独立性的保护是民主体系最基本的部分，美国希望赦免法的通过不会阻碍"十二月谋杀案"的审判进程，也希望"十二月谋杀案"的审判能够符合司法独立的原则。美国反对一切破坏法治的行为，美国大使馆已经把苏里南国会关于特赦法的动向通报给美国国务院。美国把苏里南国会通过特赦法看成是"破坏法治的行为"，这对鲍特瑟来说，已明显构成很大的压力。

反应最强烈的是苏里南原来的宗主国荷兰，在苏里南国会通过特赦法后，荷兰和它的这一前殖民国之间就进一步杠上了。荷兰认为特赦法保护了所谓的"十二月屠杀案"的凶手们，其中包括现任总统鲍特瑟。荷兰政府"对事态的发展感到震惊和万分的失望"，并强调苏里南将为这一决定付出代价。荷兰下院召开一个公开会议，讨论苏里南通过赦免法修正案。荷兰部分议员已经提议，要求对涉嫌"十二月谋杀案"的20多名嫌疑人采取严格的入境限制措施，还有人提议要把限制措施扩大到28名投赞成票的议员。荷兰政府还在欧盟内游说，说服其他国家采取相同措施。如果法国接受了荷兰的游说，现在的苏里南驻法大使纳农多普就会遇到困难，因为他本人就是"十二月谋杀案"的嫌疑人之一。荷兰外交大臣罗森塔尔宣布，荷兰政府将取消对苏里南2000万欧元的援助。他说，在取消对苏里南援助问题上，所有荷兰政党团结一致。荷兰外交大臣罗森塔尔还立即召回荷兰驻苏里南大使雅克比，以示抗议。执政联盟的自民党（VVD）、基民盟（CDA）和自由党（PVV）都支持罗森塔尔的决定。荷兰外交大臣还发表正式声明，认为苏里南应让十二月屠杀案的审判继续下去，同时遵守国际法律义务。首相鲁特（Mark Rutte）说，苏里南应该知道通过有争议的新大赦法律的后果。他还说："使犯罪嫌疑人逍遥法外，这是完全不能令人接受的。受害者和其家人也不会接受这种事情，法律必须起到其应有的作用。"荷兰媒体发出了一系列贬斥特赦法和鲍特瑟的声音。例如，《共同日报》说，"这是苏里南司法史上悲哀的一天"；《NRC晨报》认为，"苏里南议会拿起斧子斩断了法治的根基"；《电讯报》愤怒地表示，"一个大部分人民接受总统可以持有免罪金牌的国家，他们和南美洲的发展中国家已经没什么分别了"。《人民报》的漫画专栏刊登了一张极尽讽刺的卡通画：正义女神坐在鲍特瑟的大腿上，鲍特瑟正用手挑起女神的裙子。而《忠诚报》卡通专栏上，鲍特瑟在遇难者和公正司法的墓碑前跳舞。

总统双重角色的启示

鲍特瑟赢得大选两年多来，一面当总统，一面当被告，这一过程，引起了我一系列的思考：

鲍特瑟一面当总统，一面当被告，从实践结果来看并不存在角色矛盾。鲍特瑟上台已近两年，从上台第一天开始，他就具有双重身份：国家元首和刑事被告。近两年来，对鲍特瑟的指控不断、举证不断、审判不断，但并没有影响他发挥好国家元首的领袖作用。两年来，苏里南 GDP 明显增长，税收增加，出口增长，政府财政收入增长，政府信用等级提升，公共福利增加，公共工程项目增多，成为加勒比共同体国家中经济形势最好的国家。按照加共体上年年度地区形势总结报告，苏里南引领了加共体国家经济发展的潮流。

鲍特瑟一面当总统、一面当被告的过程是苏里南彰显法治、彰显理性的过程。我亲眼所见，任何人、任何政党、任何团体都在法治的框架下、理性的环境中活动。在一些国家，一个实权人物，如果设计一个办法，让指控他的证人从人间蒸发、让主审他的法官"休假式治疗"、用提级提薪等办法使人作伪证等，应当说不是难事，但是，鲍特瑟总统没有这样做。4 月 5 日，《标准时报》等报道说，身为鲍特瑟铁杆盟友的苏里南议长西蒙斯"给予反对党充分的发言时间，好让他们能够详细地讲出反对特赦的理由"。即使在执政党民族民主党议员内部，对赦免法也允许有不同声音。根据报纸披露，来自执政党的华人议员张凯丽没有投赞成票，在围绕赦免法进行辩论的三天时间内，张凯丽一直在场，但是一言未发，在正式投票之前最后一刻离开会场。在投票结束后，她跟媒体取得联系，说明了她提早离场的原因，她说自己的良心不允许她投票赞成。张没有为赦免法投赞成票，也就是没有为自己党的领袖，没有为巩固党的执政地位投支持票。事件发生后，张凯丽所在的党并没有因为她没有与党中央保持一致而受到追究，鲍特瑟总统仍然一如既往地尊重她作为议员的一切权利。当有记者就此采访张凯丽时，她回答："不担心自己的立场会带来什么不好的结果，因为我相信苏里南是法治国家，每个人有思想自由。"另外，在执政联盟内部，来自于执政联盟的四名议员也缺席投票，以表达对特赦法的不满。与此同时，反对党始终用合法、理性的手段来实现自己的诉求，没有人身攻击，没有堵塞交通，更没有肢体冲突。

鲍特瑟一面当总统、一面当被告的过程也是苏里南尊重人权、尊重自由的政治和社会生态的典型表现。围绕军事法庭对现任总统的审判，各政党、各团体、各媒体纷纷发表意见，每一个苏里南人都享受了宪法规定的各种自由，特别是一些利益攸关的人享受了免于恐惧的自由。没听说有哪个证人受到什么威胁，没听说主审鲍特瑟的法官受到什么压力，没听说哪家支持审判总统的媒体受到停刊整顿。来自反对党的国会副议长威登波斯是国际议员全球行动联盟议事会主席，她利用这一职务之便，成功推动国际刑事法院联盟、大赦国际、无公正则无和平组织、美洲国家组织人权委员会等一系列国际组织对特赦法发出了强烈反对的声音，对特赦鲍特瑟等确实带来了很大的国际压力，并且这一切都登在了报刊上，如果找这方面的证据，白纸黑字多得是。但鲍特瑟总统并没有因此指控威登波斯里通外国，也并没有就此指责这些国际组织干涉苏里南内政。

鲍特瑟一面当总统、一面当被告的过程是体现政治家宽容和大度的过程，是要求恢复和促进社会和谐的声音不断增大的过程，也是政治越来越透明、越来越文明，政治家越来越聪明、越来越开明的过程。国会议员审议特赦法时的发言都登在报刊上，媒体可以采访报道国会审议特赦法草案的详细进展，议员对总统的臧否褒贬全部公开。自军事法庭开庭审判以来，鲍特瑟没有就对他作为犯罪嫌疑人所做的审判公开发表过任何反对的言论。特赦法通过后，鲍特瑟的支持者准备举行大规模的庆祝游行，鲍特瑟予以紧急叫停。但是，对反对党组织的多次抗议游行示威，鲍特瑟和执政党从没有假借公权力予以阻止和破坏。崇高真理党在党的总部举行党的领导层会议，该党在全国各地的领导人出席会议，讨论对特赦法采取什么态度。使我特别感兴趣的是，多家电视台直播会议实况，谁支持，谁反对，一目了然，人人皆知。在充分讨论后，会议以起立的方式表决，同意对特赦法投赞成票的起立，结果只有两位坐着不动，表示他们不同意特赦法。其实在当年"十二月屠杀案"发生时，崇高真理党主席苏摩哈尔乔是鲍特瑟的死敌，如果不是苏逃跑成功，他十之八九会成为屠杀案的牺牲者之一。苏在会议上说，他在80年代曾受到军人政府的打压，也就是鲍特瑟的打压，但他已原谅了这些事。为了国家利益，他支持特赦。有趣的是，报上有一篇文章专门写议员、A联盟主席布伦斯维克如何含泪投了赞成票。这位议员说："特赦法的提出者为法案作了各种各样的解释，其实，说白了，法案的目的就是为了保护鲍特瑟，因为要让一位在任的总统去坐牢不合理。"他解释投赞成票的动机是：如果不投赞成票，会造成社会的动荡，因为现在支持鲍特瑟的人太多了，国家的稳定和发展永远是第一位的。但同时，他内心也非常纠结和难过，因为在内战期间，他的两个保镖就是在赦免法宣布通过的地方，也就是议会大楼里被鲍特瑟杀害的。报上登了一张照片，下面的文字是："布伦斯维克在发言时，有些哽咽，眼里还噙着泪水。"

国会通过特赦法后，军事法庭宣布对"十二月屠杀案"的审判将继续进行。果然，4月13日，军事法庭继续如期开庭对"十二月屠杀案"进行审理，美国驻苏里南大使内伊专门出席旁听。人们普遍认为，这一举动意味深长，耐人琢磨。当地中文报刊《中华日报》4月3日报道，军事法庭三位法官一致向记者表示，即使有特赦法也不能阻止军事法庭对该案进行判决。三位法官将尽量阻止犯罪嫌疑人的律师借助特赦法来干预军事法庭的判决。军事法庭怎么判、判决后对鲍特瑟等被告的命运有没有实质性的影响，苏里南和国际社会都在等着瞧。不过有一点我相信，不管判决结果如何，苏里南法治、理性、民主的取向不会改变。

第十一章　目睹苏里南的一出对台戏

2012 年 5 月 18 日，第七届中国中部投资贸易博览会在长沙举行，苏里南总统办公厅主任格拉努斯特将和苏里南总统特别代表、政府公共工程部长阿布拉汉斯、农业部长萨特罗威灸等一起，应邀到长沙参会。为了保证苏里南政府代表团一行顺利参会，并推动苏里南与湖南省就杂交水稻、低造价住房建设等达成合作协议，我邀请格拉努斯特 5 月 5 日晚来我家里做客，就他们的长沙之行提出一些建议。想不到 5 日晚上他不能应邀前来，说是有非常重要的事情。因为长沙之行也非常重要，所以我们的见面改在 5 日中午。他告诉我：5 月 5 日将在独立广场由执政联盟的三个党，即民族民主党、人民联盟和 A 联盟联合举行执政联盟大集会，目的是体现执政联盟的团结，向社会，当然包括向反对党联盟显示决心和力量。总统、副总统、议长、政府部长，以及所有来自执政联盟的议员，都将出席这一活动。他作为总统办公厅主任，必须陪同总统出席大集会。后来，我见到反对党人士，他们也告诉我，他们了解到执政联盟 5 月 5 日这天举行大集会的行动计划后，属于反对党的一个青年团体决定在同一天、同一个地点即独立广场也举行自己的集会，当着执政联盟的大集会，反对党要说"不"。这个消息引起了我极大的兴趣，当然也引起了我的疑虑。这场对台戏能和平地唱下去吗？会不会加剧朝野各党之间的对抗？更重要的是，在同一个地方唱对台戏，会不会引发暴力冲突？

对台戏的 A 角

执政联盟为什么要举行大集会，说白了，就是显示执政联盟坚决支持"新特赦法"的决心。之所以叫做"新特赦法"，是因为苏历史上曾通过一个特赦法，只不过，这个特赦法的特赦对象不是鲍特瑟。新特赦法则是针对鲍特瑟而出台的，其背景是，1982年，鲍特瑟发动军事政变，出任军政府主要领导人，这年12月8日，13名平民和2名军官因持不同政见被从床上拖走并被残酷杀害，史称"十二月屠杀案"。2009年，鲍特瑟担任反对党领袖时，为了阻止他赢得2010年大选，当时的新阵线政府启动了军事法庭就"十二月屠杀案"对鲍特瑟的审判，指控他策划了这一谋杀案。军事法庭对鲍特瑟的审判未能阻止鲍赢得大选，但军事法庭不因鲍特瑟成了国家元首就中止对这一案件的审判。针对军事法庭可能对鲍特瑟等作出有罪判决，鲍有可能因此而失去总统宝座，执政党议员在国会推动通过了对鲍特瑟和其他"十二月屠杀案"嫌疑人的特赦法，为与此案有关的24位犯罪嫌疑人提供特赦。新特赦法通过后，苏里南反对党和一些社会团体举行了游行、示威、集会等多种活动，旗帜鲜明地反对新特赦法，要求继续开展对"十二月屠杀案"的审判。执政联盟则决定针锋相对，通过举行数万人的大集会来显示支持和拥戴鲍特瑟的决心和力量。但是，老成持重的鲍特瑟通过各种途径对外宣称：执政联盟大集会与新特赦法无关，大集会是为了向社会表明执政联盟的团结和政府各部门的合作。作为总统，鲍特瑟寻求的是，既要向社会、向选民，特别是向反对党展示执政联盟力挺新特赦法的立场，同时，又要维护整个社会的团结，不因大集会撕裂整个苏里南社会的统一性，从而激化朝野矛盾和社会矛盾，避免危及社会的稳定。在这方面，鲍特瑟总统拿捏得非常适度。

对台戏在独立广场演出，独立广场的地位和作用跟天安门很相似，是苏里南首都帕拉马里博的城市中心、旅游中心和政治中心。苏里南总统府和议会大楼都位于独立广场，外交部、司法监察部、财政部都在独立广场附近，世界文化遗产——古内城（HistoricInnerCityofParamaribo），包括世界著名的木质天主教大教堂，还有发生"十二月屠杀案"的泽兰迪亚古城堡，都与独立广场为邻，广场上矗立着苏里南独立纪念碑、韩战纪念碑和万国旗坛。与天安门不同的是独立广场面临苏里南河，河对岸是郁郁葱葱的原始森林，每个周末，独立广场都会举行音乐会，游客载歌载舞，通宵达旦，尽兴而欢。但是，5月5日这一天，星期六，却没有举行音乐会，而是改唱"对台戏"，人们来此聆听政治家们一个接一个的演讲。

对唱对台戏，朝野双方事先都心中有底。据《标准时报》5 月 4 日报道，加入了执政联盟的崇高真理党主席、前议长、国会议员苏摩哈尔乔表示：星期六在独立广场举行的执政联盟大型集会，是为了体现执政党的团结，也是为了向社会显示政府的团结。这次活动与特赦法无关。他说，有青年团体将在同一天在独立广场举行反特赦法的活动，这一活动与执政联盟在独立广场的大型活动并不冲突，只要各方保持和平，都有发表自己政见的言论自由。

5 月 5 日这天，我请政务参赞陈绪峰、政治处主任申钦民等关注独立广场上对台戏的进展。上午时，我坐在车内在广场上转了一圈。陈绪峰参赞和申钦民等在不同的时间也到了独立广场，现场看了对台戏。执政联盟的不少人忙着搭台子，装音响，插旗子，广场上一片节日的气氛。组成执政联盟的三党主要领导人：民族民主党主席兼苏里南总统鲍特瑟，人民联盟的领袖、崇高真理党主席苏摩哈尔乔，A 联盟领袖、国会议员布伦斯维克以及副总统阿梅拉里，议长西蒙斯等所有来自于执政联盟的政要将在晚上 7 点一起出席大集会。他们动员了 5 万名鲍特瑟的支持者参加大集会。苏里南人口总数 50 万，首都帕拉马里博人口 25 万，也就是说，整个国家人口的 1/10、整个首都人口的 1/5，那天晚上响应鲍特瑟的号召，来到了

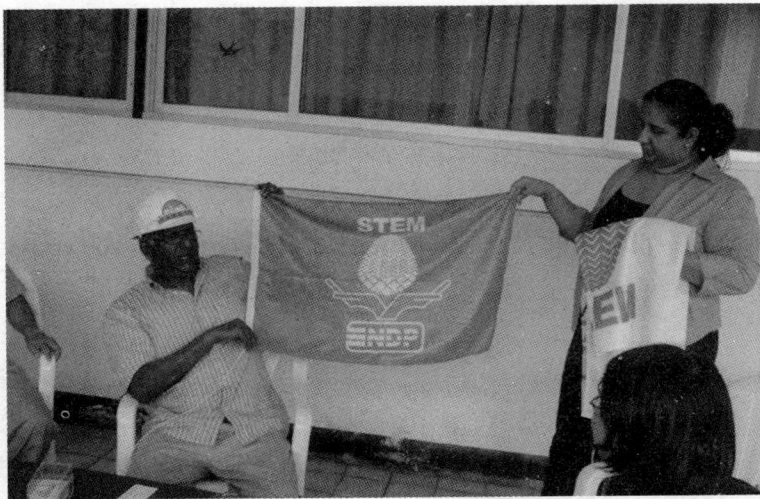

图 11-1　为大选设计好的苏里南民族民主党旗帜

图 11 - 2　主要执政党民族民主党领袖、苏里南总统鲍特瑟

图 11 - 3　紫色是民族民主党的代表色

独立广场。大集会现场布置好以后，政要们到来之前，鲍特瑟的支持者们早已开始在会场里唱歌跳舞。

对台戏的 B 角

鲍特瑟总统的支持者在布置会场的同时，鲍特瑟总统的反对者开始了示威游行。示威游行是由支持反对党的青年人组织的，人数三四百人，目的就是抗议新特赦法的出台，要求军事法庭继续审理"十二月谋杀案"，通过追究鲍特瑟的责任来伸张正义。游行队伍穿过大街进入独立广场，然后，在离执政联盟举行大集会的会场不远的地方举行集会。尽管不远处就是大批鲍特瑟的支持者，但反对鲍特瑟的集会照样进行；虽然参加反对党人士集会的人比参加执政联盟大集会的人少得多，但反对党人士毫无畏惧，演讲者仍声嘶力竭地呼吁抵制新特赦法，直言不讳地把鲍特瑟称为"杀人嫌疑犯"，支持军事法庭继续审判，要求将鲍特瑟等"犯罪嫌疑人"绳之以法。该演讲的演讲完了，该喊的口号喊完了，这些反对鲍特瑟的游行示威者结束了抗议活动，从容有序地离开了独立广场。

图 11-4 大选中的印度裔政党的工作站

图 11-5　反对党领袖、前司法警察部长山度基

这边反对党人士在进行反对鲍特瑟的游行集会，那边支持鲍特瑟的人也在忙着自己的活动。鲍特瑟在台上，作为苏里南总统和主要执政党的主席，毫无疑问拥有执政优势，在不少方面可以利用公共资源，因而执政联盟大集会的声势比反对党的游行示威和集会不知大多少倍。大集会上，成千上万鲍特瑟的支持者就像过节一样，穿着漂亮的时装，从四面八方赶来参会。第二大城市日计里离首都几百公里，开车要三四个小时，执政联盟调集数百辆汽车，一大早开始，就把鲍特瑟的支持者拉到首都。他们在广场上，时而唱歌，时而跳舞，时而听政要演讲，时而高呼口号。不少人拖家带口，来看热闹，广场上人流如织，热气腾腾，像是政治集会，更像是万人联欢。民族民主党主席兼苏里南总统鲍特瑟，人民联盟的领袖、崇高真理党主席苏摩哈尔乔，A 联盟领袖、国会议员布伦斯维克先后发表演讲。每一个人演讲之前，由歌唱家和艺术家唱歌和表演简单的助兴节目，然后，一位政要演讲，然后，高呼口号，接着，再唱歌，再表演，再演讲，再喊口号。政要们演讲完了，新任命的 5 位内阁部长，即卫生部长波洛克兰德、教育部长希坦丁、地区发展部长贝特森、青年与体育部长阿德纳、司法警察部长贝尔福特以及公共工程部和地区发展部 2 位副部长登台

亮相，一一发表讲话。随后，是大型群众舞会，参加大集会的总统、副总统、议长、执政联盟各主要政党领袖、近20位内阁部长以及20多位来自执政联盟的国会议员，纷纷来到与会者当中，与支持者见面、握手、问候、交谈并释疑解惑。最后，大家一起翩翩起舞，狂欢尽兴，不少人甚至通宵达旦。

对台戏的现代政治文明

苏里南的这出对台戏，确实有助于我了解什么是现代政治文明。我目睹的一切有许多方面是我根本没有想到的：

没想到监察局会批准同意朝野双方，在同一天、同一个地方举行集会。维持首都社会稳定、保护人身生命安全是警察局的主要责任，在朝野双方政治上相互对立、在新特赦法问题上意见尖锐分歧的情况下，警察局批准同意朝野双方在同一个地方唱对台戏，很容易引发肢体冲突，甚至流血伤亡，况且，对台戏的不少主角是执政联盟的政要，万一冲突伤及总

图 11-6　以黄色为标志的苏里南狮子党

图 11 - 7　苏里南指导选民如何投票的广告牌

统、副总统、议长、部长怎么办？为稳妥起见，至少应该做工作，让朝野某一方的活动不在独立广场进行，或不在同一天进行，但警察局竟然批准同意。

没想到鲍特瑟总统对反对党在独立广场组织反对他的示威游行和集会，故意在同一天、同一个地方与执政联盟唱对台戏，会持宽容的态度。作为国家元首和武装部队总司令，鲍特瑟如果要阻止反对党与他唱对台戏，应该说有的是办法。特别是反对党高呼"反对特赦杀人嫌疑犯鲍特瑟"、"支持军事法庭继续审判'十二月屠杀案'"的口号，鲍特瑟也能泰然处之，只是通过大集会之类的方式为自己辩护，而不是指使强力部门的人抓人、围堵，国会在执政联盟的控制之下，但反对党组织的示威游行队伍来到国会时，警察不阻拦，国会不关门应对，相反，接下了对国会通过新特赦法的抗议书，这些确实有点出乎我的意料。

没想到对台戏能在和平的气氛中唱下去，做到井水不犯河水。朝野双方在各自的活动中，没有横眉冷对，没有骂人，没有挑衅，没有打架，更没有群体斗殴。参加反对党游行示威的不因为自己人数少就有所畏惧，而人数明显大占优势的鲍特瑟的拥护者见到反对者时也是客客气气，没有恃强凌弱、以多欺少。

没想到演讲完毕后，政要们走下主席台，来到普通老百姓当中，与他们打成一片，无论是高官显贵，还是草根平民，在广场上都是零距离的接触，任何人都可以向总统提问，可以与总统共舞。除非你事先认识人，否则，在那样的场合，你很难判断谁是部长议员、谁是普通党员。拉美的舞曲奔放火辣，洒脱明快，节奏感强，成千上万的人在总统的带领下，跳着桑巴、伦巴等当地舞蹈，且歌且舞，或疾或缓，时而旋转，时而跳跃，大集会既是大的政治活动，也是大的联欢晚会。

没想到在国会通过新特赦法以后，军事法庭继续对"十二月屠杀案"进行审判，也就是说，继续把鲍特瑟总统看成是"犯罪嫌疑人"。军事法庭的理由很简单，按照宪法，政府和国会都不能干预法院独立办案。据《星网》5月12日报道，军事法院院长瓦伦斯特恩更直接表示，国会通过的新特赦法与国际法相违背。国家检察官站在执政联盟的立场，提出军事法院无权检审新特赦法。这一说法受到军事法院的驳斥。也就是说，在目前这种司法架构下，国会你可以通过赦免法赦免总统等"犯罪嫌疑人"，让总统可以继续稳坐总统宝座；但军事法院则继续审案，继续致力于还"十二月谋杀案"的历史真相，确定谁有罪、谁没有罪。为了解决国会、国家检察院和法院在新特赦法问题上互不买账的问题，鲍特瑟总统下令启动成立宪法法院的工作，由宪法法院来裁决新特赦法是否违宪。

对台戏中的另一场戏

最使我意外的是，在"十二月屠杀案"中被杀害的15名持不同政见者的亲属和代表给我写来了一封信，信的全文如下：

阁下：

作为15名政治反对派的亲属和代表，我们通过这封信件向您表示敬意。这15人于1982年12月8日被非法杀害。

我们请求您对我们最重要的事业，即为我们最挚爱的亲人的被害寻求正义，为维护苏里南的民主和宪政，继续给予支持。首先，我们请求阁下出席2012年5月11日的对"十二月屠杀案"的下一次听证会。我们认为,这是维护苏里南司法公正和独立,特别是支持军事法庭 3 位法官最好的方式。此外,我们提醒阁下更多关注对审判进行政治干预的可能性,更多关注军事法庭 3 位法官的艰难处境,他们的生命安全得不到保证。

　　谢谢阁下阅读这封信,谢谢对我们事业的关注和支持。

　　5 月 2 日,我还收到了一封自称代表苏里南忧国忧民的年轻国民的一批苏里南市民的署名来信,信中说:

尊敬的袁南生大使阁下:

　　这是来自于苏里南一批忧国忧民的年轻人的来信,他们当中有的是小学生,有的是大中学生,有的是职业青年。我们的忧虑源于最近国会通过的新特赦法。在国会通过这个法律之前,已有不少团体和个人不断提出,新特赦法违反了国际协议,违背了苏里南宪法,同时动摇了苏里南的法治基础。最关键的是它干预了对 1982 年大屠杀的司法审判……

　　2012 年 5 月 11 日,军事法庭将就对"十二月屠杀案"的审判作

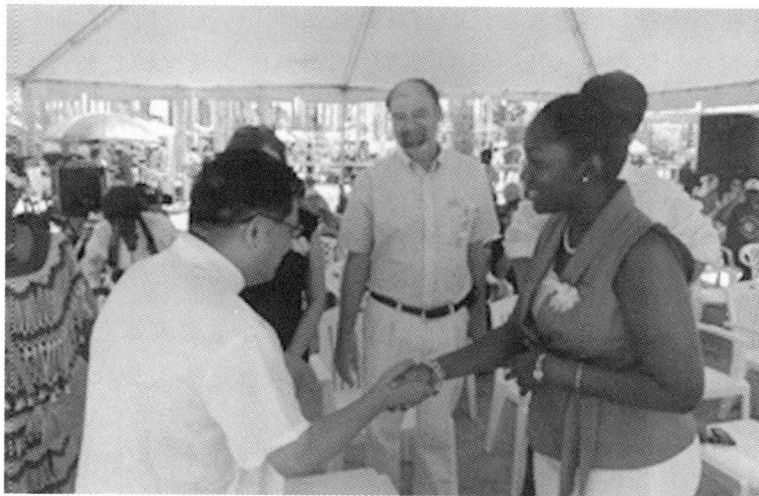

图 11-8　和黑人政治家阿玛弗握手,中为美国驻苏里南大使内伊

出裁决，这一审判就是要保护苏里南的民主和正义，拒绝刚刚通过的新特赦法，军事法庭 3 位法官履行这一职责困难重重，我们请求您出席军事法庭对这一案件的审判，以表明国际社会对军事法庭 3 位法官的支持。

我相信，同样内容的信也发给了其他国家驻苏里南的大使。按照有些国家的政治实践，这封信的作者难免有"里通外国"之嫌。不过，据当地媒体报道，美国驻苏里南大使内伊等外国使节真的旁听了军事法庭的审判。

对台戏引发的戏外戏

对台戏是围绕新特赦法的出台而出台的，围绕应不应该特赦鲍特瑟及"十二月屠杀案"的犯罪嫌疑人，苏里南政坛竟然重新洗牌。前副议长阿兰迪领导的兄弟团结政治联盟加入执政联盟后在政府中得到两个部长席位；新苏里南党在大选中获得一个议席，也加入了执政联盟。这两个党对执政联盟在国会推动通过新的特赦法持反对态度，主张军事法庭继续对"犯罪嫌疑人"鲍特瑟进行审判，认为这样才能体现公平和正义。由于这两个党在国会就新特赦法投票时与反对党站到了一起，所以它们便离开了执政联盟，两位担任部长的兄弟团结政治联盟的党员也随之失去了部长职务，执政联盟则减少了三个议席。新苏里南党领导人、国会议员莫诺拉什对《标准时报》发表谈话说："2010 年鲍特瑟在国会被选为总统时，他第一个拥抱了鲍特瑟，当时并没有想到日后的时刻会演变成现在这个样子，但他现在不后悔成为反对派。"这件事说明，一些政治家不愿意为了当官而牺牲他们认同的原则，这也是我绝对没有想到的。

目睹苏里南的这一出对台戏，我感受到了苏里南政坛上的习习清风，看到了苏里南在政治文明建设方面所达到的高度：法大于权，依法办事，在法律面前人人平等；相互包容；尊重游戏规则，等等。人人都恪守底线，即不骂人，不打人，不诽谤人，不无限上纲。我来苏里南三年，从未见到有人指责对方卖国，而是一是一、二是二，认为哪里错了，就是哪里错了。即使是对手，该握手时照样握手，该问候时照样问候，在正式的场

图 11 - 9　与前总统、反对党领袖费内西安在一起

合，如国会开会，在总统到场时，即使是前任总统、鲍特瑟的政敌费内西安，该起立致敬时照样起立致敬。荷兰曾在苏里南推行数百年殖民统治，荷兰政府一直不乐见鲍特瑟上台，一直公开反对新特赦法，但鲍特瑟对一直反对新特赦法的反对党，从不指责他们是荷兰的走狗，从不给他们戴"里通外国"的帽子，而是正面解释新特赦法对民族和解、对形成朝野共识的好处，同时通过法庭为自己辩护，对媒体对他的批评从不压制。朝野双方围绕新特赦法大唱对台戏，并没有影响苏里南的经济和社会建设。进入 2012 年，苏里南 GDP 增幅在加勒比国家中位列前茅，政府财政收入增加，国家债务减少，外汇储备达历史最高水平，国家信誉评级连续两年上调，2013 年，被国际货币基金组织等评定为中等收入国家。为什么会出现这种情况？这是因为，苏里南朝野大唱对台戏是在法律框架范围内进行的，国民在政治上有话可讲、有话敢讲，在经济建设和其他方面就自然有劲愿使、有劲能使，正因为如此，苏里南人幸福指数很高，没有人觉得压抑，因而也没有什么上访。苏里南的政坛清风，值得我们思考和借鉴。

第十二章　维基解密和苏里南
总统的"丑闻"

2010 年，无疑是维基解密网站声名鹊起的一年，更是世界政治和外交陷入空前大混乱的一年。9 万份机密文件，揭开阿富汗战争杀戮平民的真相；40 万份秘密战地日记，让美国彻底背上伊拉克战争的罪恶；1000余封顶级科学家的往来邮件，戳穿了全球变暖的惊天谎言；25 万份外交电报，几乎让各国元首和政府首脑形象尽失。谁也没有想到，维基解密事件竟然把苏里南现任总统鲍特瑟、前任总统费内西安、美国驻苏里南大使等卷了进来。笔者作为中国驻苏里南大使，亲眼目睹了事件发生的全过程，也引起我一连串的思考。

从维基解密与当今世界说起

肯尼亚骚乱、突尼斯政变、埃及暴动、利比亚变局，这些同维基解密或多或少分不开。维基解密已经不仅仅是一个网站，它已然蜕变为一种可怕的技术性政治力量，一种妄图依靠技术力量改变世界秩序的力量。"潘多拉魔盒"已被打开，"后维基解密时代"已经到来，一切刚刚开始，好戏还在后面。掀起这一切的，只是一个人和一个网站。这个人叫朱利安·阿桑奇，一个前澳大利亚网络黑客，一个曾经亡命天涯的通缉犯，一个"横行网络世界的罗宾汉"，一个主要从事揭秘工作的网站"维基解密"的创始人，一个影响力已不输于本·拉登的"晃动地球"的人。这个网站核心成员只有 5 人，却被人认为扼住了世界政治的咽喉，一次次搅乱了世人的神经。

有人说，"维基解密"乱了天下，这话实在没错。维基解密网站所进行的文件揭秘已使各国政要怒发冲冠。例如，由于阿桑奇的"努力"而导致的外交密件非法外泄造成不良外交影响，使德国政府要人深感担忧。澳大利亚总理吉拉德谴责阿桑奇的做法可能损害国家安全。澳总检察长麦克莱兰12月1日表示，澳大利亚政府正在考虑多个可以选择的法律行动来制止维基解密的泄密行为。"受伤"最重的山姆大叔，也只能一方面疲于应付维基解密事件所引起的外交摩擦和麻烦，一方面怒斥刺中"阿喀琉斯之踵"的阿桑奇。更有甚者，有议员称阿桑奇进行的是一场"恐怖袭击"。美国国务院发言人说，维基解密"严重地损害了美国的外交能力"、"影响了首要的收集情报的能力"。美国务卿希拉里怒发冲冠、亲自上阵，特意发表声明，称维基解密是对美国外交政策与利益的攻击，也是对整个国际社会的攻击。

　　阿桑奇由此成为多国出手联合围捕的目标，国际刑警组织2010年12月1日表示，已经对维基解密网站创始人阿桑奇发出国际通缉令。12月6日，阿桑奇在伦敦被警察逮捕。不过，这家由他开创的专门公布秘密文件的网站并没有因为这件事而画上句号。网站的发言人已经表示，未来还将继续他们的解密事业，公布25万份更加敏感的秘密文件。一夜成名的阿桑奇和他的维基解密网站赚足了眼球，也被媒体称为掀起了一场"外交9·11"，揭秘事件不仅动了美国人的"私处"，也揭开了相关国家的"伤疤"。

图12-1　苏里南总统鲍特瑟被维基解密曝光

图 12 - 2   维基解密中涉及的苏里南政要前总统费内西安（中）、前
　　　　　司法警察部长山度基（右）、前外长克拉赫（左）

　　本来，维基解密网站曾计划把中国作为工作对象，但几年来，事实上
是把美国当成了工作对象，这是美国政府无法接受的，自然令美国气恼不
已。目前维基解密已经公布了几十万份美国政府文件，包括伊拉克和阿富
汗前线的真相、美国外交文件、反恐战争的有关情况等。这种颇具讽刺性
的局面给美国人出了一个相当大的难题。他们公布的机密文件不仅数量众
多，而且每一份文件都经过了严格的审查，保证确实是来自官方网络，而
且内容未经过修改。美国政府从来没有批评过维基解密的文件是伪造的，
还逮捕了向维基解密提供文件的军人。被公布的文件多达几十万份，格式
完整，互相关联，也确实不可能是编出来的。

　　真正让美国人下不来台的，应该是 2011 年 11 月 28 日发布的 25 万份
外交电报。这些电报是维基解密独家得到的，其内容之丰富超过了全球媒
体曝光量的总和。在披露的电报中，美国外交官对各国政府首脑进行了非
常坦率的批评和讽刺，暴露了秘密外交场合的许多从未被公开的谈话内
幕，还提出了一些颇有争议的看法，比如"中国有可能放弃朝鲜"等。
在维基解密预告说将要公布这些文件之前，美国国务卿希拉里·克林顿抓

紧时间会见了包括中国外长在内的许多外国高官，向他们专门说明了自己的尴尬处境，以免损害美国和这些国家的关系。

美国和苏里南都绝对没有想到维基解密对美国和苏里南的关系会带来如此大的麻烦，也严重损害了苏里南总统鲍特瑟、前总统费内西安等人的形象。

美国密电中鲍特瑟总统的"丑闻"

维基解密把美国外交官在密电中对世界知名人物的冷嘲热讽、刻薄评价暴露无遗，如说贵为英国皇室三号接班人的安德鲁王子"举止粗鲁"；英首相卡梅伦"缺乏深度"；只知"吃喝玩乐"的意大利总理贝卢斯科"软弱、虚荣、没有效率"；德国总理默克尔是一个不敢冒险、鲜有创意的软弱领袖；法国总统萨科奇则是一个"厚脸皮和专制"的"裸体国王"。然而，通过维基解密外交，与美国外交官对上述诸人的评价相比，对苏里南总统鲍特瑟等人的评价和描述，无异于是在给一个"罪犯"画像。

鲍特瑟总统上台前是主要反对党领袖、国会议员，80年代曾长期实际上统治苏里南。维基解密的美国密电把这次上台前的鲍特瑟说成是"走私毒品的犯罪分子"。苏里南《星网》等媒体，包括华文报纸《洵南日报》、《中华日报》2011年1月23日、24日分别发表了题为"维基解密：鲍特瑟至2006年仍然参与毒品走私活动"的文章，公开了美国驻苏里南大使馆和美国驻圭亚那大使馆分别发往美国的外交公文，明确向华盛顿报告鲍特瑟何时贩毒、和谁一起贩毒、在哪里贩毒、贩毒获得了哪些好处，等等。2011年9月10日荷文报纸《标准时报》以及《洵南日报》、《中华日报》等报道，维基解密的美国文件称，鲍特瑟曾和大毒犯罗杰·坎恩在苏里南国会议员拉什德·杜卡的场所见过面，鲍特瑟想和坎恩合作，以通过毒品走私活动增加自己的收入。由于消息走漏，苏里南司法部门成功破获了好几个毒品走私集团，对鲍特瑟的毒品走私活动打击很大，严重影响了鲍特瑟的收入。2006年，坎恩被苏里南警方拘捕，并被押送到美国受审。

　　维基解密的美国密电把鲍特瑟总统说成是"预谋杀人犯"。已解密的美国密电指名道姓地说鲍特瑟和毒贩坎恩一起组织过谋杀行动，雇用职业杀手，企图谋杀前司法警察部长、现美洲禁毒委员会主席、主要在野党新任主席山度基，国家检察长本华西。

　　根据维基解密的美国密电，在上届苏里南总统费内西安主政期间，美国驻苏里南大使马莎·巴内丝向白宫密报，如果苏里南发生大规模社会动乱，"费内西安总统及其政府根本无能力应对，因为该政府向来办事拖拉，指挥能力差"。解密的美国密电说，苏里南检察长本华西对美国外交官宣称，鲍特瑟想和罗杰·坎恩在苏里南制造动乱。美国大使难以确定，如果主要反对党民族民主党真的发动一场动乱，苏里南军方、警察以及中央情报局是站在费内西安总统一边，努力维护苏里南的国家稳定，还是配合鲍特瑟的动乱计划，再次"乱中夺权"，因为，80年代鲍特瑟担任国防军总司令时，在军方支持下，曾两次成功发动政变。美国大使明确说，如果动乱发生在首都，规模不大，而且时间短暂，那么苏里南警方有能力应对。但如果动乱是全国性的，警方无能为力时，苏中央情报局在恢复国家安宁方面所发挥的作用不会是积极的，因为该局成员都有不光彩的历史背

图12-3　苏里南外长拉金和夫人卡米拉

图 12－4　美国驻苏里南大使内伊

景（指以前卷入过鲍特瑟的政变），且忠于某些政党和人物（指忠于鲍特瑟和他的党）。

美国外交密电经维基解密曝光时，鲍特瑟当选总统、组织新政府不到半年，解密持续到 2011 年 9 月。也就是说，鲍特瑟上台后不久，解密的美国外交密电一直在披露他的"犯罪事实"，也置前总统费内西安等于尴尬的地位，美国驻苏里南大使更是处在解密带来的麻烦之中。

维基解密和苏里南的反应

鲍特瑟是苏里南独立以来最有影响的政治家，他的"专断"、"泼辣"和大胆"享誉"世界，西方媒体长期称他是"独裁者"、"政变者"、"贩毒者"，但奈何不了他，因他是苏里南最有民意基础的政治人物。不过，虽然他是第一个在总统大选第一轮选举中就直接胜选的候选人，他的党控制了议会多数议席，也就是说，他是苏里南历史上最强势的总统，但维基解密对他的种种爆料，对他的负面影响是不可低估的。我原想维基解密会给苏里南政坛带来狂风暴雨，但事实并没有如此，我感到有四个方面令人深思：

一是鲍特瑟总统自始至终没有就此讲过一句话。设身处地地想一想，刚刚登上总统宝座，解密的美国外交密电就把他说成是"贩毒分子"，是"预谋杀人犯"，是"预谋动乱分子"，他不恼火才怪呢！对维基解密中对他的指控，他肯定不能承认，可是他能公开否认吗？否认又有什么用？越否认，对他的负面影响反而会越大。

二是官方没有宣称这是造谣污蔑，没有下令不许刊登、转载、传播这类信息，也没有封闭有关网站和回收有关报纸，更没有以"诽谤罪"、"诬陷罪"等理由抓人。本来，不少人认为鲍特瑟总统是国家元首，以维护国家元首名誉、形象为理由，进而以此与维护苏里南国家利益、尊重苏里南人民的感情挂钩，禁止媒体报道维基解密涉鲍特瑟总统有关事项，是自然而然的事情，但苏里南官方守住新闻自由的底线，坚持不干预、不作为。据我观察，鲍特瑟和官方形象不仅没有因此失分，反而有所加分。

三是官方始终没有要求美国大使馆予以澄清，也就是始终没有通过外交渠道让美国大使馆"给个说法"。也许，苏官方早就想明白了，美国能给个什么说法？！

图 12-5　维基解密涉及的苏里南议长西蒙斯

　　四是美国驻苏里南大使馆始终对维基解密涉及鲍特瑟总统、涉及美国对苏里南外交一事不置一词。能说解密的美国密电是真的吗？鲍特瑟是现任总统，说是真的，美苏关系怎么处？能说这些密电是假的吗？维基解密涉及几十万份美国外交密电，造假从何说起？况且，连白宫都没有说过维基解密外交是假的，美国驻苏里南大使馆又怎么能说是假的？因此，不置一词是美国使馆能采取的最好态度。

　　维基解密事件发生后，苏里南方面的反应有两起：一是外交部长拉金对记者表示，本国政府不会对这种类型的信息作出反应，是美国政府的信息系统有问题。拉金睿智地回避了鲍特瑟有没有"犯罪"的问题，将其置换为美国的信息技术有没有问题，用一番巧妙的外交辞令打发了记者。二是来自于主要反对党民族党的苏里南国会副议长威登波斯女士表示，这件事情如此严重，她认为政府应该作出反应，国会议员也应该作出反应。但是，没有人呼应她的话。即使美国外交密电多次提到了民族党主席、前总统费内西安，前司法警察部长山度基，检察长本华西，但他们也没有作出任何反应。特别是山度基和本华西，并没有因是鲍特瑟"预谋杀人"的对象而向鲍"讨个说法"。只有国会议员杜克，断然否认鲍特瑟在费内西安当政时曾与大毒贩坎恩在他那里见过面。

第三篇 拉美社会百态

第十三章　感受拉美左翼思潮

　　左翼思想的实践者、左翼思潮的体现者无疑是所谓"左派"，多年来，拉美左翼思潮涌动，拉美左翼运动不断，拉美左派领袖层出不穷，像格瓦拉、卡斯特罗、阿连德、查韦斯、劳拉，等等。出使苏里南三年半，最大的收获是亲身感受了拉美的左翼思潮，直击了左翼政党开展的一系列活动，亲眼目睹了一些左翼领袖的风采。

图 13 - 1　格瓦拉

走进左翼政党总部

到苏里南后不久，就有机会走访苏里南主要政党之一——民族民主党的总部。说是总部，其实主要是里面可以数百上千人集会，是党员和党的积极分子开会和从事其他有关活动的一个地方，但房屋陈旧，设施简陋，谈不上有什么装修，基本上是原生态的木制建筑房子。用于办公的房子很少。

民族民主党主席是总统鲍特瑟，鲍忙于国务，主持党的日常事务的是代主席林格女士。她和一些同事共用一个大办公室，约50平方米左右，摆了几张办公桌，搁了一些沙发，办公、会客都在这里。论办公条件，跟中国西部乡镇政府的办公条件差不多，屋里唯一显示现代色彩的只是电脑和空调。

走进办公室，映入眼帘的是一面墙上挂着一张毛泽东的画像，另一面墙上挂着一张南非总统曼德拉的画像。特别引起我注意的是，毛泽东像的下方印着"伟大的导师，伟大的领袖，伟大的统帅，伟大的舵手毛主席万岁！万岁！万万岁！"几排红色的字，这说明，这张画像是中国"文化大革命"期间印刷的，这张像本身已是文物了。我纳闷的是，这张像是什么时候、通过什么方式从中国到苏里南的。不过，有一点非常明确，这就是世界上的左翼政党，同毛泽东、同毛泽东思想都具有内在的联系。

图 13-2　反美斗士卡斯特罗

民族民主党虽然是执政

党，但党的活动费用完全靠党员和同情党的积极分子捐献，不能从国家财政获得任何资助，也没有党办企业。每一个党员，包括党的领袖人物，都有一份自己的职业赖以谋生，多数人是生活在社会中下层的平民，但党的精英阶层基本上是白领，有的是政府公务员，有的是媒体人士，有的

图 13-3　古巴领袖卡斯特罗

是大学教授，有的是律师。这些人往往不止一个身份，如一方面是政府公务员，另一方面又经营一个农场或者一个商店。有意思的是，民族民主党在拉美通常被视为是与卡斯特罗、查韦斯的党意识形态相同的左翼政党，往往代表所谓"草根阶层"讲话，不时有所谓"劫富济贫"之类的举动，但民族民主党并不缺乏富人支持者，苏里南经营米业、地产业的亿万富翁麦格理就是民族民主党的坚定支持者，也是党的领袖鲍特瑟的铁杆哥们。苏里南零售业、新闻业巨头，第二大富翁萨炙是印裔苏里南人，本身是一个政党的主席，他率领自己的党整体并入鲍特瑟的党，极大地壮大了左翼政党的声势。

2011 年大选前夕，我到麦格理的企业访问，麦格理对左翼政党民族民主党赢得大选充满信心，对支持鲍特瑟不遗余力。苏里南各城市大街上到处飘扬紫色的民族民主党的党旗，到处张贴为鲍特瑟摇旗呐喊的大选广告，不少是这位亿万富翁买的单。

鲍特瑟赢得大选胜利、成功当选苏里南总统后，我邀请麦格理到官邸做客，席间，麦格理问我："你知道鲍特瑟最崇拜谁吗？"我摇摇头，他得意地说："鲍特瑟崇拜斯大林，崇拜毛泽东，崇拜卡斯特罗，崇拜查韦斯，崇拜金日成，还崇拜萨达姆。"我问："为什么崇拜萨达姆？""因为

他敢于与美国的霸权主义对着干。"

在我与鲍特瑟的多次接触中，他从未和我说到过这样的话题，他就任总统后，并不反美，相反，努力改善苏里南与美国的关系，但他崇拜毛泽东、对中国友好确是事实。他家里摆着毛泽东的塑像，在广为散发的大选小册子中，特意印着他 90 年代访华时与江泽民主席会见时的照片。2012年底，湖南省副省长何报翔访问苏里南，鲍特瑟总统亲切接见他，他送的礼物是一尊毛泽东铜像，鲍特瑟对此非常满意。

直击左翼政府政策

进入 21 世纪，最引人注目的是拉丁美洲的"左派"、"新左派"的上台执政。除了苏里南"左派"领导人鲍特瑟成功当选为总统以外，委内瑞拉、阿根廷、玻利维亚、巴西、智利、厄瓜多尔、尼加拉瓜和乌拉圭 8个国家的"左派"领导人上台执政，与几十年来一直高举左派旗帜的古巴一起，刮起了一股左翼旋风。以前显得有点孤独的左翼国家古巴，随着时间的推移，其左翼朋友、盟友国家反而多了起来。其中，委内瑞拉、玻利维亚的执政主张较为激进一些，如主张国家全面控制本国的能源，禁止

图 13 - 4   苏里南总统鲍特瑟和夫人

图 13 - 5　苏里南左翼政治家、议长西蒙斯

私有化，反对与美国建立友好关系。其他的国家一般主张与美国建立友好关系，进行贸易往来。这些国家的"左派"执政，一般都比较关注底层民众的贫困问题，想办法解决他们的现实问题；在发展经济的态度上，"左派"们基本一致，只是方法上各有不同，有的主张所谓资本主义的市场经济发展方式，有的主张所谓社会主义的经济发展方式。总体上看，这些国家的"左派"的激进风格在减弱，都在从武装革命斗争的传统转向现代议会选举制度的框架，都认可了民主政治、选票政治模式。

鲍特瑟上台以后，不主张国家全面控制本国的能源，不禁止私有化，不反对与美国建立友好关系，但其政策仍然具有明显的左翼色彩，换句直白的话就是，仍然有"劫富济贫"的味道。

一是扩大政府对金矿业的分成比例，金矿主要控制在外国资本和本国富人手上，鲍特瑟政府强硬推行这一政策，由此使政府在这方面的收入大为增加。由于华人华侨经营金矿业的不少，其中有的在苏里南负有盛名，鲍特瑟政府有关官员特意约我到总统府，希望在推行这一政策过程中，与华人华侨金矿主有较好的合作。

二是对进口、对汽油等增加税收，前者对从中国进口日用消费品的华商影响较大，明显增加了商家成本，降低了商家利润，却增加了政府财政收入。

三是对部分日用消费品价格一刀切，不允许随行就市、自行定价，而是确定利润的最高限度，用计划经济的手段减价，使消费者多得利。这一政策受影响最大的主要是华商，因华商基本垄断了苏里南的日用商品零售市场。

四是敢于向外国大资本叫板。如对在苏里南经营百年左右、影响苏里南经济走向的美国铝业公司，敢于强硬要求就扩大苏里南政府分成比例重开谈判，并取得成功。

五是大力改善民众福利，如宣布所有中小学生读书免费，对所有中小学生免费提供午餐，对所有婴儿免费每月提供 8 盒（每盒 8 两）荷兰奶粉，对所有 60 岁以上老人每月国家补贴老人慰问金 500 多苏元，相当于人民币 1250 元（退休工资除外）。

六是大力改善公共基础设施建设。大选中就承诺任期内盖 1.8 万套低造价住房，刚刚上台就宣布修建从市区到机场的高速公路和其他高等级公路。

上述政策具有明显的"左翼"色彩，笔者也多次亲耳听到某些人的抱怨，但总体来说，鲍特瑟左翼政府的政策还是得到了多数人的支持。笔者离任前，苏里南刚刚完成了一次民意测验，鲍特瑟获得了百分之七十几的支持率，自苏里南开国以来，这一支持率是最高的。民族民主党获得了百分之三十几的支持率，其他政党的支持率都在百分之十以下。

感受左翼领袖风采

鲍特瑟从不掩饰对左翼朋友、盟友的好感。我到苏里南上任时，委内瑞拉在苏里南只有临时代办，为什么没有大使呢？使馆同事告诉我，委内瑞拉大使驻苏里南期间，与鲍特瑟往来密切，引起了当时具有右翼倾向的苏里南政府的不满，这位大使被迫离任。此后，委内瑞拉大使一直空缺。2009 年的委内瑞拉国庆招待会，苏里南出席的官方代表只是外交部常秘南湖，此外，一名部长也没有。2010 年国庆招待会时，虽然主持招待会的还是同一位临时代办，但此时鲍特瑟的左翼政府已取代右翼政府，来的人规格马上不一样了，议长、多名部长出席。

图 13 - 6　巴西总统卢拉

图 13 - 7　卢拉的接班人、巴西总统罗塞夫

　　鲍特瑟上台不久，马上走访左派领导人，他马不停蹄地到巴西，与左派总统卢拉见面；卢拉退下来后，鲍特瑟又到巴西拜访新的左派总统罗塞夫。他几次飞到加拉加斯，与委内瑞拉总统查韦斯见面，查韦斯也两次来苏里南。查韦斯总统患癌症到古巴住院治疗期间，他飞到哈瓦那亲切探望，派外长拉金到古巴为查韦斯治病提供帮助。古巴领导人卡斯特罗年老多病，住院治疗，他亲自飞到古巴探望。

最典型的是鲍特瑟在厄瓜多尔的左派总统遇到执政危机时及时伸出支持之手。厄瓜多尔总统科雷亚常常叫板美国，曾为抗议美国封锁古巴拒绝出席美洲峰会。2010年科雷亚总统遇到大麻烦。9月29日，厄瓜多尔国民大会通过一项公共服务法，削减了警察和军人的福利待遇，并限制了警察的授勋和晋升。当天，该国多个城市出现抗议活动，要求政府废除此项法律。首都基多的抗议活动最为激烈。对政策不满的警察占据了军营、机场、主要道路，甚至国会大厦。抗议活动最终演变成骚乱，总统科雷亚一度无力控制局势，随之被困在首都的一家医院内。骚乱发生后，科雷亚曾前往警察营地试图平息混乱，但被怒气冲冲的警察们投掷催泪瓦斯。此举导致科雷亚本人呼吸困难，腿部受轻伤。随后，在军方人员的护送下，科雷亚所在的车队高速闯过警察设置的障碍，将其送到医院接受救治。而闻讯而至的警察则将医院包围。科雷亚被困医院12个多小时后才获救，被军人从医院解救出来，直接送回了总统府。当时，科雷亚坐着轮椅，佩戴防毒面具和头盔，一度呼吸困难。当晚，科雷亚宣布厄瓜多尔全国进入紧急状态。他说，自己在医院实际上已被"绑架"，这段时间是其人生中"最沮丧的日子"。当时，他甚至下了"为捍卫民主而死的决心"。局势稳定下来后不久，鲍特瑟前往厄瓜多尔访问，实际上是对这位左派朋友公开表示支持。苏里南外长拉金事后向我介绍了这一情况。

鲍特瑟总统无论是出访还是他的左派朋友、盟友来访，都非常低调，查韦斯两次来，每次都是来也匆匆，去也匆匆，接待从简，毫不铺张。有几次，都是这些访问结束以后我才知道。

鲍特瑟总统敢于说他想说的话。他在联合国大会上为古巴说话，要求美国结束对古巴的封锁；他公开批评西方对利比亚的军事干预，不赞成用武力推翻卡扎菲政权；他公开对以色列示好，引起苏里南国内支持巴勒斯坦的人的不满。

给我印象最深的是，他故意使招，让苏里南殖民时代的宗主国荷兰非常难堪。大选期间，荷兰极力阻止鲍特瑟的当选，公开发表声明，称鲍特瑟是毒品走私犯，即使鲍特瑟当选，他来阿姆斯特丹的话，等待他的仍是10年监禁。在鲍特瑟的就职典礼上，荷兰大使坐我左边，美国大使坐我右边，鲍特瑟总统在就职演说中故意不说习惯用的"尊敬的各位驻苏里南大使阁下"的称呼，而是依次一个个地说：尊敬的美国大使某某阁下、尊敬的中国大使某某阁下，念了一长串，就是不念荷兰大使的名字。美国大使内伊用右手拍拍荷兰大使的胳膊，说，故意不念你的名字。我亲眼看到，此时荷兰大使的脸上红一阵、白一阵。就职典礼结束后，开始阅兵。各位大使应邀上阅兵主席台，与总统同台检阅。但外交部礼宾官却不邀请荷兰大使上检阅台，对大使说，请这边走。荷兰大使一看，礼宾官指的是通往停车场的路，于是这位大使不得不提早乘车离去。

日常生活中的鲍特瑟具有明显的平民色彩，他不喜欢穿西装，许多正式活动他都穿便装，常常穿类似于唐装的上衣，但远没有唐装那么精致。一次与他一起吃饭，吃到他喜欢吃的红烧肉时，他干脆用手取食物。他身上主要是印第安人血统，印第安人吃饭就是用手抓饭。过年过节，他喜欢远离城市，与未开发部落的老百姓呆在一起，那里有的地方没有公路，没有通电，没有抽水马桶。和查韦斯一样，他是一流的演说家，听众常常对他报以经久不息的掌声和欢呼声。任何人都可以与他握手，一场群众活动下来，他握手常常会数百次。遇到舞会，任何人都可以与他共舞，他也乐此不疲。偶尔，也有讲话"离谱"的时候，有一次，我亲眼所见，在老人日活动集会上，他表示可以再一次提高老人养老慰问金，赢得在场许许多多老人的欢呼，媒体也立即予以报道。但提高养老慰问金这样的事不是总统一句话就可以算数的，要经过一系列的程序，还要国会批准。过了几天，总统发表声明，承认自己失言，并表示歉意。

展望拉美左翼前景

拉美不是"左派"的发源地，但今天的拉美是世界"左派"领袖人物最多的地方，是左翼力量成气候的地方。其实，直到18世纪，"左派"才浮出水面。从1789年法国大革命爆发那年开始至今，"左派"这个词被世人记住了225个年头。

1789年5月，法国皇帝路易十六由于财政困难，决定召开三级会议——三个社会等级的代表共同参加的会议（第一等级为天主教教士，第二等级为贵族，第三等级为资产阶级、农民和城市平民），目标是从第三等级身上搜刮更多的税收用于财政开支。开会时，第三等级坐在会场的左侧，第一等级、第二等级坐在会场的右侧。这种会场座位的分配成了惯例，一直延续多年。通常，坐在会场左侧的人主张激进的革命措施，如废除皇帝和皇权制度，建立共和国，因此，他们被称为"左派"；坐在会场右侧的人主张温和的改良措施，如保留皇帝，实行君主立宪，反对建立共和国，因此，他们被称为"右派"。

历史上的"左派"有五个特点：一是其社会地位较低；二是其话语权权重较低；三是其想改变自身地位的愿望十分强烈，所以其观点、主张就比较激进，具有革命斗争味道；四是其主张的大众民主与君主专制、君主立宪对立；五是其主张的灵魂是社会平等、社会公正。

与历史上的"左派"相比，拉美的"左派"都致力于为穷人谋福利，实现再分配。在拉丁美洲，一些带有马克思主义风格的"左派"领导人广泛地传播了社会主义革命学说，其中，古巴还在卡斯特罗的领导下建立了社会主义制度，智利的领导人萨尔瓦多·阿连德还曾在智利短暂地尝试建立社会主义制度，尼加拉瓜的领导人也曾推行了20多年的革命社会主义路线。在与其他政党的反复磨合中，拉美的"左派"政党逐渐接受了在议会选举制度的框架内寻求自己位置的做法，即通过合法的选举程序为自己所代表的底层选民争取利益，从激进的革命路线走向了较为温和的改良路线。

无论是推行激进的革命路线，还是较为温和的改良路线，拉美左翼政府都不同程度地推行民粹主义，或者通过强制性的全员就业，实行就业保护；或者强制提高工资或实行补贴政策，大规模实施普惠制的社会福利制度；或者针对殖民主义和外国资本的"民族主义"，限制外资和外国企业的发展；或者推行国有化，公开扶持公有企业，歧视私营企业；或者在通货膨胀发生时，用控制价格的办法干预经济，保持名义工资水平。在拉美各国，各种民粹主义政策中所共有的，也是一个核心的内容，就是试图通过政府主导的收入再分配和超出财政承受能力的补贴政策，学习发达国家的福利制度和就业保障制度，以达到快速提高低收入阶层的收入、快速缩小收入差距的目的。正是这种"福利赶超"，导致了财政赤字、债务危机、金融危机、增长停滞等一系列的不良后果，使经济掉入"陷阱"。民粹主义在拉美长期流行，甚至可以说一直持续到今天。

拉美盛行民粹主义的历史起源主要是土地分配制度不平等，寡头控制经济。拉美盛行民粹主义的现代因素主要是城市化与政府扩张速度远超工业化。亿万普通民众一直苦苦追寻社会平等、社会公正，只是他们还没有特别有效的方式、制度去实现他们的理想。正是这种理想的追寻催生了所谓的"左派"，而且使"左派"一直在追寻理想的过程中保持着顽强的生命力。拉美左翼政权拥有个性鲜明、充满魅力的领袖，这些人物对民众的吸引力来自围绕不平等的原因及解决办法的激烈言辞。他们的演讲以维护人民的利益以及反对寡头、公司、金融资本、商业部门和外资公司的利益

图 13 - 8　委内瑞拉左翼领袖查韦斯

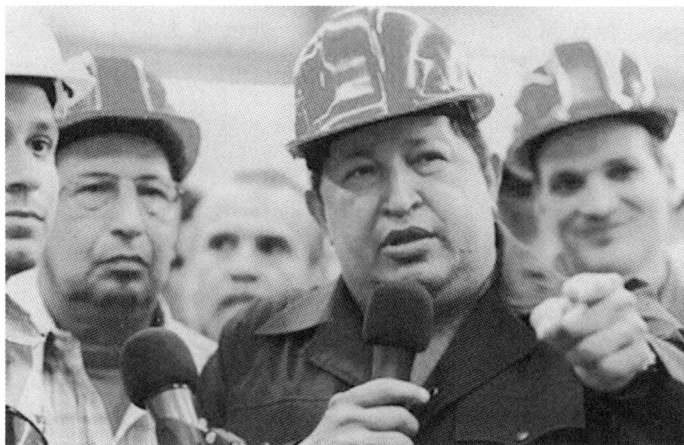

图 13 - 9　查韦斯

为基调。可以说，只要社会一天没有实现真正的平等与公正，"左派"就有存在的土壤。

我离开苏里南时，委内瑞拉总统查韦斯再次赢得大选后，还没有举行就职典礼就因为身患癌症而到古巴治疗。苏里南外长拉金和我谈起查韦斯的病情时，语带悲哀无奈，神情严肃，希望能出现奇迹，期待查韦斯能转危为安。我回到北京后不久，传来了查韦斯不幸去世的消息。我完全能猜想到，鲍特瑟总统、拉金外长一定会非常悲痛。

查韦斯是拉美"左派"的典型代表，在史册上，举世瞩目的拉美"向左转"，起始时间坐标正是查韦斯 1998 年 12 月首次当选委内瑞拉总统。从此，查韦斯一直是拉美强硬的反美旗手、激进左翼的政治领袖、拉美版社会主义的践行者、没有美国的拉美一体化进程的主导者。在整个拉美地区，查韦斯可以说是反美的一面实实在在的旗帜，在他的倡导下，成立了"玻利瓦尔美洲联盟"、拉美及加勒比国家共同体这些没有美国参与的组织，也形成了外界所谓的反美阵营。多年来，拉美不缺"左派"，不缺反美斗士，但像查韦斯一样个性鲜明的反强权形象在拉美政治舞台上一直很缺少，加上他在宣传和实践社会主义的探讨上起到重要作用，所以他的去世对其国内、拉美地区，甚至整个国际社会来说都会有影响，尤其会使拉美的左翼运动乃至地区一体化受到较大影响。查韦斯领导的委内瑞拉政府对鲍特瑟领导下的苏里南有多方面的资助，他的去世对苏里南的左翼运动和力量是否有明显影响，尚待观察。查韦斯去世了，世上再无查韦斯，亦难有人完整继承他的衣钵，遑论他对国家、地区与世界独特而富于争议的影响力。

2013 年年初，在查韦斯病重之际，玻利维亚总统莫拉莱斯专门发表讲话说："我们都是查韦斯。"这句话对理解拉美左翼思潮的进一步走向不无帮助。

第十四章　吹牛不拍马的国度

苏里南是一个特色鲜明的国度，许多特色给我留下深刻印象，如鸟语花不香，山清水不秀，风调雨不顺，地灵人不杰，树大根不深，男尊女不卑，坐吃山不空，立竿不见影，存异不求同，落井不下石（总统费内西安的政敌鲍特瑟被荷兰法庭以毒品走私罪缺席判处 10 年监禁，荷兰更策动国际刑警组织对鲍发国际通缉令，费内西安并不以此为借口将鲍逐出政界，鲍特瑟 2010 年通过大选击败费内西安，当选总统），苦大仇不深（苏里南人长期受到荷兰殖民者的统治，苏独立后老百姓不恨荷兰，殖民者办的孤儿院、老人院、学校等名称不改，予以妥善保留），等等，但使我印象最深、引起我最多思考的则是吹牛不拍马。

吹牛太普遍

中国人天性内敛、推崇低调。本来是诗礼簪缨之族、钟鸣鼎食之家，嘴上却偏偏说是"寒舍"；本来是山珍海味款待人家，嘴上却说是吃顿便饭；本来礼品价值千金，嘴上却说是略备薄礼，不成敬意；本来出类拔萃，才高八斗，嘴上却说是"小弟不才"；本来人家是真心夸你不错，而被夸的中国人往往回应一句"哪里哪里"，弄得老外以为自己说错了。苏里南人则刚好相反，有一分才，绝不说只有九厘；有一分礼，一定说是苏里南最好的。你夸他荷兰语好，他一定说谢谢，还会补充说，他还会英语、法语、西班牙语或葡萄牙语；中国人开会，都本能地往后坐，一般都不愿意发言，至少一般不愿意抢先发言。明明发言做了精心准备，中国人往往会说是"浅见"，习惯说是"抛砖引玉"，还得来一句，"不对的地方，请批评指正"。苏里南人则天性外露，毫不掩饰其自我感觉良好，遇到开会，苏里南人讲起话来滔滔不绝，你不提醒他，他往往讲个没完，只有一句话从来不会讲，那就是"不妥之处，请批评指正"，苏里南人总充满自信，自认为讲的不会有错，既然没错，为什么要请你批评指正？

中国人开会，绝大多数是为了听会，苏里南人开会则不少是为了抓住一个露脸发声的机会。吹牛是苏里南人的家常便饭，举办演出，举办方开口闭口把演出说成是最精彩的演出；介绍他们的国家，会把苏里南说成是空前绝后的人间仙境。在鲍特瑟总统的就职典礼上，总统的侄女问我典礼组织得怎么样，我还没来得及回答，她就非常骄傲地对我表示：这是世界上最完美的典礼，太棒了，令人陶醉，无懈可击，好得简直不可思议，等等。

苏里南人的吹牛是不是说假话？是不是浮夸？不是。苏里南人吹牛，原因在于他们绝对充满自信，喜欢夸张，个性张扬，比较接近原生态，生性容易满足，是他们生存没有压力、人性没有压抑、生活自然潇洒的表现。苏里南人的吹牛不等于造假，统计数据造假在苏里南是犯罪的行为。

拍马缺文化

实事求是地说，不吹牛容易，不拍马难。苏里南各民族不乐于拍马，不愿意拍马，不善于拍马，不认同拍马。2011 年 7 月 26 日，我应邀出席在总统府举行的苏里南驻中国大使洛依德·皮纳斯的就职仪式。皮纳斯是苏里南著名的"中国通"，在中国留学多年，先后获得学士、硕士、博士学位，说一口流利的汉语，普通话比不少中国人还标准，出版过中文著作。皮纳斯学历很高，学位很牛，但资历很浅，出任大使前一直在中国工作，没有担任过外交官，也不是苏里南公务员，严格说来没有级别，年龄30 来岁。苏里南外长拉金考虑到他是"中国通"，向总统推荐他担任驻中国大使。此前，皮纳斯连科员都没有当过，我原以为他会讲几句恭维总统、感谢领导的客套话，比如"能荣膺大使之任非常激动，感激之情、报国之情无以言表"，比如"对总统的信任、领导的重视和党对自己的关心表示衷心的感谢"。因为，说这些话应在情理之中。在我的想象中，一介书生，以布衣之身，一步登天成为苏里南最重要的驻外使节之一，在就职仪式上说两句感谢、恭维总统的话一点也不过分，退一步说，从年龄上

图 14 - 1　和驻华大使皮纳斯在一起

来讲，鲍特瑟总统对皮纳斯来说是父辈的人了，不说谢谢总统信任、栽培之类的话恐怕不礼貌吧？但想不到皮纳斯用一句"总统先生，上午好"开始了他的致辞，没有用"尊敬的"这个词，也没有称总统为"阁下"，这个讲话完全是公事公办，没有一句是感谢、吹捧鲍特瑟总统的话。更有甚者，这位官场上的新人，面对总统、副总统，面对一个个政界大腕、外交元老，面对不少是他父辈年纪的老人，不仅毫无点头哈腰、故作低调之态，相反，他气宇轩昂，昂起头将会场扫视一遍，眉宇间显示了足够的自信。当时，我私下觉得皮纳斯不够谦虚，似乎高调了一点。悄悄问坐在旁边的苏里南外交部礼宾司长克里斯托弗："新大使致辞怎么样？"想不到她赞许地回答说："挺好。"

　　是不是皮纳斯大使在官场很另类、很特别？不是。11 月 4 日是苏里南老人日，每年这一天，苏里南前议长、国会议员、崇高真理党主席苏摩哈尔乔都牵头举行这一盛大活动。2012 年的这天，老人日活动在可乐河度假村举行，1 万多老年人参加了欢庆活动。在庆典上，老人代表当着鲍特瑟总统和其他与会的高官，在讲话中既没有恭维总统，也没有感谢副总统，更没有感谢任何部长，唯一对苏摩哈尔乔表示了敬意，因为他每年为老人日活动募捐张罗。其他发言的人没有一个人赞扬总统、副总统对老人关心，没有一个人说对总统在百忙当中出席老人日活动感到很激动、很温馨，总之，没有一句拍马之类的话。是不是总统、副总统对苏里南老人漠不关心呢？不是。2011年，鲍特瑟总统宣布任何苏里南人，年满60岁每月可获得政府提供的500苏元（等于1000元人民币）养老金（与退休工资是两码事）。在2012年举行的老人日庆祝活动上，鲍特瑟总统又宣布明年将把养老金提到每月650苏元，也就是月增300元人民币。鲍特瑟话音刚落，老人们立即报以经久不息的掌声和欢呼声。但会议主持人并没有借机拍总统的马屁，并没有提议大家以热烈的掌声对总统的光临、对总统对老年人事业的关心、对总统宣布再次提高养老金表示衷心的感谢。为什么呢，苏里南人认为关心老人是总统、是政府分内之事，不需要感激涕零、感恩戴德。在老人日活动庆典上，庆典主持人邀我上台，让我代表中国驻苏里南使馆将一听饼干送给一位残疾的老人，当我把饼干放到老人手上时，想不到老人对着主持人提出一个要求：希望鲍特瑟总统能亲自送他饼干。老人的话表明总统亲民，没有架子，表明官民之间没有隔阂。

苏里南人不仅不拍马，而且一些习惯做法在中国人看来恐怕是对领导

图14-2　鲍特瑟总统与驻华大使皮纳斯

人不敬了。以上面提到的老人日庆典活动为例，鲍特瑟总统和夫人早已到了，国防部长拉杜却迟了一刻钟才来，总统办公厅主任林格比国防部长又迟一点，最后到的是副总统阿梅拉里夫妇，等于是国家元首和党的主席等部下到齐了庆典才开始，副总统阿梅拉里夫妇甚至庆典开始了以后才到位。特别是办公厅主任林格，按照中国的做法，她应该先于总统到达，事先做有关安排，至少应陪同总统一起来。值得一提的是，先到的议员苏摩哈尔乔和布伦斯维克已分别陪坐在总统夫妇左右边，第一排的位子让早到的内政部长、农业部长、贸工部长等已坐了，后到的副总统夫妇虽然官比部长大，国防部长排名也在到会的其他部长前面，但按苏里南的习惯，已坐在总统身边的两位议员并不起身让坐，坐在第一排的其他部长也不让座，总统府礼宾局长弗兰克林只好帮阿梅拉里夫妇找两把椅子，临时挤放在第二排靠近总统夫妇座位的地方。至于国防部长拉图，则自己悄悄挤进群众之中坐了下来。

在苏里南的政治文化中，缺少拍马文化。这一"缺失"使他人他国对苏里南人高看。来苏里南三年多，从没有听苏里南人讲过有拍马之嫌的所谓官话、套话或空话，如"在×××的英明领导下，在×××的亲切关怀下，在×××的培养教育下"之类，从未有人说过他们的工作取得了成绩是"同总统和党中央的正确领导分不开，同部长和领导的高度重视分不开，同同事们的支持帮助分不开"。我多次亲眼所见，每次总统出席议会会议，不仅没有人对他阿谀奉承，没有人对他溜须拍马，相反，一个个议员总是对他提出一个个质询。议员们提出质询，不必起立，坐在座位上就可以发问，每个议员座位前都有麦克风，发问非常方便。而只要有质询，总统就必须起立回答，堂堂一国国家元首，不断站起、坐下，又站起、又坐下。我坐在使节席位上，有时竟觉得这总统当得也太累了，太没面子。

拍马的思考

相比之下，在中国几千年来的历史上，既不乏吹牛之徒，更不缺拍马之辈。拍马，今天是谄媚奉承的意思，再口语一点叫拍马屁。著名历史学家顾颉刚先生有篇文章考证过"吹牛拍马"的由来。清末"鉴湖女侠"秋瑾在《演说的好处》一文中说："现在我们中国，把做官当做最上等的生涯，这种最上等的人，腐败不堪：今日迎官，明日拜客；遇着有势力的，又要去拍马屁；撞着了有银钱的，又要去烧财神。"这样的例子，顺手拈来，不胜枚举。即使是大明开国皇帝朱元璋，来自基层出身寒门，是个货真价实的草根皇帝，这样的皇帝根正苗红，理应拒马屁于千里之外吧，其实不然。明初翰林学士解缙，是个货真价实的马屁精，他发挥自己的文学优势，收到了良好的拍马效果。一天，朱元璋对解缙说，昨天宫里出了喜事，你吟首诗吧。解缙根据已经掌握的情报，断定皇帝喜得龙子，于是开口吟道："君王昨夜降金龙。""金龙"二字显然是拍皇帝的马屁。谁知朱元璋却说是个女孩。解缙马上改口道："化作嫦娥下九重。"朱元璋又说，生下来就死了。解缙来句："料是人间留不住。"朱元璋又说，已把她扔到水里去了。解缙最后吟道："翻身跳入水晶宫。"这样的马屁拍得到家了吧？

翻开几千年中国的历史，拍马之术洋洋大观，千奇百态，令人浩叹！

有人借贪拍马屁。《倦游杂录》载，长安知县张宗永得罪了顶头上司，怎么化解前嫌？知县大人了解到顶头上司"有别业在鄠、杜间"，又知道顶头上司喜欢绝句，于是"乘间诣之"，"于厅大书"绝句云："乔松翠竹绝纤埃，门对南山尽日开。应是主人贪报国，功成名遂不归来。"人家本来是贪财、贪赃和贪腐，顶头上司家的别墅闲置，却被说成是因为主人"贪报国"，把个"贪"字活用得妙极了，马屁拍得非同凡响。结果顶头上司"览而善之，待之如初"，尽释前嫌。

有人借病拍马屁。例如，汉文帝生了恶疮，脓水臭不可闻，连太子都厌恶不前。大夫邓通反以为快，这不是千载难逢的拍马良机吗？他每日趴在大疮上吸吮臭脓数次。一连数日，文帝的恶疮居然好了。文帝对邓通感动不已，加官晋爵外，又赏蜀地，又恩准铸币，从此邓氏币流通天下，邓成了财过王者的巨富。

有人借屁拍马屁。例如，一天，明朝嘉靖皇帝的首辅严嵩之子严世蕃与客人对坐闲谈，严不经意间放了一个屁。这位客人以手掩鼻，问道："这是哪来的一股怪香味？"严明知客人是在恭维自己，却假装吃惊地说道："哎呀，我听说出虚恭要是不臭，那就是说明病在肺腑之间了，我这不是要坏了吗？"这位客人听了浑身不自在，但是话已说出，无法收回了。过了一会儿，他又以手拂鼻说道："倒是还真有那么点儿臭味。"严大笑不已。

有人借粪拍马屁。例如，北齐武成帝时，一天，大奸臣和士开病了，一位寡廉鲜耻的士人前去探望，正遇上医生给和看病。医生说："大王患伤寒极重，应服'黄龙汤'（陈年粪液）。"和士开面有难色。这位士人说："此事甚易，大王不必迟疑，我先替大王尝尝。"说罢端起一碗"黄龙汤"一饮而尽。士开见有人先喝了，便也硬着头皮喝了下去，虽然不是滋味，但后来出了一身汗，病居然好了。

有人借尿拍马屁。例如，唐代时，两次出任过宰相的魏元忠一天病了，僚属纷纷前去探望。郭弘霸最后一个进去，脸上带着忧戚的神色，要求看一下魏元忠的尿液，看了之后，还用手指沾了些放在嘴里尝了尝，尝后安慰魏说："尿味要是甘甜，这病就不易好，如今味苦且臊，很快就会痊愈的。"

说到这里，人们不禁要问，从古至今，古代中国缘何盛产吹牛拍马的谄媚之徒呢？回顾一下李斯的发迹史，不难找到答案。史载，李斯"年少时，为郡小吏，见吏舍厕中鼠食不洁，近人犬，数惊恐之。斯入仓，现仓中鼠，食积粟，居大庑之下，不见人犬之忧"。李斯面对"厕鼠"和"仓鼠"由于所处的不同生存环境而遭遇不同的境况感慨万分，于是叹曰："人之贤不肖譬如鼠矣，在所自处耳！"于是"乃从荀卿学帝王之术"，学成便辞师"将西说秦王矣"。为什么要这么做呢？他对老师解释说："处卑贱之位而计不为者，此禽鹿视肉，人面而能强行者耳。故诟莫大于卑贱，而悲莫甚于穷困。久处卑贱之位，困苦之地，非世而恶利，自托于无为，此非士之情也。"由此可见，在李斯看来，在"普天之下，莫非王土；率土之滨，莫非王臣"的皇权社会，"天下之事小大皆决于上"，人生一世，要想摆脱卑贱和穷困，唯有为主子效犬马之劳，才有成功的希望。拍马是为了骑马，只有拍马才可能骑马，李斯不以溜须为耻，反以拍马为荣，果然由此摆脱了卑贱和穷困，坐上了一人之下万人之上的宝座，其弄权的快乐、荣华的快意、富贵的快慰、得宠的快感自不待言。"天下之事小大皆决于上"的专制制度，本质上需要拍马之徒来歌功颂德，以换取民间的认同感和政权的合法性，而拍马之徒则迫切需要主子恩赐权势以享荣华富贵，这种"互利共赢"的"两需"一拍即合，这是古代中国盛产拍马之徒的制度因素。

　　末了，我想特别补充一句：苏里南人不时兴溜须拍马，还体现在对官员的称呼上。在苏里南，人与人之间相互称呼都是直呼名字，如称呼现任副总统阿梅拉里就是直接说"阿梅拉里"，我几次亲耳听到古巴驻苏里南大使这样跟副总统打招呼。我每次见到副总统、见到部长等高官，总是称他们"阁下"，因不这样称呼自我感觉好像大逆不道似的。其实，你称不称"阁下"，人家确实无所谓，因为以名字相称早成习惯，在苏里南没有任何人会称呼"某处长"、"某司长"、"某市长"之类。即使家庭之内、亲友之间，也都是直呼其名，没有谁叫"叔叔"、"舅舅"、"哥哥"、"姐姐"，如叔叔名字是"罗伯特"，侄子也就叫他"罗伯特"，而不是叫"叔叔"，这在中国人看来无疑是没大没小。在人与人之间的相互称呼上，就可以看出人与人之间的平等、自尊和相互敬重。相比之下，中国自古以来人们之间的相互称呼就渗透了浓厚的等级观念，打上了拍马奉承的明显烙印。只要当了官，人们就要称之为"大人"、"老爷"，谀之为"衣食父母"。直到现在，当部下的仍习惯称领导为"某书记"、"某省长"、"某市长"、"某厅长"，谁有胆量像苏里南人那样对为官者、为长辈者直呼其名？更有一种拍马之术已习惯成自然，见怪而不怪了，这就是明明是副厅长、副处长，称呼时略去"副"字，变成了"某厅长"、"某处长"，这种隐性拍马、变相拍马的艺术，不屑于拍马的苏里南人恐怕无论如何也是弄不明白的。

第十五章　苏国学童沐清风

来苏里南三年多，感到苏国的中小学生们真幸福、真幸运。为什么这么说呢？是因为苏里南的学童们从呱呱落地开始，就享受到社会的关爱，就得到国家的补贴；是因为学童们接受教育的过程就是分享社会经济发展成果的过程；是因为任何儿童、任何学生，包括孤儿、艾滋病死者的后代、残疾、智障的学子都活得有平等感、尊严感。

有张有弛的学童生活

苏里南学童生活得很滋润，具体来说，有如下几点：

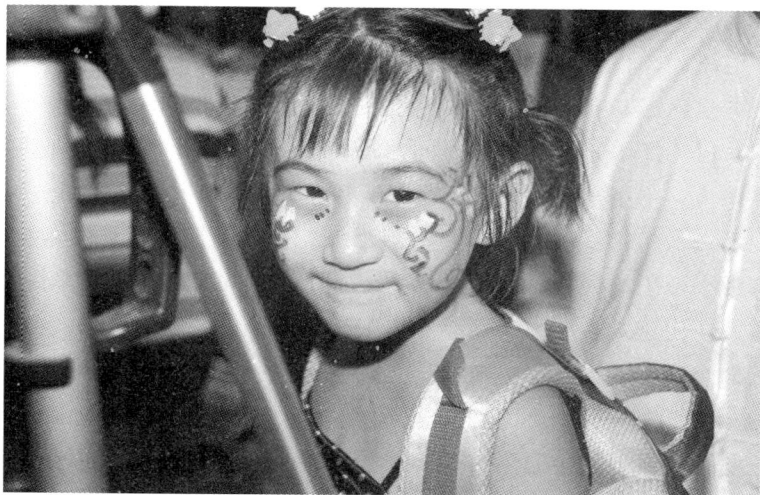

图 15-1　洒红节中的华裔女孩

一是在苏里南，孩子们享受的社会福利很多。出生的小孩，不管有无奶吃，每个月国家补贴从荷兰进口的优质奶粉 8 听，每听 400 克。孩子们从小学到高中，一律免费。全国中小学生在校读书时的午餐，一律由国家免费提供，每天提供学生午餐 8.5 万份。苏里南的中小学生不仅不存在"被自愿"买这买那的现象，相反，对校服之类的用品，确需学生家长自费的，苏里南社会的习惯是尽量便宜，因为，苏里南人认为，孩子们是国家的未来，不是赚钱的对象，在赚钱上，不能打孩子们的主意。最近统一定制的苏里南小学生的校服，质量很好，设计新颖，价格一套却只有 35 苏元（70 元人民币），在苏里南，只相当于 5 斤大白菜的价钱。

二是苏里南没有重点学校，没有实验班，没有重点班，对孩子们来说，成长的环境从小就是平等的，从这个学校转到另外的学校，完全自愿，完全免费，不需要找熟人，不需要拉关系，不需要找有权有势的人写条子、打招呼。

三是苏里南中小学生的学校生活有张有弛、非常滋润。他们 7 点就前往学校，整个上午都是正课。但到下午，则是打球、跳舞、唱歌、拉琴、班会、演讲比赛、参观等，这些活动保证了孩子们十足的天性，所以，苏里南的学生戴眼镜的极少，没有特长的极少。只要高中毕业，苏里南语、荷兰语、英语就都能朗朗上口了，如果是华人华侨的孩子，十之八九在中文学校还学会了汉语，印度裔、印尼裔、巴西裔的学生，通过各自民族语言中心的培训，也分别掌握了印地语、爪哇语和葡萄牙语。只有五十几万人口的苏里南，却有苏里南语、英语、荷兰语、印地语、葡萄牙语、西班牙语、法语、汉语、爪哇语等不同语种的 28 个电视台。同样，苏里南足球人才辈出，中小学生从小就踢足球，从苏里南中小学生中走出了克鲁伊维特、里杰卡尔德、古力特、温特、西多夫、戴维斯等世界级足球明星。苏里南中小学生花大量时间学习唱歌，这里几乎人人天生就是歌唱家，苏里南国家任何正式活动，国歌都不是乐队演奏，也基本上不播放唱片，而是清唱；会弹钢琴、拉小提琴的，会跳芭蕾舞、跳桑巴舞、跳印度舞、跳爪哇舞、跳黑人舞的比比皆是。这同苏里南中小学生不是读死书，不是被迫死记硬背，而是能接受到多样化的教育是分不开的。

四是苏里南儿童从来不需要在接受国家义务教育的课程以后，还让家长掏钱补这门课、补那门课，放学回家后，几乎没有任何家庭作业，从来不需要家长配合老师督促这个、关注那个,从不需要家长为这为那签字没完。当然,更不存在过年过节要记得谢谢老师,给老师送礼。

有情有义的特别关爱

在苏里南,特殊的学童受到特殊的照顾。例如,三胞胎的家庭受到国家特别的关心。苏里南法律规定:国家每月给三胞胎家庭 3750 美元的补贴,连续补贴 3 年,也就是说,一对夫妇,如果生个三胞胎,每月可以得到国家相当于 23600 多元人民币的补贴,一年下来就是 28.3 万多元了。

图 15 - 2　苏里南总统特意为这位三胞胎妈妈分配一套低造价住房

至少在 3 年内,一家人靠这三胞胎就衣食无忧了。2011 年,驻苏里南大使馆举行中国援助苏里南 200 套低造价住房交接仪式,总统费内西安、议长苏摩哈尔乔、外长克拉赫等高官邀我一起,特意把第一套低造价住房的钥匙交给了一位三胞胎小孩的母亲。那一刻,我深刻感受到了苏里南这个国家对

图 15 - 3　第一夫人向困难学生家长赠送书包等学习用品

图 15 - 4　总统夫人看望贫困家庭的小学生

特殊儿童的关心。在苏里南，按照惯例，总统夫人是国家慈善机构的负责人，在关注、扶助弱势学童方面，总统夫人总是走在最前面。我担任驻苏里南大使以来，先是陪同费内西安总统夫人到孤儿院慰问，邀请总统夫人带着近 20 位残疾人到官邸做客；后应鲍特瑟总统夫人的要求，动员当地华人华侨、中资企业为孤儿、残疾人学童上学提供帮助，进行了 3 次大的扶助弱势学童的活动：一次是和总统夫人以及 7 位部长夫人一起，驱车到内地落后地方，在一个已建立了近 100 年的孤儿院，为生活在那里的 70 多位孤儿提供电脑、空调、书包、纸笔等用品，由当地华人妇女提供赞助；一次是推动中资企业为生活在丛林中的贫穷的黑人小孩提供了 100 套学习用品和营养品；还有一次是陪同总统夫人出席华商义卖活动，将义卖一天的利润捐赠给残疾人学生，总统夫人和残疾人学生代表都坐在现场，我陪总统夫人将捐款和物资直接交给残疾人学生代表。

有一个细节使我对苏里南社会对特殊学童权益的保护感慨不已。2011 年，我陪费内西安总统夫人一起到一家孤儿院慰问，大连国际合作集团为孤儿们送去了玩具、食品和学习用品，并为孤儿院修理门窗，修整道路，两家华商公司也送去了学习用品和食品等，当随行的中文媒体记者和使馆

图 15 - 5　外长拉金夫人在孤儿院

人员、中资企业人员想拍下有关照片时，总统夫人说：请大家只拍老师等成人的镜头，不要拍孩子们的镜头，以免社会上的人知道他们是艾滋病孤儿，我们要尽量避免他们可能会因此而受到的伤害。总统夫人的这番话，说明了苏里南真把艾滋病孤儿当回事。苏里南这位"国母"，真是一位慈母，真是一位异国他乡的"观世音"。

有滋有润的成长环境

　　为什么苏里南儿童学子的生活环境、学习环境和成长环境能如沐清风？我觉得至少有如下原因：

　　一是中国人历来重视读书，把读书多少与人生幸福多少、成功机会大小、社会地位高低挂钩，苏里南人则从来没有"万般皆下品，唯有读书高"的理念，他们的历史经验和社会现实告诉他们，读书多不等于"自有黄金屋"，不等于"自有千钟粟"，更不等于"自有颜如玉"。苏里南总统鲍特瑟只相当于读了中专，不少人没有读什么书，照样发财，照样当了部长、省长、议员。

　　二是苏里南资源极其丰富，山东省这么大的面积，只有 50 来万人，人口规模只相当于中国的一个中等县，原始森林却占了整个国家 90% 的面积，有大量的铝矿、金矿和石油资源，鱼虾吃不完，野生动物吃不完，芒果、木瓜、椰子、香蕉等野生水果吃不完，鳝鱼、泥蛙、鱼翅当地人不吃，鸡头鸡爪鸡皮鸡杂、猪尾猪脚猪肠猪血等，当地人也不吃，资源如此丰富，谋生根本不是问题，所以没有必要死读书，没有人会死读书。中国人口多，资源有限，生存竞争激烈，几千年来，读书一直是改变人生命运的一个主要手段，这是中国人读死书、死读书，以致有人读书死的一个主要原因。

　　三是苏里南各种资源配置主要通过市场，而不是官方，苏里南没有一生做官的人，今天在台上，明天肯定在台下，任何人没有终身制，所以，苏里南人从来没有"读书做官论"，从来没有所谓"公务员热"，谁也没有必要走读书当官的路。

　　四是苏里南人主张顺着人的天性去养育小孩，让儿童学子从小有足够的时间、足够的条件去锻炼身体，去亲近家人，去熟悉自然，去结交朋

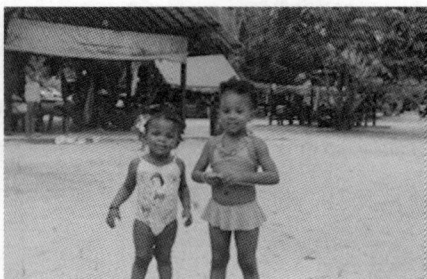

图 15 - 7   苏里南的黑人小孩

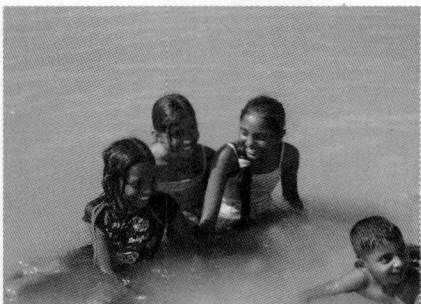

图 15 - 6   苏里南中文学校的学生   图 15 - 8   印度裔苏里南孩童

友，因此，苏里南儿童学子戴眼镜的少，肥胖的少。如果说，在中国，不少国人骨子里信奉的还是自古以来的所谓"存天理，去人欲"，使儿童学子相信"吃得苦中苦，方为人上人"，因此，整个中国起早贪黑最忙的是中小学生，那么，在苏里南恰恰相反，活得最轻松的恰恰是中小学生。

五是苏里南家庭混血十分普遍，白人、黑人、黄种人、棕色人等，你中有我，我中有你，同居家庭多，单亲家庭多，信奉的是"此生潇洒是硬道理"，没有所谓"光大门楣"的意识，价值的第一判断是活得是不是高兴，而不是小孩会不会念书，因此，要苏里南人牺牲潇洒，全家都围着小孩念好书去转，他们万万不干。中国人则相反，几千年来不是按照人的天性去培养孩子，而是要孩子光宗耀祖，孩子从小就背负为"家族争光"的责任，光宗耀祖的一个根本标准，在古代是中举，是进士及第，是名列三甲；在现代是考上重点大学，是考上公务员，端上铁饭碗。

六是教育支出在 GDP 总量中占的份额很大，估计超过 6%。苏里南 2012 年 GDP 总量约为 46 亿美元，财政收入约为 13 亿美元，仅每天免费供应中小学生 8.5 万份午餐，每份 3.33 美元，每天 28.3 万美元，每年上学 250 天，一年下来就是 5827.5 万美元，这并不包括老师工资、校舍支出、教学仪器设备支出等教育支出大头。

苏里南学童如沐清风的情况是否苏里南独有的现象？据我亲身观察，不是。来苏里南工作前，我在津巴布韦担任中国大使两年半时间，亲眼看到，津巴布韦中小学生的学习硬件虽然比苏里南要差，但学习的理念、方式，社会对中小学生的要求、期待和态度完全一样。来津巴布韦工作后，使馆官员和中资公司职员的一些子女在当地上学，他们告诉我，津巴布韦中小学体育课、美术课、音乐课的比重比中国中小学要大得多。中国烟草津巴布韦天则公司办公室主任李志涛的儿子在津巴布韦上高中，他对我说，每天上午除有数理化之类的文化课外，还有体育课，每次体育课教你学会一种体育项目，读到高中时，依次已学完了田径、球类、游泳等项目。以球类为例，已先后学习了如何打篮球、排球、足球、棒球、板球、壁球、网球、橄榄球、曲棍球、羽毛球、高尔夫球，等等。跟苏里南一样，津巴布韦中小学生下午也不上正课，而是

图 15-9　苏里南一所小学在等待中国代表团的来访

每周两个下午搞体育锻炼，每次三小时；两个下午体育比赛；两个下午学习音乐，如学习钢琴、木琴等。津巴布韦规定，每个学生必须选择学习几个体育项目，当然也必须选择学习两个音乐项目。如李志涛的儿子虽只有15岁，高尔夫球就打得很好，80多杆就能打完18个洞；同时他的木琴也弹得很好。

我曾经疑惑，这么多时间花在体育和其他课外活动上，苏里南和津巴布韦的教育质量到底怎么样？其实，如果按考入美国、荷兰等名牌大学的应届学生比例来算，苏里南比中国的比例要高得多。因为中国学生基数大，能到国外留学的学生虽然数字很大，但比例很小，苏里南学生基数很小，出国留学的比例自然很大。当地华人华侨的小孩许多都到美国、荷兰等国家留学。苏里南著名侨领、国庆35周年观礼代表周友仁是"文化大革命"期间从广东深圳移民到苏里南的，他的两个儿子都是美国名牌大学毕业，其中一个在旧金山硅谷工作，现在是年薪几十万美元的高科技专家；另一个在苏里南当塑料厂厂长。他所有的孙子都是美国波士顿大学等名校毕业。华商王华来自于广东东莞农村，他自己文化水平不高，但儿子在苏里南念书，高中还差一年毕业，竟然于2012年提前考入美国一所大学，在苏里南侨界传为佳话。

津巴布韦的教学质量更是没有问题。津是非洲第一教育大国，受教育率达92%。英国戴安娜王妃儿子哈里王子的女友被评为全球十大金发女郎之一，她出生在津巴布韦，在津巴布韦上的中小学，其母亲被评为津巴布韦小姐，也是在津巴布韦念的书；美国现任驻联合国大使赖斯在津巴布韦大学获得硕士学位。每年南部非洲都有不少高中毕业生考入英、美名牌大学学习，如果讲升学率，南部非洲的比率并不比中国低。例如，津巴布韦副总理穆坦巴拉不到30岁就是麻省理工大学教授、美国国家航天局高级工程师，他告诉我，他是一个典型的体育迷，读中小学时经常泡在球场和田径场上。津巴布韦华商石某的女儿在国内上的小学，在哈拉雷上的中学，也就是说，她在中学时虽然和黑人同学一样花了不少时间打球、跑步、弹琴、跳舞，但照样可以考上哈佛大学。这说明，相比于南部非洲的中小学教育，中国内地中小学教育的体育、音乐、美术等分量还有较大的扩展空间。现在国内中小学生学习负担太重，虽然努力学习，虽然家长要付出很大的成本，但考一个好的学校不容易，大学毕业后找工作也不容易。于是，一些有条件的国人让他们的小孩在中国读完小学或初中后，转入津巴布韦初中或高中学习，和黑人同学一起，一方面努力学习各种知识，为升入大学作知识准备；另一方面参加多种体育、音乐等活动，为走入大学生活加强体魄锻炼、增加专长。既不误高考，又不误锻炼，还增加了专长。来自于长沙饭店的使馆厨师郑成功，到驻津巴布韦使馆工作后不久，把女儿从长沙转到津巴布韦，在津学习一年多以后，从那里不仅顺利考入澳大利亚莫纳什大学，还拿到部分奖学金。

中国中小学生的负担太重，没有时间帮助爸爸妈妈做家务，同时，又由于是独生子女，难免娇生惯养；由于望子成龙，许多父母包揽了一切家务，事实上乐于"孝顺儿子"，许多学生除了死记硬背，什么家务也不会做，动手能力极差。在中国，如果一个孩子积极帮助父母做家务，那一定会被夸张为孝顺。然而，笔者亲眼看到的却是，苏国学童沐浴清风的同时，他们在家里也乐于做家务，动手能力不断增强，反过来也增进了社会的清风建设。其实，可以说，中小学生学习负担太重几乎只是中国的独有现象，不愧为一大"中国特色"。我亲身感受到，外国孩子做家务并不是什么稀奇事，相比如今中国许多家庭因对孩子过分宠溺而导致那些已经成年的大学生还没有自理的能力，国外的家庭教育实在要比我们高明得多。我在美国期间了解到，美国大多数的孩子都有家务活清单。父母们认为，孩子参与做家务，不仅仅是为了减轻父母的负担，更重要的是，可以让孩子们更好地体验自己是家庭一员的感觉，从小培养孩子的独立性和责任心。根据年龄大小，他们分别设计了适合不同阶段孩子的家务活，比如：9—24个月，自己扔尿布；2—4岁，扔垃圾、整理玩具、浇花、喂宠物；5—7岁，铺床、摆餐具、擦桌子、收拾房间；8—12岁，做简单的饭、清理洗手间、使用洗衣机；13岁以上，换灯泡、做饭、洗衣、修剪草坪。苏里南、津巴布韦、美国等国家的家庭将培养孩子独立性和自主能力作为一个重要的任务，特别是美国人在教育、培养孩子的优良品质和个性方面，有许多值得我们借鉴的做法与经验。竞争充满着美国整个社会乃至每一个家庭。人人凭本事吃饭，没有人身依附，"靠自己的双手挣钱"成为孩子们的自觉行为，勤奋、节俭蔚成风气。美国的小学、中学时期是中小学生最无忧无虑、无拘无束的时期，高中、本科、硕士、博士，学历越高，学习生活越紧张。中国刚好相反，中小学生比大人还忙，学历越高，学习生活反而越有弹性。这种情况理应引起我们的重视，并尽早找出解决的办法。

第十六章　苏里南总商会的选举和
对副总统的"诽谤"

2011 年 12 月，苏里南总商会换届选举前夕，有人公开揭露副总统阿梅拉里曾非法捞取大量金钱，时间、地点、人证、物证，一切看起来板上钉钉，天衣无缝，按照我的常识和经验，举报方和被举报方，总有一方会摊上大事，不是副总统因此而丢官入狱，就是举报人因"诽谤"而被判有罪。

副总统被公开举报

苏里南《标准时报》刊载了一条爆炸性的消息，说总商会开了一次研讨会，揭露副总统、总商会上届会长阿梅拉里通过展销会使大量金钱非法流入了个人腰包。当地《洵南日报》、《中华日报》等均在头版头条转发了这条消息，全文如下：

　　总商会将于本月选举产生新一届理事会，总商会会员和一些非会员于星期二晚上举行了一次研讨会。
　　研讨会由总商会会长候选人沙姆·宾达主持。研讨会揭露出惊人消息：上届总商会会长阿梅拉里自 2004 年以来，通过总商会展销会赚取了大量金钱。阿梅拉里通过布索斯基金会来赚这种钱，阿梅拉里同时是这一基金会的主席。
　　研讨会还指出，国家工商部自 2004 年以来从没有审计过总商会的财务，也从来没有一位内阁部长愿意去审计。现任副总统阿梅拉里曾当过 15 年总商会会长，他现在在幕后大力操控，以便让现任理事会成员能够重新当选。

宾达说,如果他当选,新的理事会将调查总商会过去几年在财务上见不得人的事。他称:每年总商会展销会收入的 80% 的钱都流入了阿梅拉里基金会的腰包,只有 20% 的收入进到了总商会的账上。总商会展销会会场给了布索斯基金会,每月租金为 1 万苏元(约 2 万多元人民币),展销会门票收入就有 50 多万苏元。

总商会老办公楼以 400 万苏元出售,但这些钱的去向没人知道。

图 16 - 1 　与副总统、张凯丽议员在一起

副总统安然无恙

看到这条消息,我的脑子一下子就炸开了:这是真的吗?如果不是真的,公开指责现任副总统曾非法获取大量金钱,那岂不是诽谤?宾达等人举行研讨会来揭露副总统的"问题",是不是非法活动?他们会不会因"诽谤"被警察投入监狱?副总统会不会把他们送上法庭?如果是真的,阿梅拉里的副总统位子保得住吗?苏里南政坛会不会因此引发一场地震?

阿梅拉里会不会因此被追究刑事责任？

　　苏里南总商会是苏最大的非政府组织，五年改选一次，负责组织商品展销会，推动进出口贸易，协调商界利益，同时在发放营业执照等方面起重要作用。正因为如此，每次换届选举，竞争都很激烈。只是这次换届选举，宾达等人矛头直指副总统、前会长阿梅拉里，这倒是史无前例的事情。也正因为如此，人们不仅对总商会的选举空前关注，而且对副总统会有什么反应、这一事件怎么收场特别注意。

图 16-2　副总统阿梅拉里

　　苏里南国家不大，总共 53 万人，总商会的选举采取的不是代议制，即不是推出代表选举，而是全国的商家直选 21 个理事。12 月 12—14日，全国各商家按制造业、餐饮业、零售业、资源开发业等依次投票。选举结果出来，十分高调的印度裔商人宾达本人落选，他连总商会理事都没有选上，自然不可能被选上会长了，宾达的团队也几乎全军覆没，仅 1 人入选，其余入选的理事都是副总统的支持者，即宾达的反对派，其中 4 位华商首次入选。2012 年 1 月，总商会新一届理事会选举产生了新会长。

　　这次风波，副总统是彻底的赢家，一是选举结果完全符合他的意图；

二是他的政治地位毫发无损；三是抹黑他的宾达连理事都没有选上，宾达的团队几乎全军覆没。

深感意外的结果

使我深感意外的是，我原来以为十之八九会发生的事情居然什么都没有发生。

苏里南总商会理事会并没有指控宾达"诽谤"，没有要求宾达给个说法，还理事会，特别是还副总统、前会长一个清白，没有要求他赔礼道歉，更没有将他告上法庭。总商会只是发了一个简短的声明，说总商会财务制度规范，展销会等收入都是按章管理，言下之意没有"猫腻"，没有化公为私，没有中饱私囊。选举结果出来后，总商会理事会会长纳仁德培对记者发表谈话，说希望能与落选的候选人在日后的工作中进行友好的交流，大家保持良好的合作，同时希望落选的候选人在下届选举中努力获得机会。

选举结果公布、宾达等人落选后，宾达等人没有宣布抵制选举结果，没有指责大选结果不公正，没有说不承认新的一届理事会。他虽然对选举结果感到不满，但承认选举结果，表示希望新一届理事会能领导好总商会的工作，当然他没有收回对阿梅拉里副总统的指控，相反再次指责副总统。他说他的团队在这次选举中获得了不少经验。他和他的团队看到了政治党派是如何对候选人进行施压，也认识了副总统是如何借组织选举为由，公开对选举进行干涉。宾达对他的一名支持者路歇·拉阿登作为金融保险业的代表被选为理事会成员感到很高兴，表示希望当选者能实现自己的工作目标。拉阿登表示，他虽然属于少数派，但会与多数派建立起良好的合作关系。

阿梅拉里自始至终没有就宾达等人的指控讲过一句话，好像什么事都没有发生一样。

执政党对宾达等人的言行无任何反应，明明宾达等人通过开研讨会来揭露总商会的"腐败"，指名道姓地谴责阿梅拉里中饱私囊，且向新闻界作了披露，但执政党没有任何人说宾达等人的所作所为是"诽谤国家领导人"，是"企图抢班夺权"，是"非组织行为"。对宾达一方，警方没有立案，没有调查，当然更没有人被投入监狱。也没有任何人站出来为副总统辩护。对宾达指控的对象副总统及总商会现任理事会成员，反贪机构也没有立案调查。

反对党对宾达等人对阿梅拉里副总统的指控，既没有拍手叫好，更没有推波助澜，乘机倒阁。

富有启迪的原因

为什么会出现这样的情况，苏里南的朋友告诉我主要有如下原因：

一是程序高度透明。全国各商家直接投票，连续投票三天，按行业投票，每天投票情况及时公布，先投票的行业，该行业的哪些人当选及时宣布，程序上没有瑕疵。各行业的候选人主要不是通过媒体为自己造势，而是行业内的互动，各候选人在自己的行业内亲自去拜票，例如，零售业的候选人一家家商店去拜票。高度透明的选举机制，保证了选举结果的公正性。苏里南零售业、餐饮业由华商主导，或者说华商基本"垄断"了苏里南的零售业、餐饮业，理事会四个华人候选人与其他族群候选人竞选激烈，这次苏里南的华商踊跃参选，击败了竞选对手，其他族群的候选人除了承认败选，承认选举结果，不能说别的什么。

二是苏里南的核心文化使然。苏里南的核心文化是"宽容"文化，宽容文化构成了苏里南的基本国情。苏是移民国家，除了4%多一点的原住民印第安人，其他民族都是外来的，黑人、白人、黄种人、棕种人等，这个国家纯种人不多，混血人越来越多，这奠定了苏里南民族和谐、社会宽容的血缘基础。苏里南从来没有发生过战争，没有民族冲突、宗教冲突和边界冲突（与圭亚那有领土争议，但从不诉诸武力）。高官未婚同居、国会议员及其他社会名流一夫多妻、平民百姓在媒体上指名道姓批评总统、老百姓成群结队质问政府高官、高官和公众人物为失误公开道歉，等等，大家都习以为常、见怪不怪了。

三是苏里南的制度保障使然。苏里南宪法规定公民有言论自由、结社自由、出版自由、迁徙自由，等等，这些规定不是虚的。例如，53万人的苏里南，有40多个政党。在苏里南，想建立新的政党，只要有人加入，爱建就建。苏里南宪法至上，任何人在法律面前平等。鲍特瑟总统上台前，涉嫌一刑事案件成为被告，当上总统以后，对涉及他的这一案件，审判照样进行。总统政令，如被认为违宪，法官可以判决总统政令无效。我来苏里南工作后，亲眼目睹了几次这样的事情。2011年10月，苏里南帕拉市矿区发生骚乱，一人被打死，许多华商被波及，商店被烧、财产被抢、人员被打。事后调查发现总统侄子涉嫌指使人开枪引发骚乱，警察不用看总统眼色，毫不犹豫地立即予以逮捕。具体到宾达等人在苏里南总商会换届选举前对副总统的指控，副总统为什么没有指责他"诽谤"，为什么没有将他告到法院，警方为什么没有将宾达拘留审查？我就此专门请苏里南当地朋友谈过他们的看法。他们说，副总统是国家领导人，老百姓监督国家领导人合理合法。老百姓的监督权体现在言论自由上，包括有揭露政府丑事的自由，政府干了错事，或者涉嫌干的是错事，应该允许老百姓批评。但政府与老百姓信息不对称，不能要求批评者事实完全准确，如果批评因事实不准确就扣上"诽谤"的帽子，这样一来，老百姓就不可能监督领导人，言论自由就不可能落到实处。2011年7月26日，苏里南所有报纸登载了这样一条消息：苏教育部推出的小学六年级历史新课本公开指责苏里南现任总统鲍特瑟曾发动军事政变，课本有几章专门讲述20世纪80年代鲍特瑟军政权时期的历史，其中有一段描述在那个时期，"经常有人会神秘失踪，有的人会无缘无故地被军人虐待，也有一些人会莫名其妙地死去"。更有甚者，课本公开写道："鲍特瑟作为当年军政府的领导人，于1982年12月7日下令逮捕16名异议人士。12月8日那天，其中15人被严刑拷打后被杀害。"课本有一页上还印着一幅图，画的是一群抗议的人士举着一块标语牌，上面写着："鲍特瑟是杀人犯"。新教材竟然公开指责新总统是"杀人犯"，这在世界历史上恐怕是闻所未闻的事。事件发生后，鲍特瑟总统没有公开就此说过一句话，没有一个编教材的人被抓起来，教育部也没有因此受到整顿，教育部长一直稳稳地坐在部长的宝座上，苏里南政坛也没有因此引起动荡。原因很简单，总统是不是杀人犯，法院正在审理，正因为判决没有出来，新教材理所当然地被停止使用，编教材的人也不存在所谓对总统的"诽谤"，所以就不能抓任何人。对总统的"诽谤"尚且如此，对副总统的"诽谤"又算得了什么?!

　　四是受前宗主国和周边国家的影响，特别是受荷兰和美国的影响。荷兰的殖民统治为苏里南带来了西式民主，美国的影响则使西式民主越来成为苏里南社会习惯。特别是阅读美英荷的报刊杂志，成为苏里南人的时尚，人们对西方电视电台节目已非常熟悉。例如，打开 CNN，人们看到的美国老百姓最乐此不疲的事也许就是骂总统了。总统官大，骂得爽，也引人注目。骂，可以私下骂，也可当面骂，更可发表在报纸上骂，不管有没有道理。对他们"三环火煎炒炸样样都行"，人们见怪不怪。美国的大众传播媒介被视为第四权。总统"进入政治绞肉机，就得让美国新闻界任意碾压"。苏里南朋友给我讲到一个美国的例子。100 多年前，美国总统安德鲁·杰克逊曾被人骂得狗血喷头。当时《文森斯报》这样骂他："野心是他的罪恶，阴谋是他的爱好，腐化是他的作为。他登上政治舞台，就像一个毫无廉耻而又无法无天的赌徒来到赌场。他赌赢了，但他受审的时间也接近了。他必须把他赢到手的东西退回来，扔掉他的假面具，让他退休后一命呜呼。"还有一份报纸更甚："杰克逊的母亲是一个公共娼妓，是英国士兵带到这个国家来的，后与一个黑白混血儿结婚有了几个孩子，杰克逊就是其中之一！"这分明是在进行恶毒的人身攻击，面对如此的谩骂和攻击，杰克逊也没有生气。他说，他人的骂声可以促使自己做事谨慎，少犯错误。其实，杰克逊总统并不懦弱。事实上，他是个脾气暴躁的人，一生与人决斗几十次，两次身负重伤。在苏里南人看来，美国总统都骂得，苏里南总统为什么骂不得？既然鲍特瑟总统都骂得，宾达对阿梅拉里副总统骂一骂有什么值得大惊小怪的？

允许人们对领导人随意批评，社会生活是不是会很乱，会不会影响国家的稳定大局？从我对苏里南零距离的观察来看，不会。正因为人们有什么不满，随时可以通过适当的渠道得到反映，通过适当的平台得到沟通，通过适当的方式得到发泄，这样一来，社会反而乱不起来。苏里南就是一个有力的例证。

第四篇　拉美特色文化

第十七章　苏国十六怪

　　岛国苏里南是奇观之国，这里鸟语花不香，风调雨不顺，山清水不秀，树大根不深，地灵人不杰，坐吃山不空，民富国不强，男尊女不卑，吹牛不拍马，存异不求同，落井不下石，深仇不大恨，承诺不守信，孤苦不伶仃。特别是苏里南的十六怪给我留下难以磨灭的印象。

苏国第一怪：亚裔为主增长快

　　苏里南是拉美国家，但苏里南的主体民族却不是土生土长的拉美裔人，不是苏里南的原住民印第安人，而是来自于亚洲的移民，即移民到苏里南的印巴人、印尼人、中国人和其他亚裔人，占到苏里南总人口的一半以上。在苏里南成为殖民地之前，印第安人是这块土地上的主人。苏里南是拉丁美洲的一个新兴国家，成为独立国家还不到40年，但开国时的印第安人仅占苏人口5%左右，已不是这个国家的主体民族。

　　印第安人由苏里南的主体民族沦为少数民族的原因和过程同美国印第安人的命运相似，不同的是，苏里南印第安人没有遭遇过美国印第安人那

图 17-1　苏里南的原始村落

图 17 - 2　拉美的原始部落

样被蓄意种族屠杀的厄运。但他们屡屡遭到殖民者的迫害驱逐，经不起其他移民的生存竞争，于是，他们的生活区域不得不一步步移向丛林，而把以前他们以之为家的较好的地域让出来。

苏里南就其人口构成而言，如今大体上可分为六大族群，华人是其中之一。

第一大族群是印巴裔苏里南人。而印巴人，由于当年其宗主国荷兰的大量移民，使得其在苏里南的人口比例迅速攀升；与此同时，他们把本国的先进种植技术和经商技巧带到了这里，并不断发展壮大，目前在苏里南的人口占有率高达 36% 左右，成为如今苏里南最大的族群。他们以大宗贸易和水稻、香蕉等种植业为主，垄断了水稻种植业。不仅如此，他们也从事其他行业，既善于经营，又精于理财，当然也发了一些不法之财，成为此地最富有的族群，其中一些人富甲一方，甚至富可敌国。印巴裔苏里南人与印度人相比，最大的区别是，现在苏里南的印巴裔人在印巴的祖先基本上是贱民，在原祖籍国受苦受难受歧视，因而愿意移民海外，所以现在印巴裔人当中没有种姓制度的影响。高种姓低种姓和贱民的区别之一就是是否吃荤，越是高种姓，越吃素，越是贱民，越吃荤。印巴裔苏里南人没有发现吃素的，甚至连牛肉都吃，这说明他们基本上不是高种姓出身。我在苏里南三年半时间，只发现了两位高种姓，驻联合国大使南度的太太是刹帝利，苏里南第二大印裔富翁萨灸的太太是首陀罗。印巴裔苏里南人的代表人物有前议长拉齐曼、前总统尚卡尔、前副总统阿灸加、前副总统萨灸、现任副总统阿梅拉里、前司法警察部长山度基、前财长布杜。

第二大族群是当年的非洲黑奴与殖民主义者或其他族群通婚所产生的

图 17 - 3　席地表演节目的印度裔苏里南人

后代，即克里奥人，成为人口仅次于印度人的第二大族群（约占 30%）。由于这部分人与当年的殖民主义者及国家上层建筑有着千丝万缕的联系，又有底层民众基础，其社会影响不可小觑。其代表人物是当过三届总统的费内西安、现外长拉金。

　　第三大族群是印尼裔苏里南人。当年与华人一起从印尼（是时称为荷属东印度）来到苏里南的还有大量的印尼人，通常称之为爪哇人（或称马来人，约占 15%）。该族群除了少数出类拔萃者外，主要是社会的中产阶级或打工族，涵盖了社会各个领域。其代表人物是前议长苏

图 17 - 4　欢快的印尼裔苏里南人

摩哈尔乔。

第四大族群是丛林黑人。当年同为奴隶，因忍受不了奴隶主的压迫和奴役而逃进原始森林，被称为丛林黑人，也是一支重要的族群（约占10%）。在反抗殖民主义的游击斗争中，他们显示出了不凡的族群力量和不屈不挠的反抗精神，当然，在某些人眼中，这是一群难与当今主流社会融合的地方"流寇"。他们的代表人物是议员布伦斯维克、前副议长阿罗迪。

第五大族群是华裔苏里南人，也就是随着人口的增加以及新移民的扩大而不断壮大起来的华人群体，他们日益成为苏里南不可低估的社会力量（约占10%）。第一批来苏里南（当时为荷属圭亚那）的华人是在1853年，以契约华工（合同工人）的身份从远在亚洲的荷兰殖民地印度尼西亚来到苏里南的，这就是最先来此的华人先民（只有十几个人），也是苏里南历史上严格意义上的第一个外来移民族群。因为，比华人先来的白人是殖民者，黑人是奴隶，那时，他们与从非洲贩到这里来的黑奴一起，在政府经营的种植园从事种植业，其中以种植甘蔗及熬糖业为主。如今的华人已今非昔比，随着中国综合国力的提高和社会影响的扩大，旅苏的华人华侨经过多年的原始积累，经济实力和社会影响力都有了显著提高，特别

图 17 - 5　加勒比岛国成了黑人的家园

图 17 - 6　风景如画的华人循义农场

是在商业方面，是其他族群无法比拟的，据不完全统计，全苏有华人超市4000 余家，约占商铺总数的 70%—80%。无论城区闹市还是穷乡僻壤，华人超市随处可见，到处是龙的传人。其代表人物是来自于广东的第二任总统兼总理陈亚先，前贸工部长张振猷，前教育部长李福秀，前森林土地部长杨进华，侨领迟玉基、张秋源、周友仁等。

　　第六大族群，也就是最小的族群是印第安人。虽然苏里南原为印第安人的居住区，虽然印第安人是这片土地上最古老的族群，已在这里繁衍生息了几千年，但是随着资本主义列强的争夺，这些原住民不得不离开家园。加之外族移民的大批涌入，大量亚洲契约劳工和非洲奴隶的相继到来，一向保守的印第安人渐渐落后于这个时代，生活空间越来越小，只得集中于为数不多的部落之中，主要以狩猎、渔业为生，成为目前苏里南人口最小的族群。印第安人的代表人物是现任总统鲍特瑟，不过，鲍特瑟总统已不是纯血统印第安人，他身上已有华人血统。

　　海纳百川，苏里南如今已成为名符其实的"小联合国"，她包容了几十个原本不属于这块土地的不同国家的人，其中多数为 1863 年废除奴隶制度前后来此的亚洲劳工的后裔、异族通婚的混血儿，以及后来的新移民。

随着时代的变迁，苏里南作为亚裔移民为主体民族国家的这个特征会越来越明显，印第安人的比例会越来越小，混血人的比例会越来越多。

苏国第二怪：皮肤黢黑是华仔

在苏里南，一些人黑得与黑人无异，但他们口口声声称自己是华人，他们的姓听起来也是中国人味道。最典型的是苏里南国防部高级官员何亚基，看名字是不折不扣的中国人，看人，则像彻头彻尾的非洲黑人。有一次，有人告诉我，苏里南总统府礼宾官何亚基女士与国防部的何亚基是兄妹关系，我大吃一惊，何亚基女士看上去就是典型的华裔美女，白白净净、亭亭玉立，而何亚基先生那么黑，他们怎么能是兄妹呢？后来我才明白，由于基因的原因，不管是华人男子与黑人女子生下的小孩，还是华人女子与黑人男子生下的小孩，都一律姓"黑"，皮肤都像黑人，但只要你仔细端详，还是会发现不少区别，例如他们的嘴与纯种黑人的嘴不一样，华人的黑小孩嘴唇薄，纯种黑人的嘴唇厚。

从有文字记载的第一批 18 名华人契约劳工于 1853 年来苏里南算起，迄今已一个半世纪多了，早期来苏里南的华人，一些人因种种原因无法返

图 17 - 7   苏里南国防部高级官员何亚基酷似黑人，却是华人的后代

回，不得不在异国他乡定居下来。从那时起，华人的早期先民们在这块陌生的土地上代代相传，生生不息。由于早期来苏的华人均为男性，这些人来时都是光棍，只能与印第安人结婚或与黑人通婚生子。这些人的后代，多为黑色的皮肤、华人的脸庞，从五官轮廓中总能找出抹不掉的华人的影子。与黑人通婚生下来的只能是皮肤黧黑的孩子，由于当时华裔太少，第二代、第三代往往只能再与黑人通婚，因而，华人的血统自然而然逐步减少，皮肤也就越来越像正宗的非洲黑人了。

皮肤黧黑的华仔，与后来的华人相比，除了五官皮

图 17 - 8　苏里南的黑人

肤有明显的区别外，一般来说还有别的区别：前者一般不会说汉语，对祖籍国的感情不如后来的华人，多信仰基督教，其思维方式和生活方式更接近白人，一般不参加华人侨社活动。

苏国第三怪：祖名当姓传后代

在苏里南工作期间，最先记住的是森林土地部长杨进华的名字，当时以为"杨"是姓，"进华"是名；后来见到《苏里南时报》的老板，也叫"杨进华"，我以为是同名同姓，但人家告诉我，这个杨进华是当部长的杨进华的亲弟弟。这就怪了，亲兄弟的名字怎么会一模一样呢？经详细了解，我终于弄明白了，最早到苏里南的杨进华的祖先，"杨"确实是

姓，"进华"确实是名，但到了他的下一代，他就把"杨进华"变成了姓，再给下一代取个苏里南化的名，比如，给大儿子取名为弗朗西斯·杨进华，给二儿子取名为爱德华特·杨进华，给大女儿取名为夏洛蒂·杨进华，给小女儿取名为南希·杨进华，等等。

人们不难发现，一些人的名字，包括那些看上去如假包换的黑人的名字，已经暴露了他们是华人的后裔，带着典型的中文名字的烙印。如：罗纳德·李福秀、理查森·曾阿福、亨利·何亚基、查理·杨进华等。其实，其中的中文名字，并非他本人的名字，而是作为其家族的姓氏（Familyname），已经沿用了好几代。即便是纯正的中国血统，这种情况也不稀罕，以名为姓，代代相传，只是在中文名字前面再冠上他本人的外文名字（Firstname）。如果用外文拼写这些中文名字，多数中国人未必读得出来，这是因为早期来苏里南的大都是广东人、客家人或福建人，这些名字多为地方话的发音，或者用的是早期的韦氏拼法。例如，直到现在，孙中山的英文译法仍是 Sunyat—sen，蒋介石的英文译法仍是 Chiangkai—shek，而不是用现代汉语拼音来对译。

苏国第四怪：女人偏爱穿牛仔

我天性喜欢看女人穿裙子，奇怪的是，苏里南女人很少有人喜欢穿裙子，特别是黑人女性。相反，穿牛仔裤的特别多。这是为什么呢？

苏里南为热带气候，近赤道，年平均气温为27℃，日间气温大都在30—40℃，按常理，应该是穿得越轻越薄越好，那样才会比较凉爽。可是，此地的人们却普遍偏爱厚厚的牛仔裤，无论男人还是女人，大都如此，身材娇好的年轻女孩子尤其如此，再搭配一袭紧身上衣，淋漓尽致地彰显出她们凹凸有致的曼妙身材。身材不够好的女人，也同样对牛仔裤情有独钟。即使穿短裤，也多是那种素色超短式牛仔短裤。这里的女人在着装上爱走两个极端，要么裹得严严实实，要么露得完全彻底。穿长裤的多于穿裙子的，即便穿裙子，也多为短裙，着意把修长的秀腿充分展示出来。穿长裙者不多，只有年长者或超胖的女人才穿宽大的长裙。

她们何以偏爱牛仔裤？有人说是因为怕晒，也有人说是为了防蚊虫叮咬，莫衷一是。也许兼而有之，但哪一种理由似乎都没有足够的说服力，否则，穿超短裤、超短裙又当如何解释？还有人说是为了显示魔鬼身材，这或许更贴切一些。要么牛仔裤，要么穿短裙，这里不太流行花裙子，即使有，也很少。上衣通常穿得很小、很薄，却大都超低胸，并刻意留出一半，将深深的乳沟裸露在外，掩饰不住的两个半球呼之欲出。胸部再小的女人，也要努力挤出一条沟来，这里的女人普遍如此，黑色皮肤的尤甚，似乎不这样就不足以展现女人的魅力。

因为苏里南女人喜欢穿牛仔裤，因而，难得有机会欣赏女人穿袜裤，更有意思的是，苏里南女人喜欢赤脚穿鞋，哪怕穿高跟鞋。

苏国第五怪：家家垃圾"供"起来

从我住的地方走到使馆上班，每天要经过一个居民垃圾箱。说居民垃圾箱其实不确切，应该说是垃圾架，垃圾架是什么样子呢？

在首都帕拉马里博市的居民区，人们不难发现，家家门前都有一个或大或小一米多高的方形金属筐，奇怪的是其支撑点完全不符合力学原理，不是四根，也不是三根，而是一根立柱独撑着，"金鸡独立"。不妨请读者猜一猜它是干什么用的？空着的时候人们未必猜得出，或许还以为是花架呢。其实，它是专门用于放垃圾的，如同北京居民区的垃圾箱。

按市政要求，这是民居门前必备的。可是为什么只用一根立柱呢？当地人的解释是：门前路边多为草坪或花坛，一根立柱占地面积最小，不会给环境带来大的影响，打草时也不碍事。那么又为什么架那么高呢？当地雨水多，如果放在地面，很可能被雨冲得一塌糊涂。还有一个原因就是防野狗，苏里南流行养狗，无家可归的流浪野狗也不少，这些野狗免不了要扒开垃圾袋寻找食物，结果可想而知，一定是一片狼藉，一米多高正是野狗直立够不到的高度。同时，如果东西太重，就必然举不上去，这样可以防止单件过重，让清扫垃圾的工人吃不消。想来倒也科学，一举几得，称得上是苏里南人的创举。

笔者走过那么多国家，这还是第一次见到。人们把装入垃圾袋的生活垃圾放到架子上"供"起来，自有垃圾车每周两次定期来收。顺便补充一句，这里的规矩是垃圾必须入袋，否则无论放多久，垃圾车都不会收；苏里南没有捡垃圾的人，因为根本就没有废品回收这个行业，废报纸、废书、旧纸盒、塑料制品、破铜烂铁，这些在中国能卖钱的东西，在苏里南一钱不值，不存在回收利用的可能性，所以，除了野猫野狗翻垃圾袋，根本不必担心人为弄破垃圾袋。

苏国第六怪：工人难招厂难开

在许多国家，令大家头痛的是工人因找不到工作而导致的失业率的上升。在苏里南，令企业和政府头痛的是因企业招不到工人、因工人不愿干活而导致的失业率的上升。不少中资企业和华商在苏里南开厂，遇到的最大挑战就是工人不足员，机器没人开。有两件事给我留下特别深刻的印象。

一是我走访华商周友仁的塑料制品厂时，发现有几条生产线停了，问为什么停了呢？他们回答说：他们想来就来，不想来就不来，领到工资，先去潇洒，这样一来，人手老是不够，生产线不停也得停呀。

二是苏里南水木公司老板陈景华对我说，他的企业办了一个大型的锯木厂，他跟苏里南政府交涉时，坚持要从中国请足够的锯木工才能保证企业正常运转，可以请当地工人，但绝不能依靠当地工人，因他们爱来就来，不爱来就不来，有没有工作无所谓，没有中国来的

图 17 - 9　华商特高霸胶合板厂

图 17 - 10　苏里南华人木材厂正在加工木材

锯木工作保障，企业百分之百会搞不好。

为什么会出现这个情况呢？

苏里南人，特别是当地黑人，有钱一定要想办法花掉，否则他们觉都睡不好，手里有钱不花那才怪。这里的普通人从不像中国人那样活得那么累，为孩子、为家庭、为这为那想得那么多、那么远，而是只要今晚有饭吃，就会像有钱人那样潇洒地度过这一天。他们的理财观念与众不同，很少考虑存钱，或留一点儿应急的钱，拿到工资后，一定要痛痛快快地消费一回，或大吃一顿，或去做一做头发，或去买一点儿什么。当你发现某一天街上车辆格外多时，那一定是发薪日，每到月底月初或发薪的周末晚上，大家都在忙着找花钱的地方。人们手里有钱了，有钱的人是不能呆在家里的，于是，大家就到外面去吃馆子，去娱乐，去消费，甚至第二天接着去享受，去花钱，索性不去工作了。钱在他们手里是不能久留的，更不想放到银行，在他们看来，赚到手的钱一定得花掉，要转化为物质上的享受。因此，诸如信用卡、银行支票之类在苏里南迟迟流行不起来。只要手里有钱，人们就不急于去找事做，先考虑如何把挣到的钱花掉。约定的工作时间以外，他们是不会轻易加班的，纵使老板多给报酬也不为所惑。

图 17－11　笔者给鲍特瑟总统上米饭

图 17－12　苏里南的食客

正因为如此，苏里南普遍是后发工资，即干完活儿再发工钱，否则，口袋里有钱的人忙着去花钱，谁还会来上班、做事呢？就别指望他们来干活了。有时刚刚领到工资，钱在手里还没有焐热，就又花了出去。这也是华人在苏里南生意相对好做的一个重要原因。

不干活，怎么生活下去呢？苏里南是个坐吃山不空的国家，河里有鱼，树上有果，在荷兰的亲人有侨汇，饿不死人，因此，苏里南闲人多，忙人少；懒人多，勤人少；休闲多，加班少，没有办法，苏里南人有闲的条件、懒的本钱。

图17-13 苏里南的商店

图17-14 爱热闹的苏里南人

苏国第七怪：省会规模如村寨

苏里南全国有大小十个区（省），从行政级别上似与中国的省对应，省长由总统直接任命，对总统负责。省长不是民选的，因而当地不叫"省长"（governor），而叫"专员"（commissioner）。苏里南的省长统一着装，大盖帽，白色套装，不知道的以为是海军将领。

苏里南的省有大有小，最小的科罗尼（Coronie）全区只有约3000人，省会（首府）托特内斯（Totness）的人口就更少了，有的区干脆就没有省会，全部为分散的村庄，由首都帕拉马里博代为管理。即便有省会，也大都是较大一些的村寨，人口多的也不过几千人，称为城市（City）却够不上城市，甚至连乡镇（Town）都不如。首都帕拉马里博河对岸的科莫韦纳区，总人口还不到2.5万人，其首府新阿姆斯特丹只能称得上是一个大村寨。

首都帕拉马里博是像模像样的大城市，有二十几万人口，在苏里南只有这么一座，很难再找到称得上城市的地方；第二大城市日计里（Nickerie），

图17-15　鸟瞰苏里南首都帕拉马里博

系与圭亚那合作共和国隔果丁河相望的边境城镇，那里看上去恬静而不喧嚣，整洁的市容市貌，基本上没有什么高楼，二三层小楼居多，人口不过五六万，充其量也就是一个小县城的规模；而与法属圭亚那一水之隔、列为第三大城市的阿明那（Albina）规模就更小了，还不到万人，只有屈指可数的几条主街。此外，便再没有够规模的"城市"了。可是这里偏偏有那么多被称作城市的地方，使人弄不清城市的概念了。

省会规模不大不等于不好，行政成本不高，官员容易与老百姓打成一片。

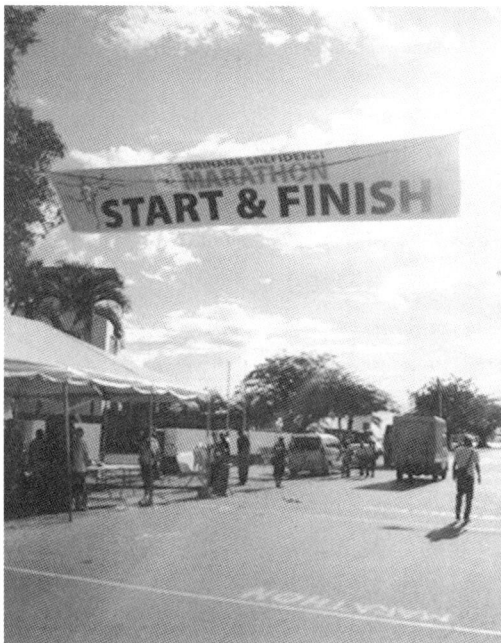

图 17 - 16　苏里南首都马拉松比赛起点和终点

图 17 - 17　国庆典礼上的苏里南民众

苏国第八怪：一户一楼好自在

在中国是一楼多户，在苏里南是一户一楼，或一户多楼。不管楼多大，里面住的是一户人家。苏里南人住房的区别在于楼房的大与小、奢与俭以及住房所在地段地价的贵与贱。

苏里南印裔富商萨灸的家犹如宫殿，家外的马路上排列着一个个雕塑，华灯璀璨。

华商迟玉基的家面临苏里南河，占地数千平方米，河边修了游艇专用码头，经常开着从美国进口的豪华游艇畅游苏里南与大西洋河海交汇之处。码头上立了专用的柱子，装上网，每天涨潮时，2斤左右的鱼会钻进渔网，被渔网套牢，退潮时收获不少鱼。另外，只要装上几根钓鱼竿，肯定能钓到大鱼。迟先生几次把钓到的鱼送给我分享。迟先生这样的情况并不是个别，住房面积几千平方米的华人比比皆是。

中国驻苏里南大使馆附近是苏里南的富人住宅区之一，那里设计新颖、装饰豪华、吸引眼球的高档别墅鳞次栉比，仿佛是一个建筑博览会。

长沙远大住工集团承建苏里南首都150套拼装型住房，原设计方案为

图 17-18   苏里南印尼人住家

一栋两层，楼上一户，楼下一户。苏方指出，苏里南人不习惯一楼两户，要求将设计改为一楼左右两部分，一部分一户，每部分分楼上楼下两层，也就是一户两层。

苏里南 17 万平方公里，50 来万人，一平方公里 3 人，一户一楼，有的是地方。

苏国第九怪：水果多了是"灾害"

苏里南的水果太多了，野生的芒果、椰子、木瓜等到处都是，根本吃不完。首都大街小巷旁边有不少果树，上面的水果没人动。

中国驻苏里南大使馆官邸有一棵芒果树，一只芒果一斤左右，每年结芒果四五千斤，基本上是人吃一半，鸟吃四分之一，掉地上摔坏四分之一。大使馆现在不止一棵芒果树，使馆人员的芒果自给有余。官邸总是要安排人把掉在地上的芒果清扫干净，否则有碍观瞻，影响外事活动。官邸是新盖的，官邸原址是使馆办公楼，那时有四棵芒果树，工作人员还没有现在多，如何处理吃不完的芒果，特别是掉在地上摔破了的芒果，是一个硬性的工作任务。

中国大使馆的情况是不是有点特殊呢？不是。苏里南地多人少，许多人家都栽种了果树。老华侨周友仁家里一棵芒果树，比官邸的还要大，结

图 17-19　果实累累

的果还要多，他一家人无论如何也吃不完。

苏里南是天然种植水果的好地方，樱桃、香蕉、菠萝蜜、橙子、芒果、木瓜、西瓜等，畅销国外。但水果的丰收，带来的常常是卖不出去的烦恼，是价格下跌的无奈。苏里南水果加工业落后，连一家上规模的果汁厂都没有，既卖不出去，又无法加工，冷藏设施跟不上，成本又太高，有时不得不眼睁睁地看着一箱箱水果烂掉，丰产丰收不丰钱，这不是成了"灾害"么？

苏国第十怪：男方管生不管带

驻苏里南使馆雇了一个黑人花工，40多岁了，一直没有结婚成家。按照中国人的观念，既可以把他看成一个花花公子，也可以说他是个走桃花运的人，也就是说他身边一直不缺女人，他还是四个孩子的父亲。每到中国艺术团体到苏里南访问演出，他都会带上他的红粉知己一起去观看演出。使馆每年圣诞节请当地雇员夫妇餐叙，花工尽管没有结过婚，也会请自己的某一位孩子的母亲一起赴宴。使馆花工多次向使馆官员介绍他的性

图 17-20　驻苏里南使馆馆员与使馆花工合影

伙伴，也经常开他的性伙伴的车来上班。今天开这个性伙伴的，明天开那个性伙伴的。最奇怪的是，他虽然做了爸爸，但他从不带小孩，也不承担抚养的责任。

花工这个例子在苏里南是否是个别情况呢？回答是否定的。很普遍，苏里南人对此已习以为常了。为什么会出现这种情况呢？主要原因恐怕在于两条：一是苏里南女多男少；二是苏里南生活成本很低，小孩子奶粉、上中小学都免费，而且当地气候炎热，常年一件短衣、一条短裤就可对付，睡觉也不用盖被，花在生活上的钱不多。

生而不养，在苏里南侨民中同样是一种寻常现象。常有一些年轻父母，双双来使馆办理委托公证手续，意在把孩子送回中国，由爷爷奶奶或其他亲属代为抚养。其中还有一些黑皮肤的孩子（与当地黑人所生）。华人只管生，不管养，也有很多是不得已。一是忙于生意无暇照顾孩子。在苏里南，多数华人华侨是生意人，其中开超市（店铺）者居多，且多为夫妻店。据不完全统计，只有50万人的苏里南，华人超市达4000多家。他们早起晚归，忙于生计，哪儿还有时间和精力照顾孩子？就连回一趟中国都不能夫妻同行，只能分头走，要留人看店。有心生，无力养，唯一两全其美的办法就是送回家乡请亲人代劳。老人乐此不疲，他们在国外也踏实、放心。二是驻在国教育水平不高，为使孩子接受较好的教育，他们不得不忍痛将孩子送回中国，为求学而为之。三是为躲避超生政策，到国外来生第二胎、第三胎，尤其是那些有女无子的家庭。上述三个因素，以前者为最，多数人主要因无暇照顾而把孩子送走。

苏国十一怪：未婚生子不奇怪

在苏里南，未婚生子很普遍，社会不以为怪。母亲不知道自己生的婴儿的爸爸是谁，这可能吗？在苏里南不仅可能，而且正常。小孩长大成人了，不知道自己的爸爸是谁，这正常吗？在苏里南正常。如果不登记结婚，所生孩子便只能随母亲姓，没父亲什么事。这在苏里南是允许的，可以非婚生子，或曰先上车后补票，先生孩子后结婚。我在苏里南参加过当地人的婚礼，新郎新娘和他们生的不止一个小孩同时出现在婚礼上。

不仅苏里南人未婚生子不奇怪，苏里南的华人华侨当中，这种情况也

图 17 - 21   苏里南儿童

多了起来。驻苏里南使馆负责领事工作的一等秘书高广灵曾在他的一篇文章里讲述过他亲历的一件事，不妨摘录如下：

> 一天上午，一个满脸稚嫩、面容秀气的女孩儿，充其量也就是一个中学生的模样，由其父带着来到使馆，要求为她刚刚出生的女儿申领中国护照。在场的人无不为之咋舌，谁也不敢相信，这个看上去本身还是一个孩子的人，居然已经当了妈妈。根据领事政策需要她出具相关资料，可是她什么都拿不出来，甚至不知道孩子的爸爸是谁，也无证据证明孩子的父亲是中国公民。从其护照上得知，这个女孩儿还不满17岁。经详细了解得知，其父为移居香港的广东人，后移民来苏里南定居，他们一家回香港探亲的短暂时间里，女孩儿结识了一群当地的男孩子，肆无忌惮地混在了一起，以致后来玩得出了格。家长并没有在意，以为只是玩玩而已。当一家人回到定居国几个月后，发现女孩儿怀孕了，她此时才不得不道出原委。由于腹中胎儿已经发育到了不能引产的阶段，同时也因为定居国不允许堕胎，因此，不得不把孩子生下来。孩子出生时，妈妈刚满16岁。更可悲的是，这个女孩儿在那段期间与不同的男孩子发生过关系，她自己也说不清楚到底

谁该是孩子的生父。像这样的情况虽不多见，但未婚生子的现象却不足为奇，除了前文所谈到的同居而不婚的情况外，被男人抛弃或因一夜情而结下孽缘的情况也是屡见不鲜。苏里南法律上规定年满 14 岁的女人便可以结婚，但不允许堕胎，如果不想要这个孩子，只好冒风险出高价去找地下诊所，否则，就只能把孩子生下来。于是，一个又一个单亲家庭产生了。据有关报道，苏里南每年有 9000—10000 个新生儿，其中 15% 出生于少女妈妈，即是说，这些妈妈不仅未婚，而且未成年。相对保守一些的华人中少女妈妈虽不至于那么多，但未婚先育的情况却也为数不少，到使馆为孩子申领中国护照的人中，相当一部分是随母亲姓，因为如果没有履行婚姻登记手续，当地有关部门是不会在孩子的出生纸上留下其父亲名字的。因此，经常是母亲一个人抱着孩子来，身边没有父亲的身影，给领事工作带来了诸多麻烦。

在中国的传统观念中，孩子通常要随父姓。另一个原因是女方意识到那一纸婚书并非完全无用，如果没有它，得不到法律上的认可，在孩子成长过程中的每一个阶段都可能遇到麻烦；同时，她本人也需要某种保障，给自己一个应有的"名份"。在女方的强烈要求下，才履行这一程序。来使馆进行婚姻登记的，常有身怀六甲或怀抱婴儿之人，显然他们是奉子成婚。应该说，多数情况下，女人在这方面是主动的一方，扮演着积极的角色。因此，带着孩子前去登记结婚的大有人在，有人甚至领着、抱着、肚子里还怀着孩子前去补办婚姻登记手续。对此，他们似乎没有任何羞赧，表情十分坦然地来到领事官员面前，在宣读个人结婚资料时，还要不时地喝斥身边淘气的孩子。

苏国十二怪：蔬菜水果论个卖

在中国，卖菜卖水果卖鸡卖鸭，几乎没有不用秤的，顾客和卖家之间的讨价还价差不多都在多少钱一斤上进行，但在苏里南却不一样，无论正规超市还是街头小贩，除了不得不用秤称的物品（这种物品极为罕见）外，几乎全部论个卖。蔬菜论把、水果论个、鱼论条（或块）、虾论份，总之，凡能论个卖的，绝不用秤。鸡蛋、水果、蔬菜无不如此，能数个就

图 17 – 22　苏里南市场一角

数个，不能数个的就放在购物袋或什么容器中卖，绿叶蔬菜论捆，黄瓜、萝卜论根，实在无法论个的就论堆定价。

多数市场小贩摆摊做买卖根本就不用带秤，照样能把手中的货物推销出去。如此最大的好处是不存在缺斤短两问题，商贩和顾客之间不会因为重量够不够或者秤的高低发生争执，更不会出现在秤上做手脚的黑心商贩。而且省事，免去了过秤的麻烦，也节省时间。

定好价后，货摊上的东西随你挑，先来者选大的、好的，到后来没的挑了，只好在矮子中间选大个，谁也说不出什么。这是苏里南市场上普遍的交易方式，大家早就习以为常了。不过，并非人人都挑大个的、大份的，我亲眼所见，确有顾客挑小的，也许，他认为小的质量更好，也许，他是单身，大个的、大份的他吃不完。

有意思的是，不用买家开口，苏里南卖家有时会主动买一送一。有一次，我来到苏里南中央市场卖鱼头的地方，看到不少大鱼头，一般在七八斤左右，价钱在大约 20 元人民币左右一个，和我一起去的使馆办公室主任马守国说我们买一个吧，太便宜了。于是，我挑了一个挺大的，觉得绝对值，想不到商贩主动再送我们一堆鱼子，约摸 1 斤的样子。我一想，在北京的话，就这 1 斤鱼子，20 元人民币怎么买得到，况且还这么新鲜。

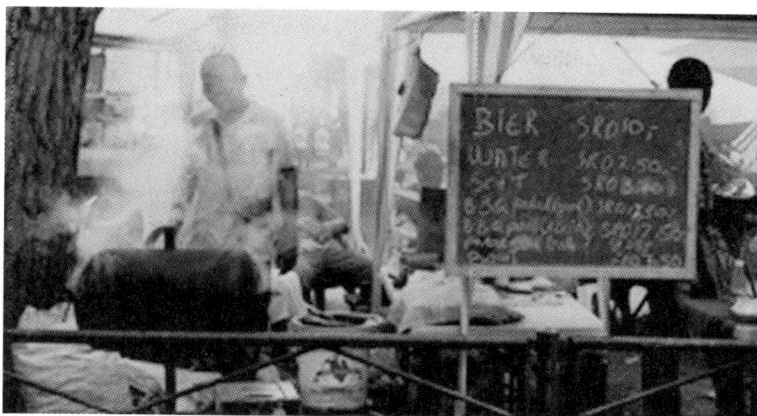

图 17 - 23　苏里南集市一角

苏国十三怪：山珍海味是常菜

苏里南盛产鱼翅，每年出口中国不少，可是苏里南当地人不吃。苏里南盛产金枪鱼、三文鱼，远销日本等地，但在苏里南当地人眼中，如招待他们吃金枪鱼、三文鱼，他们并不认为比鸡肉好在哪里，所以，只有在卖给外国人或当地中餐馆的时候，价格才能上来。螃蟹、虾新鲜肥嫩，但价钱比蔬菜贵不了多少。苏里南盛产花胶，即海鱼鱼肚，出口到中国广州、香港的话，5000 元人民币左右一斤，但在苏里南，100 美元左右就可以买到。鲥鱼在杭州，卖到 2000 元左右一斤，但在苏里南，当地人基本不吃，因刺太多，肉太少，他们更讨厌鱼鳞。至于其他海鲜，价钱低得中国人不能想象。有一次，组织使馆官员游览苏里南河与大西洋交汇处，碰到打鱼的，用大约 70 元人民币的苏元，买下了一编织袋、约 40 斤刚刚打上来的虾。另一次，也是陪客人游海，浙江商会副会长余丽红用 10 苏元（约 20 元人民币）买下了一条重约 8 斤的活蹦乱跳的石斑鱼。带鱼无鳞，当地人基本不吃，价钱低得不可思议。

与海岛国家不同，苏里南地处南美大陆的北端，偌大的南美大陆为大面积的原始森林所覆盖，在亚马逊河流域广袤的原始森林中，生活着种类繁多的野生动物，这些野生动物在这原生态环境中自由自在地迁徙、活动、繁衍生息，形成了原始的生物链。大到虎、豹、野猪、麋鹿，小到山龟、穿山甲、大蜥蜴、果子狸，几乎是无所不有。靠山吃山，这就为当地人的餐桌提供了丰盛的美味佳肴。生活在大山里的丛林黑人和印第安人，本就是狩猎行家，如此得天独厚的自然条件和野生动物资源，更为他们提供了大显身手的用武之地，每每进山，必有斩获，他们时常带着所获猎物下山进城，图的是卖个好价，同时也丰富了城里人的餐桌。不仅如此，在这片森林中，河流、湖泊、水库众多，又濒临大西洋，水产资源非常丰富，鱼虾成群，很多珍稀鱼种在这里都能见到，包括中国人视为鱼中上品的鲥鱼、石斑鱼，以及被称为鱼类活化石的铁甲鱼（当地华人称之为鲑鲑鱼），市场上经常有售，溪水旁的路边，小贩们沿街叫卖。

更有趣的是，这里的印第安人能捕善射，其中一部分临河而居的印第安部族，捕鱼方法很是独特，不是用网捕鱼，也不是钓鱼，而是用箭射鱼，这是他们生活技能的一部分，也是男人的基本功，能否赢得女人的芳心，很大程度上取决于你是不是一个好射手。在市场的野味摊前，活的山龟，宰杀好的穿山甲、果子狸，静卧着的大蜥蜴，活蹦乱跳的猴子，多种多样，任君选择。在餐馆，只要提前打招呼，几乎没有吃不到的野味。苏

图 17-24　谁吃谁

图 17 – 25　盛产海鲜的拉美岛国

里南人真的很有口福，大面积的森林、丰富的水域，为他们提供了取之不尽的山珍海味。

苏里南人不吃鳝鱼，在城里水沟里很容易抓到，个头特别大，一条就有一二斤，有中资企业为减少成本、改善生活，经常派人去抓鳝鱼。国人喜欢吃的牛蛙、泥蛙（不是癞蛤蟆），苏里南人也不吃，通常一只可达一斤左右。中国驻苏里南大使官邸的草坪达数千平方米，每年有一段时间，草坪里每天可发现数十只泥蛙，想吃，非常方便。

苏国十四怪：街头里弄多野犬

谈到对苏里南人养狗的印象，一是苏里南狗多，二是苏里南癫狗多，三是苏里南野狗多。

我家右边邻居的邻居一家养了七八条狗，只要街上有人走过邻居家，七八条狗一拥而上，隔着围栏叫个不停，你若把手中雨伞一挥，这些狗必定扭头就跑，是典型的中看不中用的癫狗。我在苏里南工作期间，先后养了五条狗，吃很内行，看家护院都不行，最后不养了。只有我左边邻居的那条狗是一条好狗。

在首都帕拉马里博乃至整个苏里南，养狗之风盛行，几乎家家有狗影，时时闻犬声。这里的狗不限大小，什么狗都可以养，但作为宠物狗来养的为数不多，多数身形较大，为的是能起到看家护院作用，这是人们热衷于养狗的主要原因。无论经过哪家门前，狗都要例行公事地叫上几声，再寻常不过了，似乎在警告所经过的人们，本狗在此，不可造次。一犬吠形，百犬吠声，左邻右舍的狗也随之叫起来，敷衍了事也好，虚张声势也罢，狗的叫声在这里是再熟悉不过了。苏里南的社会治安有时候不是太好，入室盗窃、抢劫事件时有发生，养上几条狗，多少能增加一些安全系数，所谓做贼心虚，几声犬吠，当可起到一定的威慑作用。因此，民宅无处不养狗，甚至不止一条狗，就成了普遍现象。

不知为什么，苏里南大街小巷到处可以看到野狗，因此带来一些麻烦。街头三三两两的无主野狗，四处流窜，吓坏了孩子，还常常为寻找食物把装袋放在地上的垃圾撕得乱七八糟。常言说，狗仗人势，野狗是无主之狗，无势可仗，常常饥肠辘辘，总是瘦骨嶙峋，胆特别小，其实怪可怜的。好在苏里南人不食狗肉，这些野狗不必担心成为人们的盘中之食。

2013 年苏里南华侨商会举行春节盛宴，商会捐出 1 万美元善款资助慈善事业。受捐慈善机构代表在致感谢辞时表示，将拿出部分善款为野狗们建一个家，全场发出会意的笑声，接着报之以热烈的掌声。

图 17-26　媒体采访报道华人春节盛宴

图 17 - 27　苏里南的沼泽地

苏国十五怪：不知是河还是海

我在介绍中国驻苏里南大使官邸时，有时说坐落在苏里南河旁边，有时说坐落在海边。为什么这样呢？因为，实际上是坐落在河海交汇处。河海交汇的地方通常有一些特别的鱼类，如鲥鱼、酷比鱼，水也是咸不咸、淡不淡的。官邸面对的水域里，有鲥鱼，有酷比鱼，这片水域说是河说是海，都没错吧。

亚马逊河是世界上最长的河流，贯穿大面积的南美原始森林，其支流水系更是遍布南美大陆，流长 480 公里的苏里南河便是其中之一。由于苏里南濒临大西洋，沿岸到处是河流的入海口，这些河流经过漫长的流淌，所向披靡地荡涤着森林山谷，裹着所经路线的落叶、泥土，带着河流的本色流入大西洋。大西洋一时间消化不了来势凶猛且源源不断的河水，于是，改变了海的本来面目，沿岸一带变得混浊一片，与河水无异，明明是海洋，却是河的模样。

不仅苏里南，几个圭亚那尽皆如此。也正是由于这些河流与海洋相连，临近入海口处乃至纵深几十公里，河的水位随着月的盈亏圆缺、大西

图 17 - 28　南美热带雨林

洋潮汐起落的规律而发生变化，河岸边传来阵阵有节奏的海潮声，分明是河，却改变了习性，依海的规律运行。大段的苏里南河成为河的模样、海的性格。海龟为产卵爬上了河岸沙滩，河里捕到了海生鱼种，海豚在河中嬉戏，河水变咸了，俨然成了海的一部分。恰恰由于这个缘故，河不像河、海不像海，才成就了苏里南的水产业，鱼虾海产品种繁多，取之不尽，用之不竭。水至清则无鱼，这种海河交融的混水，才最适合鱼虾的生存。

图 17 - 29　在大西洋与苏里南河
　　　　　交汇点捕鱼

图 17 - 30　百年老龟

苏国十六怪：立竿不见影何在

　　立竿见影是通常的自然现象，但苏里南常常出现立竿不见影的现象，这是为什么呢？这是因为苏里南的地理位置恰好正对着赤道，太阳刚好就在头顶上，直直地照射下来，因而往往没有影子。苏里南位于赤道与北回归线之间，随着季节的变化，太阳在头顶的位置也在应时发生着变化。岁末年初的冬季里（其实苏里南并没有冬季），地球公转导致太阳南行，跨过赤道而向南回归线移动，此时如同在中国一样，太阳悬于偏南的头顶上空，只是由于离赤道比中国近，没有那么偏而已。可是到了春、夏时节，太阳则经过赤道逐渐北移，正午时分一度立竿而不见影。接着继续往北，太阳移到了北面，人影则在南面，夏至时最为明显。然后才又缓缓回移，如此循环往复，周而复始。在苏里南，太阳时南时北，应季节而变。苏里南风调雨顺，雨量均匀、充沛，天雨不断，该下雨时一定下雨，小雨季、大雨季、大旱季、小旱季四季应时运行，很有规律，季节更替绝少紊乱。有充裕的雨水滋润着这块沃土，年降水在 2000 毫米以上，缺水现象十分罕见。即使是在旱季，也并非绝对无雨，隔三差五也要下一回阵雨。这里的雨水很有特点，大都下得很温柔，常常是和风细雨，少有暴风骤雨，即使有，也构不成大的水灾，雨水很快便流入大西洋。而且人们不难发现，此处雨水再多、再大，雷鸣电闪的现象也不多见，在苏里南若能偶尔听到一两次惊雷，那应算是很难得的事了。

　　苏里南原为荷属圭亚那，与英属圭亚那、法属圭亚那为邻，英属圭亚那最先独立，就是现在的圭亚那，法属圭亚那至今仍是法国的一部分。三个圭亚那地理环境相似。由于法属圭亚那最适宜火箭发射，1964 年，法国决定在巴西正北方向、法属圭亚那中部的库鲁地区兴建法国航天中心，以取代它在阿尔及利亚撒哈拉沙漠的哈马基尔发射中心。1966 年开始动工兴建，1968 年 4 月部分投入使用，首次发射了一枚探空火箭。1970 年 3 月，法国钻石 B 火箭在此进行了首射。1970 年 11 月发射了一枚欧罗巴 2 火箭，但因起飞后出现故障而失败了。1975 年，新成立的欧洲空间局牵头研制新的阿里安火箭。该火箭也要从库鲁发射，因此决定将原来的欧罗巴 2 发射场改建为阿里安发射场，并于 1979 年底成功地发射了一枚阿里

图 17 - 31　法属圭亚那风光

安火箭。1981 年又开始兴建阿里安第二发射场，1985 年投入使用。目前，法国国家空间研究中心与阿里安航天公司已经建成并使用阿里安第三发射场，在该发射场进行"阿里安—5"运载火箭的发射。该中心靠近赤道，是最理想的赤道轨道和极轨道发射的场区。

　　从苏里南到法属圭亚那很近，乘船不到半小时，就从苏里南到了法属圭亚那。我曾两次到库鲁火箭发射基地参观，两次最深切地体会立竿不见影的感觉。

　　　　　　　　（本文起草过程中参考、引用了使馆同事高广灵的有关文章，特此说明）

第十八章　苏里南政要怎样过生日

在中国，自己做寿和为人拜寿是司空见惯的事情，有权有势者借生日大摆寿宴、乘机敛财的现象也屡见不鲜。我在国外工作多年，多次参加国外政要们的生日庆祝活动，亲身感受了国人与外国人过生日之间的异同。

生日,和原始部落连在一起

2010 年 9 月 29 日，苏里南总统鲍特瑟应邀出席我在中国驻苏里南大使馆举行的国庆招待会。因 10 月 13 日是他的生日，我对总统说："离总统阁下生日只有 14 天了，中国大使馆如果能为阁下表示一点心意，那将不胜荣幸。"我例举了体现心意的几个方式：送一个有中国文化特色的艺术品；或者使馆派中国厨师上门为总统全家做生日饭；或者为总统选择的某种祝寿活动提供服务。总统回答，他 10 月 10—15 日将外出，不在首都帕拉马里博。他称赞使馆厨师为国庆招待会准备的中国饭菜味道鲜美，我于是建议，可在 10 日前，提前安排中国厨师为他专门做一次饭，总统点了点头。于是，我对总统夫人和夫人秘书表示，请她们在总统外出前尽早定下具体时间，使馆礼宾秘书也会主动与她们联系。

接下来，使馆连续几天国庆长假，但使馆官员不敢怠慢，隔两三天就给总统府打个电话，每次得到的回答都是："会尽快定下来，一旦定下来，会在第一时间告知使馆。"但始终没有具体的消息。10 月 6 日晚上，苏里南外交部长拉金夫妇为即将离任的中国驻苏里南使馆政务参赞兰崇信和刚刚到任的政务参赞陈绪峰举行欢送、欢迎晚宴，我应邀出席。席间，我问外长总统是否在生日期间要出访外国，外长是否陪同出访。外长说总统生日期间将前往内地，也就是到最落后的地方与马龙人，即丛林黑人一起过马龙人节，也一起过自己的生日。鲍特瑟去年8月就任总统后，为体现对弱势群体的关心，提升丛林黑人在社会上的地位，通过立法程序，确定每年10月10日为马龙人节，为苏里南的国家节日和公共假日。今年是第一个马龙人节，鲍特瑟决定在节日和自己的生日期间与丛林黑人在一起。总统府一直没有就总统生日活动给使馆来电话，就是表示不打算麻烦使馆了。

13日，总统生日这一天，当地报纸报道说，鲍特瑟不在首都，因而不会举行任何生日庆祝活动，而是在内地与马龙人一起过生日。所谓内地，就是原始部落，那里一切都是原生态，没有污染，没有工厂，没有超市，没有学校，同时也没有自来水，没有抽水马桶，没有电视，与原始森林为伍，与野生动物为伍。鲍特瑟与丛林黑人一起过节过生日，这意味着他必须向马龙人送礼，而不是马龙人向他送礼。

生日，与工作连在一起

2011年3月11日，是我的生日，我从来没有请人喝酒庆祝过生日，常常连自己也忘了。但是那天下午，使馆却收到了总统夫妇送来的生日花篮，我既感意外，也非常感动。这是我一生当中第一次有外国政要祝贺我生日，也是我担任驻外使领馆馆长以来有外国国家元首第一次给我送生日花篮。据说，在苏里南，总统给外国大使送花篮祝贺生日也是第一次。我至今不知道总统夫妇是如何知道我生日的。这以后，我时时记着务必在当年10月13日鲍特瑟总统生日时要还礼，因为堂堂一国总统给当大使的祝贺生日，当大使的更应该为总统祝贺生日。

这年总统生日前夕，我原想给总统组织一个生日联欢活动，总统出席我举行的国庆招待会时，我当面向总统谈到此意，总统说他将在外地过生日，也就是说没有时间在首都举行类似活动。于是，我在总统生日前夕，给他送去了生日花篮、显示喜庆的中国结等礼物。

但我后来得知，总统生日那天并没有去外地，他携家人躲到首都附近一个水库的岛上，享受难得的安逸，以此度过自己的生日。但他不是真正的休息，而是换一种方式在真正地工作。大连国际合作集团苏里南公司的耿宇总经理应邀到岛上，就大连第四期工程承包项目交换意见。大连集团

20 世纪 90 年代就来到苏里南从事修路等基础设施建设，先后完成了三期合作项目，累计修路 1000 多公里。大连四期项目包括机场高速和其他高速公路，投资达 3 亿多美元，这对 GDP 总量只有 50 亿美元左右的苏里南来说是不简单的事情。如何解决融资之类的困难，即使贵为总统，也深感不易。虽然是生日，总统也不懈怠，叫上公共工程部长等相关人员，与中方人员认真推敲，反复权衡。事后，耿宇告诉我：总统以躲起来专心工作的方式，度过了自己的生日。

生日，与慈善事业连在一起

　　总统夫人英格丽德 2010 年刚好 50 岁，她为此专门举行了一个生日晚会，使节们也早就收到了她的请柬。如果把她的生日晚会同大吃大喝、借机收礼挂钩，那就大错特错了。请柬上写得明明白白，生日晚会是一个慈善晚会，总统夫人不收任何礼物，如果想向夫人献花，请把买花的钱省下来，把钱投到一个箱子里，夫人将用这笔钱资助孤儿院。那天，我捐了 1000 苏元（约 2000 元人民币），陪同我出席生日晚会的政治处主任和秘

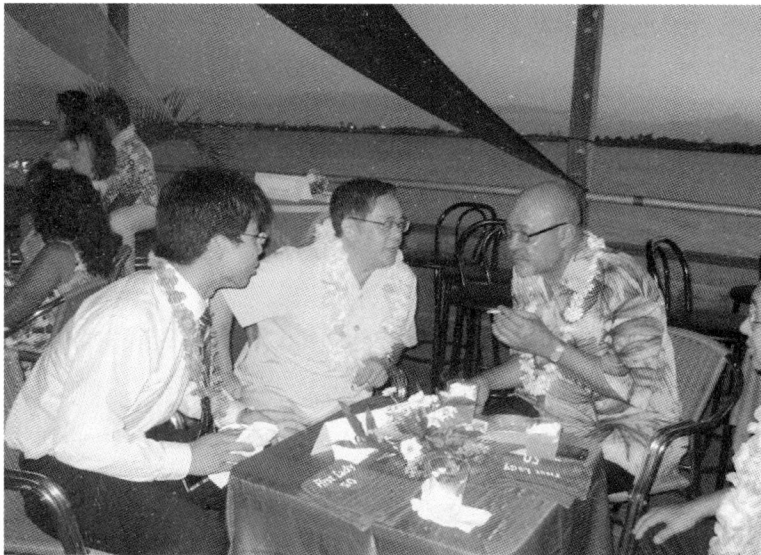

图 18 - 1　与总统在第一夫人生日慈善募捐晚会上

图 18 - 2 在第一夫人 50 岁生日庆祝活动中

书也各捐了 500 苏元。捐的钱投到一个类似于投票箱的箱子里，箱子搁在晚会入口处。

出席晚会的约有 400 人左右，总统和夫人出席了晚会，但没有讲话，苏里南国家电视台的一个著名主持人主持晚会，他代表与会人员表达了对总统夫人生日的祝福之意。晚会并不是在星级酒店举行，也不是在总统府或总统官邸举行，而是选择在临近首都的对面海省郊外的一个休闲中心举行，看得出来显然是想降低费用和避免张扬。晚会完全是私人性质的，所以，虽然出席的人多，但达官显贵并不多，议长、多数内阁部长都没有出席。

晚会先是吃饭，不是桌餐，而是自助餐，吃的东西装在食盘里，有烤鸡块、黄焖牛肉、红烧猪肉、酸黄瓜、泡红椒等，从总统开始，与会者都拿一个大碟子，自己将食物夹到盘子里，找一个地方坐下吃，还可以端上一杯红酒或其他饮料。

大家吃完后，开始跳舞。所谓生日晚会，说白了，实际上是生日舞会。苏里南当地人都是跳桑巴、探戈的高手，谁都可以和总统或总统夫人对舞。我也"抓住机遇"，和总统夫人对舞一曲，当地电视还特别播出这个细节。总统夫人的生日晚会，充分体现了"狂欢"的特点。后来，媒体报道，总统夫人如何把生日晚会上募捐来的钱用到了善举上。

生日，和惊喜连在一起

苏里南副总统阿梅拉里和夫人的生日在同一个月，夫人生日 7 月 28 日，比副总统早几天。副总统想给夫人一个惊喜，对外宣称他政务繁忙，没有时间举行两个生日晚会，决定合在一块庆祝。我早就知道副总统夫人的生日，几天前使馆秘书就打电话给副总统夫人，说中国大使夫人将上门祝贺生日。对方答复：非常感谢，只是根据副总统意见，副总统夫人在生日这天不举行生日晚会，因此也不方便接待中国大使夫人登门造访。到了副总统夫人生日的前一天，使馆接到副总统秘书电话，说是副总统要给夫人生日一个惊喜，将在迎宾阁中餐馆为夫人举行一个生日晚会，邀请大使夫妇参加，但请务必配合，对副总统夫人暂时保密。

迎宾阁中餐馆是一个离使馆不远的沿街大众餐馆，可同时开席 15 桌，

图 18 - 3　鲍特瑟总统夫妇在第一夫人生日慈善晚会上起舞

图 18 - 4　祝贺副总统阿梅拉里夫人生日

副总统在这样一个最普通的餐馆为夫人举行生日晚会，确实出乎我的意料。餐桌上面铺的是白色塑料桌套，而不是白色桌布，餐馆的档次由此可见一斑。出乎我意料的远远不止这一点，老实说，有五个没想到：一是没想到菜的品种非常简单，鸡腿、猪肉、牛肉、西兰花、酸黄瓜，总共三荤两素。二是没想到生日宴会虽然采取自助的方式，但并不是你想吃多少就取多少，而是有两个服务员拿着勺子，定量把菜打到你的盘子里，你可以不要某个菜，但不可以多要点什么。三是没有烟，没有名酒，没有白酒，只有普通红酒和啤酒。四是内阁部长和使馆官员到场不少，但基本上没有人送礼，更没有人送红包，一场晚会下来，总共有三四个人送了鲜花、小工艺品之类的东西，我估计加起来不到 200 元人民币。我考虑到副总统夫人有华人血统，特意送她一套中国茶具，这居然成为晚会上最突出的生日礼物。五是没有现场持枪警卫人员（我相信有便衣保镖），没有戒严，不凭证出入。跟平常不同的是，撤掉了几张桌子，以便腾出地方跳舞并安置一个小型电声乐队。副总统说是请夫人陪同出席一个什么活动，他们夫妇来到酒店前，酒店大厅熄灯，他们一走进大门，突然灯光大开，到场的约 80 位客人齐声高唱"祝你生日快乐！"确确实实给了副总统夫人一个惊喜。虽然这是副总统夫人的生日晚会，但这是我一生中出席过的最节俭但又是最开心、最热闹的晚会。

第十九章　拉美人怎样请客吃饭

自 2001 年以来，我先后在埃及、印度、津巴布韦从事外交工作。外交工作离不开请客吃饭，国宴、国庆招待会、欢迎宴会、答谢宴会、鸡尾酒会等都是常见的外交工作方式。2009 年下半年，我出任驻苏里南共和国大使，我也照样多次请外国人吃饭，也曾同样多次应邀赴外国人饭局。拉美人请客吃饭有哪些规矩？拉美人请客吃饭与国人请客吃饭有哪些区别？为什么中外请客吃饭存在这么大的差异？下面谈谈笔者对这些问题的观察、体会与思考。

拉美人难得因公务请客吃饭

从我常驻苏里南三年半的经历来看，拉美人即使有公务一般也不请客吃饭。为什么呢？主要原因是经费预算中没有请客吃饭这个项目。我出任驻苏里南大使期间，经常请苏里南政府部长、政党领袖、国会议员和社会名流品尝中国菜，总统、议长也曾多次做客使馆，但他们从没有因公专门请我吃过饭。

唯一的一次例外是离任时，外长拉金按惯例在一家西餐馆设宴为我送行。外国驻苏里南大使离任，苏里南外交部外长、常秘或副常秘通常请离任大使吃一顿饭，送一个纪念品。出席饭局作陪的人有多有少，视情况而定。我曾应邀出席为美国驻苏里南大使内伊离任举行的欢送饭局，参加者 18 人。为我举行的欢送晚宴，出席者有 24 人，包括外长、常秘等外交部所有领导成员，以及美国、印尼、欧盟、巴西等驻苏大使。礼宾司长克里斯托弗告诉我，这是苏外交部举行的规模最大的欢送大使的宴会。

当然，我经常出席当地政府或政要的国庆招待会或建党纪念日招待

图 19 - 1　与苏里南总统吃饭前聊一聊

会之类的饭局，但那不是专门请我，而是几十人、几百人的自助餐，吃
的东西都是平常的食物。苏里南总统鲍特瑟夫人宴请我们夫妇到她家吃
早点，也就一杯咖啡，几块面包、三明治。严格说来，这不是总统夫人
因公请客。拉美人请客吃饭以管饱和节约为原则，即使是国宴，吃的东
西也并不怎样，也就一个好听，有时有乐队伴奏。国宴对许多参加者来
说，主要是精神大餐，吃完了回去还要加餐。苏里南官方的招待会，说
是自助，主要是米饭、面包和色拉管饱，鸡鸭鱼肉则由服务员定量夹到
你的盘子里，即使是总统、部长、司令或大使，也一个样。外国人请客
吃饭，没有鱼翅、鲍鱼、海参、燕窝、冬虫夏草，一句话，没有太贵的
东西，原因无他，这些东西外国人一般不吃，也舍不得开支，在不少国
家还买不到。

　　遇到因公非得请客吃饭，那就临时申请经费。如我国防部外办副主任
关鹏飞少将和我农业部副部长牛盾来访，苏军方和苏农业部事先申请了接
待经费。不过，由于官僚主义、办事拖拉等原因，常常接待对象结束访问
离境了，饭钱还没有批下来。例如，我解放军军乐团访问苏里南，苏里南
侨团帮苏军方垫钱请军乐团吃饭，军乐团回到北京后半个月，饭钱才批
下来。

苏官方请客,苏华商买单

当然,苏方还有另外一个办法解决请客吃饭的问题,即请商界或侨界买单。杭州市友好代表团访问苏里南,接待单位帕拉马里博市没有接待费,另一个接待单位苏中友好协会也没有接待费,于是,让三家华商分别买单。后来,我代表使馆宴请杭州市代表团,同时,请苏方市长和苏中友协成员作陪,苏方却提出希望使馆也宴请三个华商一起参加,为什么?因为他们没有经费来对三位华商表示感谢,就请使馆请他们一起吃饭,以此表示谢意。

我和时任苏议长、苏崇高真理党主席苏摩哈尔乔是邻居,我常请他吃饭,也几次应邀到他家庆祝他或夫人的生日。有一次,他请我吃饭,住房和社会福利部长、卫生部长和森林和土地部长都在坐,但买单的却是浙江商会。

有时,苏有些私人请客,也是华商全部买单或部分买单。例如,在鲍特瑟总统夫人50岁生日的聚餐和舞会上,一位华商告诉我他为这场活动提供了赞助。我和总统单独交谈时,他也陪坐一旁。

图 19－2　和总统夫妇一起吃饭

拉美一些使馆几乎从不请客吃饭

常驻苏里南期间，我经常参加使团的活动，印度、巴西、印尼等曾请客吃饭，国庆招待会的食品也比较丰富，但绝大多数使馆的招待会都只提供春卷之类的小点心，都不提供正餐。几个服务员端个盘子，盘子里有一些小吃，客人用一根小竹签穿着小吃送进嘴里，这种食品，无论怎么吃都难以吃饱。况且，在招待会上，也不能老是往嘴里送东西。所以，遇到这种招待会，回到家里后，还得再吃碗面条或补充点别的食品，否则，肯定饿。

还有一些使馆在经费预算中没有一分钱的请客吃饭的计划，因此，即使是国庆也不开招待会，这样，这些国家的大使永远只接受请客而从不请客吃饭。唯一的例外是委内瑞拉驻苏里南使馆，一年一度的国庆招待会，每次都举行正式宴会，不仅吃的是桌餐，而且每人还给个纪念品。如2012年的国庆招待会，发给每位客人的是专门定做的瓷杯，上面特意烧了字。

拉美人请客吃饭有哪些不同

拉美人请客吃饭，风俗习惯与国人迥然不同。

拉美人请客吃饭，喜欢安静，国人请客吃饭，喜欢热闹。跑到国外餐厅，酒桌上欢声笑语、不断干杯的十之八九是国人。国人请客吃饭，许多时候喝酒为主，吃菜为辅，食客们拿着酒杯，轮番敬酒，从坐着敬、站着敬，到走着敬，再到排着队敬，有多少桌，就敬多少桌，有多少桌人，就会有多少桌人站起来敬酒，餐厅里回荡的是敬酒声、碰杯声和助兴声，不过，也会常常引起旁边拉美人的侧目而视。

拉美人请客吃饭，喜欢灯光暗淡一点，明明有电灯，尽量少开，却点几支蜡烛。国人请客吃饭，喜欢灯火辉煌，这同喜欢热闹、喜欢站起来轮番敬酒相关联。

拉美人请客吃饭，喝酒自便，从不劝酒，更不灌酒。他们喝酒讲究的是过程和风度，很多时候不是为了美食，而是为了精神会餐。一杯威士忌，或一杯人头马，没什么下酒菜，喝时不断加冰，一次喝一点点，几个小时不知不觉过去了。试想一想，端一杯白兰地，或端一杯伏特加，不时地品一小口，不时地高谈阔论一番，是多么惬意，多么富有绅士风度！国人喝酒（也包括一些俄国人、韩国人），不少人注重的却是结果，比一口干，比谁喝得多。"干杯"这句汉语，外国人现在都会说了，我请苏里南前总统费内西安、现总统鲍特瑟总统吃饭时，他们都高举酒杯，都用汉语说"干杯"，碰杯之后，他们并不真的一饮而尽。不少国人喝茅台是一杯一杯干，喝 XO 等洋酒，也是一杯一杯干。

拉美人请客吃饭，多在大厅广众之中，国人请客吃饭，多在包间雅座之内。原因无他，洋人开的饭店，特别是西餐馆，根本没有包间。国外的包间雅座，多在中餐馆内，也有的在亚洲餐馆，如日本餐馆、韩国餐馆。一定程度上可以说，包间雅座的数量与请客吃饭的猫腻成正比，许多灰色交易，甚至黑色交易就是在包间雅座里达成的。

拉美人请客吃饭，品种单一，选择余地不大。这次请你吃是这些东西，下次请你吃还是这些东西，并且做法、味道不变。中国人请客吃饭，讲究的是推陈出新，丰富多彩。大使馆请客吃饭，菜单留下，下次请同一个人吃饭，把菜单拿出来，请人家吃过的尽量不重复，一定要尽量保证客

图 19-3　应邀和苏里南前议长、森林和土地部长、农业部长、内政部长、贸工部长和自然资源部长餐叙。没有包间、没有高档菜肴

人常吃常新。在我到过的不少国家，就我所见，外国人请客吃饭，吃的基本上就这么几种东西：牛肉、羊肉、鸡肉、猪肉、鱼、蛋和蔬菜。如果是吃西餐，则只能吃到一种肉食，如果是请吃中餐，则品种要多一些。但没有鸡脚鸡头，没有鱼头鱼尾，没有心肝肺肚（这些通常拿出做狗食猫食鸟食），也没有生猛海鲜（一些亚洲国家除外），在苏里南等国，连鸡皮都去掉了。蔬菜，特别是叶子菜，基本是生吃。苏里南盛产鱼翅，除华人外，其他当地人不吃。苏里南产三文鱼、金枪鱼，当地人请客我从未吃到过，因为当地人不用这些东西待客。

拉美人请客吃饭为何如此不同

我觉得，拉美人请客吃饭与我们如此不同，至少有以下几个主要原因。

传统文化不同。《新周刊》杂志 2010 年第 3 期封面上赫然印着五个大字："酒桌即中国"。中国几千年文明史同请客吃饭的文化传统分不开，说中国食文化博大精深一点也不夸张。订婚宴、结婚宴、回门宴、满月宴、生日宴、拜师宴、出师宴、庆功宴……即使算计人家，还来个鸿门宴。恐怕没人否认，请客文化、酒杯文化、面子文化、人情文化、公关文化等，在中国确实使得请客吃饭在相当程度上与人生事业的浮沉、企业经营的成败等有关。我请你喝酒、你帮我办事，喝酒成为一种工具理性。在一些国人看来，美酒是用来壮胆的，酒桌是用来拍板的，嘴是用来喝酒说事的，酒、桌、嘴拼在一起，则无事不可为。虽然吃饭其实很累，但再累也得吃。所谓"革命不是请客吃饭"，没有暴风骤雨的革命了，"请客吃饭"不就天经地义了么？每逢年底，公司企业、单位部门都有年会，这是观察中国生态的绝佳场合。企业文化不同，生意好坏有别，气势形态各样，但有一点相似，总得有人喝醉方为尽兴，总会有一句口头禅言简意"赅"："吃好，喝好。"逢年过节，请客吃饭难免，有人说要移风易俗，但多少年来总有人喝到打点滴送医院，这都是常态。相比之下，拉美哪个国家的传统文化有中国丰富？请客吃饭的传统文化更是没有一个国家堪与中国相比。

宗教信仰不同。例如，我常驻三年多的苏里南是伊斯兰教国际组织的成员国，从理论上来讲是世界几十个穆斯林国家之一，尽管穆斯林在苏里南的比例只有百分之二十几。喝酒吃猪肉违背伊斯兰教教义，碰上拉马丹（斋月），穆斯林必须守斋戒，从日出到日落都停止一切饮食、性事等活动，日落后才可进食恢复正常作息，斋月期间拉美的穆斯林不大会请你吃饭，就是你请他也难得请到了。再如，印度裔苏里南人是苏里南第一大民族，占国民总数百分之三十几，也是圭亚那、特立尼达和多巴哥等国第一大民族，印度虔诚的佛教徒和印度教徒都是素食主义者，耆那教徒更是严格吃素，吃素的人占印度人口一半以上，因此，可以毫不夸张地说，素食文化是印度饮食文化中最基本的特色之一。这就决定了苏里南、圭亚那和特多这样的拉美国家，请客吃饭的风俗习惯必然与我们不同。

审美情趣不同。请客吃饭，外国人偏好宁静，中国人喜欢热闹；外国人轻言细语，中国人高谈阔论；外国人偏好烛光，中国人喜欢明灯；外国人偏好小口慢饮，中国人喜欢大口豪饮；外国人喜欢静坐品酒，中国人喜欢站着敬酒。这些很难说谁对谁不对，审美情趣不同罢了。但要注意地点与环境，比如在国外大堂请客，确实不宜高谈阔论、旁若无人、频繁地来回敬酒。

饭费来源不同。外国人请客吃饭，多数是私人请客；国人请客吃饭，不少是公款买单。私人请客的，吃不完自然打包；公款买单的，浪费自然难免。

第二十章　在苏里南感受送礼和受礼

送礼在中国是司空见惯的事情，见面要礼，临别要礼，办事要礼，行商要礼，感恩要礼，图报也要礼，现在更发展到学生、家长要给老师送礼，同学、同事之间也要送礼，求人办事更要送礼。中国人每年花在礼品上的钱呈上升趋势，礼品市场年需求近 8000 亿元人民币，礼品"越贵越抢手"是不争的事实。对于送礼人和收礼人来说，重要的不是"味儿"，而是"范儿"。2009 年，我出任驻苏里南共和国大使，当然离不开送礼和受礼。国外是否流行送礼文化？苏里南流行什么样的送礼文化？对公务员送礼和受礼有何明确规定？送礼和行贿、受礼和受贿如何界定和区别？对诸如此类的问题，我在苏里南不仅亲眼目睹，而且还亲身感受。

以礼难服人

在国外，既要讲以理服人，也要讲以礼服人。以礼服人的"礼"，有两层含义：一是指礼貌、礼节；二是指礼物，两者有内在的联系。礼貌、礼节通过礼物来体现和展示，而礼物是展示礼貌、礼节的实物形态和价值形态。中国人在国外办外交也好，做生意也好，一方面离不开"理"，没理，再讲礼、再送礼也终究会白费力气；另一方面也离不开"礼"，光有理，不讲礼貌，不拘礼节，不顾礼数，包括必要的礼物，事情往往也会白搭。

我接触到的绝大多数外国人，他们办事首先注重以理服人，只要自认为占了理，遇到麻烦时，绝不会想到通过送礼来摆平关系。在苏里南的不少华人华侨，包括一些中资企业的国人，遇到棘手的事情，即使占了理，首先想到的往往也是能不能找到什么熟人帮忙，总是希望通过送礼来化解麻烦。苏里南工商税务部门经常到商店工厂抽查，到白人开的商店或工厂，一般来说，白人对检查人员彬彬有礼，有问必答，主动配合，但一不敬烟，二不泡茶，三不送礼，当然更不会请吃饭，顶多就是一瓶矿泉水。到华商企业，华人华侨老板又是递烟，又是泡茶，又是请客吃饭，又是送钱送物，这一套规范动作他们早已习惯了。久而久之，苏里南一些工商税务人员懒得检查白人商店和工厂，有事没事就往华人商店或工厂抽查，华商每次都会对他们"意思意思"，他们每次都会有所收获。此外，在机场出入境检查时，只要查到华人华侨，华人华侨图省事，为尽快通关，不少人不是塞钱，就是送礼，本来合理合法可以正常通关的，反而给人留下你有见不得人的事情的印象，机场人员反而对华人华侨查得更厉害，甚至出现让华人华侨走专门通道，一一检查的情况。由此形成恶性循环，华商本想以礼服人，通过送礼来摆平关系、化解麻烦，但没想到，越送礼，越客气，反而麻烦越大，为什么？因为既然每家华商都送礼，事实上就等于人人没送，反而把一些人的胃口搞大了，反而使华人的经商和发展环境逐渐恶化了。

在苏里南，不少华商为了获得签证、获得营业执照、获得长期居留许可（获得绿卡）等，使用最多的招数就是送礼，很多时候本来不必送礼，是例行公事，对方依照法规、流程，没有理由不办，但不少华商总觉得不送礼心里不踏实，遇上作风不正的公务员，往往由此进一步养成对华商索拿卡要的恶习，不给礼不办事；当然，也经常会遇上对方不吃送礼这一套的官员，他怀疑你给他送礼有什么猫腻，你找他办事本来是光明正大的事情，你一送礼，反而使他产生警觉，不愿受礼，或不敢受礼，使华商送礼这招不灵，礼送不出去。当然，收了礼不办事的也大有人在，送了不管用，送了也白送。苏里南政府贸工部长米希金对我说，到贸工部申请营业牌照是华商应有的权利，完全可以通过正常程序办到，不必送礼，这样既方便华商办事，也有利于贸工部的廉政建设，遇到明里暗里索礼、不送礼不办事的，欢迎直接向他本人举报，希望中国大使馆能将此意转达给华商。后来，米希金调任劳工部长，原教育部长莫莱萨本转任贸工部长，萨本一上任，就召集各华人侨团领导人开会，提出一系列方便华商经营的具体措施，如大大缩短审批营业执照申请的时间，同时，特别拜托某些华商千万不要把送礼当成申请营业执照、应对工商检查的敲门砖。2011年年初，瓦尼卡市新任市长到任，发布第一号市政府通告，对到市政府办事送礼的，明确说"不"。许多人都知道，这个通告主要是针对一些华人华商发的，苏里南华人华商在公共关系中讲究"以礼服人"，较其他族群来说，华人华商的送礼文化比较突出。当然，换句话说，在某些外国人看来，有的华人华商有行贿之嫌。

礼尚不往来

礼尚往来是中国的传统，《礼记·曲礼上》："礼尚往来。往而不来，非礼也；来而不往，亦非礼也。"指礼节上，包括礼物上，应该有来有往。汉语中不少成语表达同样的意思，如投桃报李、得牛还马。民间用"还礼"来表达这个意思，如你家娶媳妇人家送礼了，人家嫁女时你得备一份礼还上，这就是礼尚往来。但是，就相互送礼来说，在国外有时是礼尚往来，人情一把锯，你来我也去；但很多时候是礼尚不往来，人情不像锯，你来我不去，你给人家送礼了，人家并不会执意还礼。

例如，出使苏里南以来，我多次陪同中国党政领导人以及省、部长或大型企业的老总拜会苏里南国家元首，先是费内西安总统，后是鲍特瑟总统，中方按习惯肯定会向总统送一个礼品，但苏方从来没有回赠过礼品。是不是苏方违反礼仪，怠慢中方呢？不是。如果苏里南总统与来访的中国国家元首、政府首脑会见，那肯定会交换礼品，双方事先会通过外交途径将此安排好。苏里南总统是接见中方来访人员，对中方人员来说，拜会总统本身是一种礼遇和荣幸，在这种情况下，如建议总统向中方人员回赠礼品，则明显有失礼貌和尊重了。

中方与外方在对等往来中，外方对中方在礼品问题上有时礼尚往来，更多时候是礼尚不往来。也就是说，你送对方礼物，不见得对方回赠你礼物，外方这么做，并非刻意不在乎中国，也不是外方抠门、不讲礼貌，而是他们自己平常对谁都是这样，颇有君子之交淡于水的作派，习惯了大大咧咧，他们出访不必为送礼而劳神，主人也绝不会因为对方未送礼或礼太轻而产生不快。我在苏里南常驻时，中方人员访问苏里南十之八九会送礼，中国人已把送礼看成是出访的必然程序，不送礼恐怕首先不是对方感觉不舒服，而是中方自己觉得不对劲。但对方回赠像模像样礼品的确实不多。外方一般代表团，包括省部级代表团应邀访问中国，我多次到机场为他们送行，基本没有看到过他们会特意为中方准备什么礼品。

礼轻情意重

在国外，我亲身感受到了实实在在的礼轻情意重。无论是单位之间的往来还是朋友之间的交往，送礼绝对不是负担。在圣诞节之类的重大节日，在领导人和亲戚朋友等婚丧嫁娶、生日晋升等重要的日子，我能清楚地感受到中国人和外国人之间的送礼区别。如果说礼品兼有使用价值和情感价值的话，中国人关注礼品的使用价值，本能地认为越贵越客气，特别是春节来了，拜年送礼肯定涉及礼品价值多少的问题，趁着逢年过节上上下下打点一番，不少人或多或少还出于某种私心，也出于某种无奈。外国人关注礼品的情感价值，不在乎礼物的贵重，而侧重于浪漫，越温馨越受欢迎。他们追求浪漫、新奇，有时一根鸟的羽毛、一块奇形怪状的石头也能让他们非常开心，但是西方人在送礼时十分看重礼品的包装，多数国家的人们习惯用彩色包装纸和丝带包扎，西欧国家喜欢用淡色包装纸。向外

图 20-1　笔者离任时，前总统费内西安和企业家希拉伽里送我一条船桨作纪念

图 20 - 2　将与苏里南副总统阿梅拉里夫妇合影的照片装上镜框作为
　　　　　礼物送给副总统

国友人赠送礼品时，既要说明其寓意、特点与用途，又要说明它是为对方
精心选择的。

　　圣诞节在西方世界是最重要的节日，是一年当中的送礼大节。圣诞过
后几天就是元旦，迎圣诞与迎新年交织在一起。送什么呢？新年贺卡。每
年 12 月，中国驻外使馆将中国国家主席、人大委员长、总理和政协主席
等国家领导人的新年贺卡转送给驻在国相关政要，驻在国领导人也向中国
领导人送新年贺卡。作为大使，也会以个人名义向当地政要发新年贺卡，
同时视情"送礼"，对总统，送一瓶或两瓶茅台，对部长以上政要，一瓶
中国产红酒，或者一本年历。每年这个时候，我会收到大量"礼物"，主
要是新年贺卡，其中有些贺卡具有特殊意义，如苏里南总统鲍特瑟夫妇亲
笔签名、附有总统夫妇照片的新年贺卡。新年送礼，比较多的另一种礼物
是一束鲜花，有时也会收到礼品篮子，篮子上面别着送礼者的礼卡，里面
通常装有一瓶红酒、一盒饼干、一盒巧克力、一包糖果和一些水果，篮子
很好看，但里面的东西不值钱。对外国人来说，在过新年方面，不需要在
送礼方面破费什么。但是，人们对新年贺卡所表示的情谊非常看重。许多

收到我贺卡的人与我见面时都会说谢谢你给我送来贺卡。

拉美人平时相互之间往来更是礼轻情意重，遇到结婚、生日，通常都会举行聚会，当地人欣然应邀而来，但多数是空手而来。仅在苏里南，我出席过鲍特瑟总统夫人、阿梅拉里副总统夫人、议长苏摩哈尔乔及夫人、内阁贸工部长等的生日晚会，出席过前自然资源部长公子等的婚礼，可以说基本上没有人送礼。使团之间往来基本不送礼，如出席大使在官邸举行的小范围的活动，也就带瓶红酒。一般在赴当地人私人家宴时，也就为女主人带些小礼品，如花束、水果、土特产等。有小孩的，送点玩具、糖果。我在国外收到不少包装得十分考究的礼品，打开后往往是一支圆珠笔，或一块巧克力，或一个纪念章。但是，一束鲜花、一瓶红酒，在国外既不小气，也不土气，更不俗气，相反，体现了相融的和气、相惜的雅气和相知的文气。2011年，我在苏里南收到了苏里南总统鲍特瑟夫妇为我生日送来的花篮。2012年生日时，我在北京，使馆同事打电话给我，说总统夫妇又送来了生日花篮，还拍下照片，通过网上传给我。花篮不值钱，但对我来说其分量是不可以用金钱来计量的。

2011年，中联部代表团来苏里南访问，苏里南主要执政党民族民主党在万豪酒店举行欢迎宴会，宴会中郑重其事地举行了苏方向中方赠送礼品的仪式，民族民主党代主席林格首先向中联部副部长陈凤翔"送礼"，代主席讲了一大段话，然后，把"礼物"送给陈部长，并合影留念。随后，党的副主席、苏议会议长西蒙斯向代表团中的某位局长"送礼"，又讲一大段话，再把"礼物"交给某局长，又合影留念。接下来，党的副主席、公共工程部长阿布拉汉斯，党的副主席、前总统威登波斯，党的副主席、国会议员帕兰德，党的上届大选总统候选人、国会议员帕梅萨又依次分别向代表团中其他成员一一赠送"礼品"，也都讲了一大段话，都一一合影留念。其实，"礼品"只是关于苏里南国情的一本书，苏方不是像中国人送礼那样，每人发一本得了，而是花很长时间，一一宣布现在请某某某给某某某"送礼"，一一分别致辞，一一分别拍照，其目的，就是通过这个过程，宣示对中方的情谊。

第二十一章　公务员在苏里南人
眼中的地位

　　这些年来，中国的公务员考试越来越火爆，美国合众国际社 2010 年 12 月 5 日报道，在 7 年时间里，中国公务员考试的报名人数增长了 16 倍，2010 年中国公务员报考合格人数达到了 146 万人。而 2003 年，这一数字只有 8.7 万，7 年间就增长了 16 倍。最热的职位创下了 4961∶1 的纪录，用"千军万马过独木桥"形容绝不为过。美国媒体的上述报道符合实际情况。国人都能切身感受到，2008 年国际金融危机后，公务员职业在中国更是成了香饽饽。中国残疾人联合会的一个基层组织建设岗位有 4723 人报考；国家能源局节能与科技处一个岗位有 4728 人报考。为什么中国的公务员考试如此火爆，这种考试热是完全健康的吗？是值得鼓励的吗？我不这样认为。公务员考试热与不热，同公务员职业在人们眼中是什么地位有很大关系，同公务员职业与择业者的利益关联度如何，同廉政建设水平，同政府怎样处理与市场机制、怎样处理与纳税人的关系有内在的联系。笔者愿谈谈公务员在苏里南人眼中的地位。

忠于老友比当高官重要

　　2010 年 5 月，苏里南举行大选，那时，我出任驻苏里南大使只有半年多。大选前，苏里南政府中有一位华人部长——土地和森林部长杨进华；议会有一位华人议员——28 岁的女议员李嘉琳。为了在新一届大选中赢得华人选民的支持，当时的主要执政党民族党拿出一个名额给华人曾少猷，支持他竞选民族党议员；当时的主要反对党民族民主党也拿出一个议员名额给华人选民，同时承诺，如该党取胜，给华人一个内阁部长职位。民族民主党主席鲍特瑟找到该党资深党员、苏里南最大华人侨团广义堂堂长迟玉基，说要把迟玉基的儿子推出来竞选民族民主党的议员。迟玉基既是苏著名侨领，又是苏里南的名商、富商，开了饭店、钟表店和黄金公司，就一个儿子，40 来岁了，曾留学荷兰，说得一口流利的荷兰语、英语和苏里南语，做议员比较合适。苏里南议员月薪 2 万苏元（合 4 万人民币），只要当满一届，退休后终身可领退休金。苏议员开会时上会，不开会时干自己的事，是老板的继续当老板，是教授的照样当教授，该赚多少钱照样赚多少钱，因此，迟公子如当议员，则做生意和当议员完全可以两不误。想不到迟公子对从政、对议员职位不感兴趣，毫不犹豫婉拒了。为了兑现对华人选民的承诺，鲍特瑟把议员名额转给了从中国广东来的移民、民族民主党老党员张仕平的女儿张凯丽。张也留学荷兰，在鲍特瑟的力挺下，张凯丽成功当选为议员，时年仅 28 岁，连对象都没有。

鲍特瑟为什么把议员名额转给张仕平的女儿张凯丽，张仕平告诉我：因为他在鲍特瑟最艰难的时候始终站在鲍一边，是民族民主党华人党组织的主要领导人。鲍特瑟的政治对手、民族党主席费内西安当选总统后，1994 年应江泽民主席邀请访问中国，费内西安出人意料地让从中国来的移民张仕平随他访华，并允诺他：如果退出鲍特瑟的党，加入费内西安的党，就在政府部门为他安排重要的职务。费希望借此把张拉过来，分化鲍特瑟的队伍。张开过饭店，做过建材等生意，一直是个普通商人，从没有大发起来。如今，费内西安让他当官，给他高级公务员的职位，但是，他虽然感谢总统给他一次参加总统代表团、回国看看、"荣归故里"的机会，却婉拒了离开民族民主党、加入民族党、成为高级公务员的建议。费内西安上台前，鲍特瑟是苏里南的实权人物，那时张仕平要当公务员，早就当上了，但他更看重、更认同他的政治盟友鲍特瑟，不愿意因此背离老朋友，更愿意做买卖。

当富商比当部长重要

大选结果出来后，民族民主党赢得大选，从在野党变成执政党，鲍特瑟曾亲口承诺大选胜利后组阁时，给华人一个部长职位。哪个华人适宜当部长？当什么部长有利于维护华人整体利益？一段时间里侨领们动起了这

图 21 - 1　广义堂堂长迟玉基向侨胞拜年

图 21 - 2　第一任苏里南华人华侨社团联合总会会长张秋源（站立者）

个脑筋。议论来议论去侨领们认为当贸工部长对华人最有利，因为苏里南的 4000 余家超市几乎都是华人开的，华商垄断了苏的零售业。华人张振猷担任贸工部长后，对华商扶助不小。张突然去世后，华人杨进华继任贸工部长，对华商继续予以扶持。后杨被调整担任土地和森林部长。大选后，杨部长当不成了，干起了他做生意的老本行。侨领们议论半天竟然找不出一个当部长的人选来。一天，苏里南华人华侨社团联合总会会长张秋源对我说，迟玉基的儿子适宜当贸工部长。因我不认识迟的儿子，不知道他是否适宜出任部长。如果合适的话，在方便和适当的场合，我可以向当选总统鲍特瑟转达侨界的推荐。于是我安排一个饭局，张秋源、迟玉基邀迟的儿子一起参加，饭局上没有谈到推荐迟的儿子入阁的事。事后，迟的儿子了解原委之后，死活不肯当部长候选人，就愿意做他的生意。

迟公子先是拒绝当议员，后又拒绝当部长，他是我一生中见到的第一个真的不愿意从政、不愿意当官的人。

找不到出任部长职位的华人人选

一天，我眼睛一亮，对张秋源说，你适宜当贸工部长，你是商人，又会荷语，又是著名侨领，还获得过总统授予的苏里南国家勋章。他笑道，他年纪大了，不适合。后来，遇到担任中文电视台台长的华商张志和，我又说，你不是很适合当部长吗？他说他是荷兰国籍。最后，这届政府中没有华人部长，实在很遗憾。

在苏里南，华人一门心思做生意发财，愿意当公务员、适合当公务员的实在不多，愿意当议员、当部长，适宜当议员、当部长的人自然更少。在苏里南，议员、部长的社会地位远远高于普通公务员，部长的收入也比中国部长高。离职后的苏里南部长，前 6 个月仍拿原薪，即每月 16444 苏元（1 苏元等于 2 元人民币），此后，每月还可以照拿工资，标准等同于常秘（相当于我副部长）的工资 8222 苏元，另加每月津贴 3288 苏元，合计每月 11510 苏元。只要是当满 1 年部长，就可以每月拿这笔钱，你还可以去干别的活，赚别的钱。就像当过部长的杨进华那样，离任后就不是公务员了，不用再进政府办公室上班了，愿意干嘛就干嘛，一手领部长补助金，另一手再去赚别的钱。此外，60 岁开始，停发部长补助金，改领部长退休金，计算方法是：当部长的总月数工资乘以 2%，同时，部长家庭成员享受免费医疗。在我看来这么优厚的待遇竟然打动不了迟玉基的儿子。换个别的人，先干上一年再说，满了一年，辞职以后，每月可拿 2 万多元人民币，还可享受其他好处。可迟公子就是这个死脑筋，后来我发现有这个死脑筋的不只是迟公子。鲍特瑟新政府的财政部长布杜女士干了 11 个月以后，竟然辞职不干了，也就是说，她不在乎再干 1 个月就可以每月领部长补助金了，就可以终身享受当过部长的人的待遇了。

当公务员并非老外从业首选

试想一想，当议员、部长之类的高级公务员，一些人尚且不太在意，普通公务员在老外眼中是什么地位就可想而知了。苏里南华人愿意从政的少之又少，其他族群的年轻人进苏里南政府机关的也实在不多，那么，发达国家的人愿意当公务员吗？国人可从国外大学生的就业倾向来了解外国人对公务员职业的态度。

美国联邦审计总署 2010 年对美国 9 所知名大学的调查显示，美国大学生对公务员职业的兴趣普遍不高，愿意报考的只占被调查者的 3% 左右。美国公务员的平均工资低于私企，美国公务员涨薪幅度也只能参照并且低于私营企业。对于大多数普通公务员来说，收入普遍比医生、律师、大型私营企业员工要低得多。美国《联邦政府雇员工资和补偿金法》的基本宗旨，是联邦政府公务员的工资必须等同于同一地区同等工作强度的非公务员工资标准。考虑到通货膨胀因素，美国政府的公务员工资每年都会根据劳工部发布的私企工资成本指数，进行年度调整。

日本 2010 年对即将毕业走向社会的大学生就业倾向进行调查，公务员排在这一榜单的第 53 位，其排名甚至落后于西点师、木匠的职业排名。日本公务员与公司职员在收入上差别不大，据 2009 年统计，公务员是职员工资收入的 1.07%，收入基本持平。若差别太大，国家就会减薪。近年来日本公务员已数次减薪。在收入方面，公务员根本没有诱惑力可言。由于经济不景气，近年来报考公务员的毕业生的确多了。不过，目前日本政府为控制开支，不断减少公务员人数。民主党在不久前提出削减公务员 20% 的工资，再加上一些人认为公务员工作过于平淡，与公务员相比，企业仍然保持了较高人气。

在 2009 年调查机构对法国大学生就业意向调查中，公务员职业的第一选择率只有 5.3%，一般刚进政府机关的公务员，收入比大型企业员工要低。BBC2009 年曾做了一次电视采访调查，公务员职业居然入选法国大学生 20 大厌恶的职业榜，排名第 19 位。

根据社交网站 LinkedIn2012 年统计结果，英国每 10 个大学生里有 4 个倾向在时装行业找工作。此外，在英国最受大学生和毕业生追捧的热门行业还包括电视广播、企业咨询、建筑设计、公关和影视音乐，但没有公务员职业。为什么青睐公务员职业的不多呢，因为英国公务员收入不高，所以常发生公务员罢工现象。2010 年，英国社会平均收入为一年 26740 英镑，公务员年平均收入只有 25344 英镑。新加坡 2010 年毕业的大学生中，只有 2% 选择公务员职业。

中国大学生青睐公务员职位，看中的也是公务员职业的相对稳定性和政府能够为公务员提供某些福利，这肯定没错；同时，公务员热与就业形势严峻有关，公务员热高烧不退，最直接的原因就是中国面临着严峻的就业形势。但这只是部分原因。中国公务员考试火爆还同廉政文化薄弱，政治文明建设和廉政建设在某些方面滞后，官本位传统思想作怪，政府与市场、政府与纳税人的关系在不少方面没有摆正等有内在的联系。许多人都感慨：公务员的社会地位高，中国政府部门的强势，是导致公务员考试火爆的主要原因。一些公务员并不是因为创造了很好的公共服务，满足了纳税人的需求，而是通过权力寻租获得了良好待遇，这对在校大学生难免产生示范效应；在中国就业的路子越来越艰难的现实面前，大学生很容易觉得如今只有走考公务员做官的路才是最香的饽饽，才是一条实实在在的光明之路，这应该说是大学生追捧公务员职业程度几近疯狂的主要原因。外媒称追求权力成我国公务员报考热原因之一，例如，英国路透社就明确说，在对"稳定"的追求之外，权力现在也成为中国青年人热衷公务员考试的重要原因。文章称，尽管中国是世界上经济增长最快的大国，私人投资创造了很多就业机会，但权力和地位的光环仍让政府职位深深吸引着很多人，其中包括一流大学的毕业生。几年前，中国人民大学时任校长纪宝成曾一针见血地指出："中国最大的博士群体不在高校，而是在官场。"在今天的大学校园里，最流行的就是能"考上公务员"去做官，这大概也是当代青年以及其父辈们的最大心愿。不少人内心认为，一旦跻身官场，所有的辛劳、委屈、付出都会得到加倍的补偿，只要迈进官府的大门，就有机会获得权力、地位、财富以及各种隐性的高收入和高福利。因此，在不少人看来，利益已经成为公务员热的根本动力。虽然公务员的工资本身并不高，可不少时候、不少情况下因权力不受制约而带来的灰色收入或灰色利益却有极高的吸引力。进入公务员队伍，在不少人看来，特别是对某些考入公务员队伍的大学毕业生看来，在相当程度上就意味着拥有了尊荣、拥有了未来，就有机会享有普遍百姓无法想象也无法享受的诸多特权和好处。

公务员考试制度如何设计体现了政治是否清明、是否以人为本。2010年组成的苏里南新政府，一些高官没有上过大学，鲍特瑟总统的学历只相当于高中（中专），按中国公务员制度条例，这些人连当公务员的资格都没有，更没有可能当部长、常秘、副常秘之类的高官，但这些人往往是弱势族群的代表，是黑人、印第安人、妇女的代言人，如鲍特瑟总统就主要是印第安人血统。有人认为，美国的公务员制度可以在一定程度上看作是针对弱势群体的福利制度。美国法律规定，高中毕业就可以报考公务员，学历不高、身有残疾以及年龄不占优势者，都可以通过考取公务员获得一份相对稳定的职业。因此，在美国政府部门的公务员，尤其是普通公务员队伍里，经常可以看到黑人、墨西哥裔、亚裔以及第一代移民的身影。我在担任中国驻印度孟买总领事时曾访问印度"软件之都"班加罗尔，在机场，代表官方接待我的礼宾官迪尔先生竟然是一个走路一拐一拐的残疾人。印度人口仅次于中国，有的是人，为什么却让一个残疾人担任涉外的礼宾官员呢？迪尔先生猜到了我心中的疑惑，他主动告诉我，印度法律规定：一个邦有多少残疾人，公务员中就必须为他们保留相应比例的名额；卡纳塔克邦有7%的残疾人，因此给残疾人保留7%的名额，他是获得硕士学位后，通过考试成为礼宾官员的。

第二十二章　感受另一种清风

　　出使苏里南三年多来，没想到有机会感受另一种清风，即苏里南丧葬业给死者以足够的尊严、给生者以尽量的便利。我先后参加过苏里南开国总统费里埃，苏里南资深议员罗杰斯，苏杰出华人张仕平，苏改革与发展党主席、前司法警察部长山度基的母亲等人的治丧活动，深深感觉到苏里南治丧成本的低廉、治丧事宜的便捷和在丧事期间显示出来的人与人之间关系的淳朴。

清风劲吹丧葬业

　　一是购买墓地非常便宜，带有明显的公益性质。苏里南首都的华人去世后，火葬、土葬都可以，都安葬在华人公山，墓基本上是一个规格和样式，1.5 米宽，3 米长，安葬后，外面用长条水泥预制块垒起来。只要交 2000 苏元（折 4000 元人民币），就可以在华侨公山买一块墓地，公山管理委员会还会帮你把坟墓垒好，用水泥预制条块盖好。此外，使用吊唁大厅是免费的，平时对墓的维护是免费的。永远不需交管理费，使用期也是永远。如果想让墓嵌上大理石，或搞别的装修，则自理。苏里南人均 GDP8000 美元，华人小姑娘在饭店端盘子，月薪 1000 美元，相对来说，华人在苏里南办丧事不花什么钱。

　　二是亲戚朋友不需送礼。2011 年 9 月 26 日，苏里南民族党副主席、华人资深国会议员罗杰斯去世，听到消息后，我决定到民主党总部罗杰斯灵堂吊唁。事先我请人专门调查了是否需要送什么东西，不止一人告诉我，苏里南当地习惯什么都不需要送，人去了鞠个躬人家就感激不尽。为了表达敬意，我去时特意送了一个花圈，摆在灵堂里还非常显目。丧事完后，也不需要请送丧礼的人吃饭（本来也没有丧礼），当然更不需要丧家给每人送一条毛巾、一包烟之类。

三是生者逝者一律平等。所谓生者平等，是指在遗体告别仪式上，来吊唁的人按先来后到，不按官大官小，排队依次向死者家属表示哀悼和慰问。所谓逝者平等，是指安葬在公山中的人，既有部长，也有老百姓；既有亿万富翁，也有穷光蛋。不管官大官小，不管富人穷人，墓大小一样，一座座的墓一路排下去，不存在挑风水宝地的事，墓地里更没有什么部长区、司长区、处长区之类。穷人富人、官员百姓，买一个墓地的价钱都是2000苏元。

四是死者家属对前来悼念的人会写信表示感谢。例如，苏里南前总统、民主党主席费内西安对我出席民主党副主席罗杰斯葬礼，专门写信给我表示感谢。2012年10月25日下班时，听到前司法警察部长山度基母亲去世的消息，我立即给他发手机短信，向他表示哀悼。想不到他很快以手机短信方式向我表示感谢。第二天，我驱车到瓦尼卡省他家上门悼念，给他送去一个花圈，同时送他一盒茶叶。几天后，他亲笔写信给我，专门表示感谢。

图22-1　为华人政治家罗杰斯去世送花圈

图 22 - 2　悼念侨领张仕平

和苏政要同悼侨界精英

出使苏里南期间，我曾参加过苏开国总统费利埃，苏国会议员、华人政治家罗杰斯等人的追思活动。我印象最深刻的是和苏里南政要一起参加追悼侨界杰出人士张仕平的活动。

张是苏执政党民族民主党华人支部的书记，他安身立命靠的不是这个，而是一家建筑材料商店的老板，他女儿张凯丽30出头成了苏里南国会议员。他生前无论遇到什么风波，都始终支持鲍特瑟。他因癌症不到60岁就英年早逝。他去世后，2011年11月1日，我来到华侨公墓参加他的葬礼。

我走进公墓灵堂时，发现苏副总统阿梅拉里、议长西蒙斯以及外长、公共工程部长、贸工部长、执政党代主席林格等苏政要和社会名流早已齐集在那里，我和他们一一在哀思本上题词签名，一同出席了苏侨界杰出人士张仕平先生葬礼，对张仕平先生逝世表示哀悼，并向其夫人和女儿张凯丽议员等亲属表示亲切的慰问。

追思活动未完时，传来消息，总统鲍特瑟为张仕平的去世特致唁函，表示深切哀悼。当时，我强烈地感觉到，作为移民，死后有如此哀荣，很不容易，这不仅是张个人有大面子，华界也有大面子！

祭奠先侨先贤已成传统

苏里南侨民祭奠先人不是在清明节，而是在重阳节，这是苏里南侨界的特殊侨情。

抗战时期，侨界在公山内就修了一个历代先侨总墓。这个墓是象征性的，里面并无遗体。每年重阳节，苏里南华侨公山委员会在公山举行祭奠先人仪式。每次祭奠，当地媒体都会现场采访报道。我有一次还接受过"星网"记者的专题采访。

我出使苏里南三年半时间里，遇上四次重阳节，每年都应邀出席祭奠仪式。祭奠仪式在先侨总墓前举行。侨胞们事先准备好烤乳猪、鸡鸭鱼肉、蜡烛鞭炮等，苏里南华人内阁部长和国会议员、侨领等侨界名流出席。先是鸣炮，宣读祭文，我作为中国驻苏里南大使发表讲话，大使、各侨团等依次送花圈，然后三鞠躬，把祭奠的酒水洒在总墓周围。

每次祭奠仪式后，大家都会特意到一个先侨公墓烧香。华人来苏里南已159年，早年华人来苏，不少人孤苦伶仃，独身一生，身后萧条；不少人与黑人、印尼人等结婚生子，死后长眠苏里南，他们的后人赚钱发财后往往又移民欧美。侨界把不少这样的先人遗骨葬入华侨公墓中，年年祭拜他们，免得他们死后寂寞。

建立了对华人终极关怀的有效机制

华侨公山委员会是处理侨胞丧葬事宜的侨界组织，定期改选。该组织代表侨胞就侨胞殡葬事宜与政府打交道，如争取政府划拨丧葬用地等。侨胞向华侨公山捐款捐物蔚然成风，既是中华传统文化使然，也与政府推行的一项政策有关，即向慈善事业捐款，可冲抵税收。永久买一个三平方米多的墓地，还出人工帮助安葬，还提供长条水泥预制板，只要2000苏元其实不够，那怎么办？用侨胞的捐款来补贴。苏里南中文报纸上常常刊登华侨华人向华侨公山委员会捐款捐物的消息。一些中资企业也定期帮华侨公山清除杂草、整修墓道。华侨公山委员会不是盈利机构，它虽然经常得到捐款，但委员会成员不能提成，不能以此谋利。华侨公山委员会成员们的职业主要是开店开厂，他们为华人殡葬事业服务，主要是一种道德追求，是一种积德之举。

　　通过上述一桩桩、一件件的事情，我确实亲身感受到了苏里南殡葬事业中的习习清风。苏里南治丧成本的低廉、治丧事宜的便捷和在丧事期间显示出来的人与人之间关系的淳朴，同苏里南整个社会和谐、以人为本的大环境是联系在一起的。苏里南人，特别是苏里南华人，能得到充分的终极关怀，身后能有尊严，同他们活得有尊严是分不开的。

第二十三章　感受印第安人

印第安人是最著名的美洲的弱势群体，以前在书里读到过印第安人，在谈话中聊到过印第安人，在电影里看到过印第安人，但没有见到过一个真正的印第安人。印第安人的皮肤是红色的吗？印第安人的眼睛是蓝色的吗？印第安人说的是什么语言？是什么婚俗？来到苏里南以后，我有多次机会亲身感受印第安人，与印第安人交朋友，帮他们做点事情。

到印第安人部落做客

到使馆后，问大家，使馆在馆馆员有到过印第安人部落的吗？谁交过印第安人朋友吗？从苏里南首都到印第安人部落有多远？走访哪个印第安人部落最合适？问了几个有关印第安人的问题，没有一个人能答出来。

图 23 - 1　华人画家魏南光与印第安人在一起

图 23 - 2　前往印第安人部落

　　苏里南华裔画家、雕塑家魏南光几十年来以印第安人为创作对象，对苏里南的印第安人非常熟悉。他建议我们走访咖利比印第安人（Galibi）部落。于是，我们组织全馆馆员分两批前往访问。

　　从首都到咖利比必须先乘车 3 小时到边境小镇阿明那，然后乘船 40 分钟，才能到达目的地。

　　阿明那因 2009 年圣诞节发生骚乱声名遐迩，2010 年使馆分两批组织大家前往游览。"城门失火，殃及池鱼"，在内乱中被洗劫一空的华人超市，刚刚恢复往日的生机；另一处烧焦的屋顶还没有完全修复，残垣断壁见证了曾被毁于一炬的不幸，像是在对人们诉说着半年前的悲怆往事。马洛维涅（Marowijne）河成为苏里南和法属圭亚那的"楚河汉界"。河边停泊着数十条渡船，有的裸露着船体，有的搭着简易凉棚，大都可乘 20 余人，进进出出不断。对面便是法属圭亚那的边境小镇——圣罗兰。两镇居民往来频繁，边贸活动相当活跃。毕竟是发达国家法国的海外省，彼岸法圭居民的生活水准明显高于苏里南，物价也贵，因此，时常有人到苏里南来进货，苏里南的居民也会带着农副渔产品到对面集市去销售。

　　第一批游览的人很多，第二批只有我、商务参赞陈道运以及使馆官员王前、阎侃四人。陈道运是第一批的成员，已经游览过咖利比了。他力劝我务必去看看印第安人部落，同时去亲眼看看海龟下蛋。他这次去主要是替我当导游。一批荷兰来的旅游者与我们结伴而行，一起乘船前往咖利比。一叶轻舟恰似离弦的飞箭，载着我们驶向河心，马达有节奏的轰鸣伴随着人们时起时伏的欢声笑语，在水面荡漾；船头迎风冲起的波浪，如同飘来的阵阵细雨洒向船上的人们。船沿着河心的苏里南一侧前行，不能越过主航道中心线，否则就算越界出国了。水面平静，少有船只经过；河面辽阔，且渐行渐宽，因为前方不远处就是大西洋的入海口，宽处足有1000 多米。

其中一个驾船者，既是部落的头，又是印第安人旅游公司的老板，还是头号导游，能说苏里南语、荷兰语和英语。第一批来时，印第安人知道是中国大使馆来的官员，许多服务环节都超收小费。这次我去，老板知道我身份，但他答应替我保密。

船行约一个多小时，岸边出现了零零散散的村落，间或有一处处河边沙滩，在阳光下，细浪的冲刷闪着银光，椰树和棕榈树下虚掩着一间间草顶小屋，陈道运告诉我：已经到了。果然，小船骤然减速，徐徐向有草屋的岸边靠近。

下船时，因没有码头，大家都必须涉水上岸，这出乎大家意料。于是，大家都忙着脱袜子，卷裤腿，提行李，踏着厚厚的黄沙，走进一家海边小旅馆。原以为一进门，迎接我们的会是无数只嗡嗡乱叫的蚊子，但一只也没有，因风大的缘故。好在房间里都有蚊帐。这一地区公共用电只供应到 23 点。

尽管如此，比我想象的条件要好多了。

印第安人的原生态

咖利比印第安人部落空气新鲜，蓝天白云，绿树红花。吃过午饭，导游陪我们游览。他告诉我们，这个印第安部落已有几百年历史，繁衍生息了几代人，如今共有族人 800 余口，一家一户很分散地居住在这片沿河绵延十数公里的黄沙滩上。不仅河边铺着厚厚的黄沙，纵深很远仍然如此，简陋的屋子就建在这片沙地之上，院子里全是黄沙铺地，岛上的房子不用关门上锁。虽然房屋简陋，但整齐干净。各种热带植物生长茂盛，花草争艳，村落也因此显得非常整洁，没有杂草丛生的乱象。

　　宗教信仰在印第安人生活中占据极高的地位，印第安人相信"万物有灵论"，他们崇敬自然，对自然界的一草一木、一山一石都报以敬畏态度。印第安人相当程度上已经被欧洲基督教信仰所同化，基督教是这里印第安人的主要信仰，部落里建有基督教堂，尽管教堂看上去很简陋，却是人们日常生活所不可或缺的。在今天的苏里南，大部分印第安人信基督，但印第安人的原始信仰仍然存在，它与基督教相混杂，成为一种奇怪的宗教信仰。除了传统的图腾崇拜之外，酋长是他们的部落首领，在内外事务中有着至高无上的权力，政府行政官员也要畏其三分。不过，如今的酋长已与人们印象中的面涂油彩、头戴羽冠、身佩兽骨、威严四射的印第安酋长大不相同了，如果不是祭祀仪式、节庆活动或民俗表演，平时的装束与常人无异。特别是部落里的年轻人，不再拘泥于传统的习俗，思想开放，向往外面的世界，乐于接触新鲜事务。包括这个部落的酋长也不例外，多数时间不是生活在部落里，而是在荷兰，部

图 23 - 3　印第安人的老房子

图 23－4　加勒比岛国的印第安人

落里委派代表代行权力，处理日常事务。

　　由于酋长的绝对权威，他所制定的规矩无人敢破，尽管部落不可避免地受到现代社会的冲击，却依然在一定程度上保持着原生态。但社会在进步，不能不正视外来事物对部落里年轻人的影响，酋长也不得不有节度地改变一些做法，以适应时代的发展，如部落里连接了因特网，人们可以借此与外界沟通；已经有了电视信号，有条件的人家看上了电视，我们去时正值南非的世界杯赛事，这里同样有狂热的足球爱好者。

　　但有一条酋长始终坚持己见，那就是部落不得通公路，部落内也不许修路。究其原因，不外乎力图减少外界对部落的冲击和影响，保持本地区的原生态环境。因此，尽管周边公路近在咫尺，却没有一条通往该部落，部落仍处于半封闭状态，迄今不通汽车。这也是我们不得不乘船而不是乘车来此的主要原因。好在有黄沙为路，部落里面步行倒也没有什么不便。这里毕竟远离闹市，外面的人到这里来，也就是这几年才多了一些，因此，部落里仍然沿袭着从前的生活方式，人们平常就打赤脚，或穿一双拖鞋，衣着非常简单，男人经常袒胸露背，或套一件 T 恤，女人也穿得很少，十几岁的少女到河里游泳（也许是洗澡），就袒露着上身，尚未发育完全的胸部没有任何遮掩。

部落里条件最好的恐怕是学校了，学校宽敞明亮，教室里课桌摆设同中国教室不一样，并不是所有学生课桌都对着教师黑板，而是摆成一个圆圈。我打听了一下，学校升学率还挺高，出去读大学的先后有几十人。

印第安人部落里说的并非只有他们本民族的语言，由于教育水平的提高，会说英语、荷兰语，甚至其他语言的人多起来了。本来，印第安人的语言是世界上最难懂的语言之一，部落间语言也各不相同，据说整个美洲印第安人总数约 1400 万—4000 万，共约有 160 种语别，1200 种方言，印第安人之间的对话，常人断然是听不懂的。传说第一次世界大战期间，协约国曾一度用印第安语言作为传递秘密信息的工具，非常可靠。现在当然不可能了，印第安人与外界接触多了，懂印第安语言的人也多了。可是作为印第安人，靠别人懂印第安语言来与外界沟通显然是不行的，要生存，要走出去，就必须学习部族以外的语言。因此，如今很多印第安人都能用外语与他人交流，尤其是英语。无论是船长还是舵手，也无论是司机还是厨师，我们所接触的人中，都或多或少懂得一些荷兰语和英语，导游就更不必说了，用英语与他们沟通，大都没有什么问题。在部落里，受过教育的年轻人都能用英语与他人交流。现在印第安人已不再是人们印象中的与

图 23 - 5　印第安儿童

世隔绝，他们与社会的联系越来越多，开始走出了部落，渐渐融入这个大千世界。

印第安人的谋生之道

苏里南印第安人朋友告诉我：印第安人谋生，一是栽种，一是捕鱼。我从文献中查阅到，农业方面，首屈一指的就是玉米。玉米是包括水稻、小麦在内的世界三大粮食作物之一，是由印第安人培育出来的，而后在全世界传播开来。据考古资料证实，早在 5000 年前印第安人就已经将野生玉米培育成为人工栽培作物了。印第安人培育出来的玉米有 20 多个品种，生长期有长有短，短的只要 3 个月左右就成熟了。自从 16 世纪初欧洲人把玉米从美洲印第安人那里带出来以后，由于它适应性强、产量高、播种和收获季节早，很快便在世界各地种植起来。特别是在高原、干旱和阳光充足的地区，玉米是主产作物。在世界各种粮食的总产量中，玉米的产量占有很大的比重。印第安人培育出玉米是一件了不起的农业试验。植物学家们认为，把野生玉米植物培育成农作物是农业史上最困难的试验，而印第安人在 5000 年前就将它试验成功了，的确为人类社会的发展作出了巨大

图 23 - 6　印第安人乐队

图 23 - 7 拉美原住民印第安人

大的贡献。玉米是高禾植物，而豆类为低禾和蔓藤植物，印第安人将玉米和豆类套种，首创植物间作技术，充分合理地使用土地，这是了不起的成就。玉米丰富的营养、较高的产量和对各种环境的较强的适应性使之成为印第安文明的物质基础，因而，美洲印第安文明又被称为"玉米文明"。马铃薯、甘薯（又名红薯、山芋）是很重要的食物，也是印第安人培育的。印第安人还培育出了木薯、山药等。研究者认为，除了中国大豆、欧洲蚕豆，其余如绿豆、豌豆、豇豆、云豆、赤豆、菜豆、架豆、扁豆、豆角、茶豆等所有的食用豆类都是印第安人培育出来的。此外，花生、西红柿、黄瓜、南瓜、西葫芦、辣椒、菠萝、鳄梨、草莓、可可（可以制成巧克力糖果）都是印第安人培养的。更有学者指出，世界上的植物食品，有 50% 以上都出自印第安人之双手。很难想象，没有印第安人的贡献，如今我们的餐桌上还有什么。印第安人还培育出了橡胶、烟草等多种经济作物。很早之前，印第安人就会将橡胶涂抹到斗篷上防雨。印第安人栽培的橡胶对人类的贡献可以说是无法估量的，"橡胶"一词来源于印第安语 cauuchu，意为"流泪的树"。现代工业的发展与美洲的橡胶有着密不可分的联系。橡胶是工业的基本原料，广泛用于制造轮胎、胶管、胶带、电缆及其他各种橡胶制品，几乎所有的工业部门都离不开橡胶。如果没有印第安人栽培的橡胶，世界工业就不会发展到现在的这种程度。有人说钢铁工业是西方旧大陆的骄傲，其实橡胶的贡献足以与之相媲美。此外，印第安人贡献了世界上大多数的棉花品种。印第安人培育出许多种药用植物和燃料植物，如提取奎宁的金鸡纳树、提取麻醉剂的高根（古柯）；至于染料植物则有十几种之多。

咖利比印第安人的长项不在上述农业，因生活在海边，有其独具特色的谋生之道，这恐怕是留给游客深刻印象的原因。

一是捕鱼。印第安人的传统生活方式，主要从事农业、渔业和狩猎。据说几万年前的印第安先民们，就是为了追逐猎物而从亚洲来到了美洲，又从北美洲迁徙到南美洲。他们也曾从事农业，会种地，相传在发现玉米、番薯、西红柿、烟草、可可等农作物方面功不可没。如今还有一部分人继续从事农业种植，比如西瓜、菠萝等，特别是西瓜种植业，几乎由印第安人所垄断，他们有经验，懂得技术，传统的种植技巧使其独领风骚，他们种出来的西瓜就是比别人的好吃，又大又甜。打猎和捕鱼更是他们的传统。俗话说，依山狩猎，近水为渔，苏里南的印第安人，一部分生活在

图 23 - 8　拉美原住民印第安人

深山老林里，这一部分人以狩猎为生，在南美大陆的原始森林里，有打不尽的猎物，足以养活这里的印第安人。但我们所到的这个部落，生活在水边，于是捕鱼就成为他们的主要生存手段。捕鱼工具仍然是落后的，一条不足 10 米长的小船，没有桅杆没有帆，装上一个马达，带上鱼网就下河了，他们船小不敢出海，因此，很难指望能有大的收获。我看到他们归来的船上，捕到的都是一些鲶鱼之类的无鳞鱼，有的重达几十斤，也有一些回游入河的海鱼。这里的印第安人还有一个习俗，他们的捕鱼方法很另类，那就是他们不是用网捕鱼，也不是用钩钓鱼，而是用弓弩射鱼，且视之为男人生活技能的必修课，如果不能过关，女人都不会嫁给他。他们将捕到的鱼拿到法圭出售，买回一些生活用品。

二是经营餐饮住宿。整个部落只有两家旅馆，规模都不大，各有20—30 个床位，充其量只能称得上是个招待所，绝对算不上星级旅馆。简陋的房间，简易的床，没有电视，门窗没有纱窗。有淋浴设施和热水，屋后高高架起的几只黑色大水桶便是洗漱用水的水源。因海水不能吃，岛上没有淡水资源，印第安人饮水靠储存雨水，接待客人的饮用水就只能是瓶装水了。印第安人的饭实事求是地说不难吃。其风格接近于中餐，饭是饭，菜是菜，汤是汤，肉切成一片一片的，而不是西餐中的大块肉排、鸡排，蔬菜已炒熟，而不是西餐中的生吃，拌点色拉。

三是提供印第安人民族传统节目有偿演出。印第安人能歌善舞，虽然比较粗犷原始，但有能吸引人的独到之处。本来每逢大的祭祀活动、节日庆典都有传统的歌舞仪式，现在，印第安人部落以开发旅游谋生，提供有偿演出不失为一条路子。我们欣赏了一场传统的印第安盛装表演，有机会真正体会到印第安人的民族氛围。那一声声互致问候的"阿喽—哈"，把我们带进了印第安人的神秘世界：原始的环境，粗犷的方式，简陋的条件，生动地展现了印第安人如何繁衍生息，代代相传；女人优美的草裙舞，男人彪悍的火神舞，婀娜间饱含柔情，狂野中展示豪放，浓妆重彩，原始奔放，给人以远离现代的另一种美的享受。一方面感受真正的印第安人部落，和印第安人一起实实在在地生活，同时，又观看印第安人的表演，自有一番情趣。

四是经营动物园，供游客有偿观赏。咖利比印第安人部落有一个可玩之处，那就是微型、特型动物园。同事高广灵在一篇文章中这样描述逛咖利比动物园的情景：

闲来无事，我们一行人安步当车，在导游的带领下，向动物园走去。一路上自然都是柔软的黄沙，走起来较平路略显吃力。所经之处，我们看什么都觉得新鲜：低矮的茅草屋，简陋的生活条件，恬静而平淡的日子，人们习以为常，真的是知足者常乐。阳光下的燥热中，除了鸟啭虫鸣再没有别的声音。蔚蓝的天空，浮云朵朵，成群地盘旋着似鹰而不是鹰的不知名的黑鸟，悠闲自在。树梢上，几只同样的黑鸟引起了我们的注意，它们落在枝头，背对着太阳，张开翅膀，一动也不动，它们真的很聪明，累了，热了，张开翅膀，既遮阳，又通风，太会享受了。没走多远，前面突然传来女人的尖叫，我们快步赶了过去，有惊叫之声必有惊奇之事。果然，一只宠物狗大小的本地动物，低头拱着地径向我们走过来，对面前这些人不屑一顾，也没有任何畏惧。原来这里是没有围墙的开放式动物园。

我们好奇地追随着这只小动物向前走去。蓦然间，又是一声尖叫，一只还不及猫大的小猴从树上跳了下来，落到一位女士的身上，这突如其来的情况，吓得毫无精神准备的她顿时花容失色。惊魂甫定，又有一只接踵而至，这一次就没有那么可怕了。接着，惊叫之声此伏彼起，都是小猴惹的祸。真是神兵天降，这里的树上居然埋伏着千军万马。当大家知道它们全无恶意，也不伤人之后，迅速转惊为喜，异常兴奋，与它们玩得甚欢。那些小猴也着实可爱，滑稽可笑，机灵的双眼炯炯有神，谁手里有吃的、喝的，就到谁的身上去，得不到东西，就去翻口袋，一点儿也不见外。它们还真识货，对矿泉水不感兴趣，有颜色的才要，一位女士刚刚喝了一口的橙汁，硬生生让一只猴子抢了去，一蹿便上了树。它也真有办法，完全凭借自己的智慧把瓶盖打开了。它不会喝，就用手伸进瓶里往外掏，再往嘴里送。人们尽情地与猴嬉闹，开心极了，肩上、头上都是猴，它们吃着、玩着，全然不顾是否会给它们带来什么危险。除了猴子，园内还有山龟、鳄鱼、野猪和一些不知名的动物。园主拿出一条长约两米的蛇，缠在脖子上，看看没有什么危险，我们中间胆子稍大些的便接了过来，放在自己肩上，留下一张小照。

随印第安人一起看海龟下蛋

咖利比印第安人部落最吸引游客的地方是看海龟下蛋。到达印第安人部落的当晚 11 点钟，导游领着大家，乘船前往法属圭亚那海滩，那是海龟年年下蛋的好地方。从苏里南海岸到法属圭亚那海岸，船行约半小时。船工凭着月色前行，有时候要打开旅游灯，凭灯与前方联络。虽是半夜，在大海上航行，海风呼啸着刮过船头，大家并不觉得冷。听说海龟午夜前后乘潮上岸，扒一小时坑，下两小时蛋，再花一些时间掩埋，天亮之前必须返回大海。我们想看它，就只有不睡了。

海上悬着明月，月光如银，照在沙滩上，回头看咖利比渔村海岸，海浪、椰树、人影，都能看得见。船开了半小时，快靠岸了，坐在船中，极目所见，远处海湾里有小镇闪烁的灯光。夜半潮起，涛声如雷；潮起潮退，白浪如雪，多么好的夜，多么好的海，多么好的月色，多么好的海滩！更使我感慨的是，多么好的印第安人船工啊！

印第安人导游招呼我们下船，我看到，一浪上来，先下去的是浪，火舌一样一舐即回，但是沙里的海水退下去却像拉幕，又像云移，看着看着它的水退沙干。一浪下去，没有杂物，没有贝壳，只留更加平滑的沙滩。

印第安人导游告诉我们，目前只有一只海龟上岸，但这只海龟太大了，体重恐怕有千斤之多吧？比一个成人睡下来还长，高达六七十公分，背上背着小船样的壳。大家围着听导游讲解，声音很小，听众也无声无息。没人去摸海龟，偶尔有闪光灯亮起，导游用特制的红外线电筒指点海龟的部位仔细地介绍海龟的各种情况。海龟似乎见怪不怪，继续下它的蛋，一只蛋有乒乓球大小，其实更像我们江南人家刚煮熟的汤圆，黏黏乎乎，先后共下了几十个蛋。大家笑我们这些人都有"窥私癖"，人家生孩子我们围着看，看完了还不走，做出各种姿势跟海龟照相。海龟用尾巴把沙扫到蛋上面，以保护蛋的安全，然后，慢慢悠悠地回到了大海之中。

在回咖利比部落的途中，我感到，咖利比印第安人过的真是神仙般的日子。

与印第安人交朋友

在驻苏里南三年半时间里，与印第安人互动频繁，往来密切，感觉到印第安民族可以说是世界上最好客的民族，热情好客是印第安人的民族传统与民族性格。印第安人正直、朴实、刚毅、勇敢、感情丰富、温柔、谦和、说话算数、忠厚老实、慷慨大方，可以称得上是世界上道德最高尚的民族。哥伦布在他的《航海日记》和写给西班牙国王和王后的报告中都有对印第安人高尚道德的描述。在不断交往中我和印第安人交上了朋友。

第一次邀请印第安人组织主席做客官邸。2009 年 10 月 8 日，我以大使名义正式邀请苏印第安人组织主席阿鲁玛及各委员做客官邸。阿鲁玛主席一行着印第安人民族服装，早早到来，他们向我详细介绍了苏 25000 名印第安人的情况，同时介绍了世界及拉美地区 3 亿印第安人的历史和现状。苏里南印第安人第一次在中国大使馆品尝到美味可口的中餐，喝到清纯浓香的茅台酒，品到香气扑鼻的龙井茶，兴奋不已。

第一次安排印第安人学生到中国公费留学。同印第安人交往的过程中，我了解到从未有苏里南印第安人学生到中国留学，于是，使馆与苏里南教育部联系，从中国提供的每年六个到中国留学的名额中，留下一个给

图 23 - 9　邀请苏里南印第安人组织主席和其他印第安人朋友等做客官邸

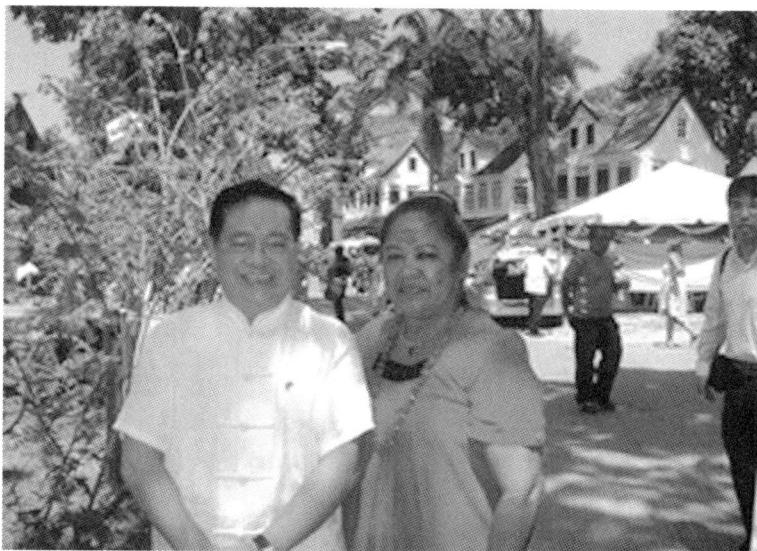

图 23 - 10　与苏里南印第安人组织全国主席合影

印第安人，又与中国教育部有关部门联系好，确保录取印第安人留学生。苏里南印第安人组织推荐的学生离正常录取在条件方面还有所欠缺，中国教育部从关心苏里南印第安人出发，决定破格录取，填补了这方面的一个空白。

第一次推动苏里南印第安人组团访华。2010 年，经使馆推动，中国对外友协邀请苏里南印第安人组织主席阿鲁玛率团访华。对外友协王宏强对我说：他们从没有接待过印第安人代表团，也不知道印第安人长的什么样子，他们对接待印第安人代表团很重视，很期待。对外友协党组书记、副会长李小林亲自会见、宴请代表团。代表团在华期间受到热情接待，参观访问了不少地方。阿鲁玛主席结束访问回到苏里南后，专门给我写来了感谢信，同时在报刊上发表文章，盛赞中国是印第安人的好朋友。

多次出席苏印第安人文化展。例如，2010 年 8 月 9 日，我出席苏亚马逊保护基金会等筹办的印第安人文化展。此次展览展出了华裔艺术家魏南光先生及当地印第安人艺术家的绘画和雕塑作品，展示了原著民的生活风貌及热带雨林原始风光。主办方希望通过此次活动纪念苏"印第安人日"，并呼吁各方保护传统的印第安人文化。我与艺术家和到场嘉宾进行了友好交流，并详细了解了印第安宗教等情况。

　　每年出席国际印第安人日庆祝活动。我喜欢出席这一活动，因为这一天印第安人穿得最有民族特色。提到印第安人的服饰，给人印象最深的就是独特的头饰鹰羽冠了，这的确是印第安人服饰的一大特色。印第安人衣着装饰非常简单，甚至不穿衣服，但是许多印第安人服装的色彩、款式各不相同，装饰品的材质、样式多种多样，充满了民族特色，也称得上绚丽多姿。随着社会的发展印第安人生活水平也在不断提高，一些社会经济较发达和人数较多的印第安人的支系部分地保住了自己的风俗和传统文化。一些生活在偏远森林山区的印第安人部落至今仍保留着独特的风俗和传统文化。许多地区的印第安人还保留着古代印第安人的衣饰习俗，他们至今仍喜欢穿富有本民族特色的传统服装，戴富有本民族特色的传统饰物。印第安人把羽毛作为勇敢的象征、荣誉的标志，还经常插在帽子上，以向人炫耀。拥有鸟羽象征着勇敢、美貌与财富。此外，根据颜色及佩戴方式，鸟羽也象征不同的社会地位和情感状态。

　　出使苏里南三年半，遇到三次国际印第安人日，每年我都参加庆祝活动，向苏里南印第安人组织赠送礼物。2010 年 8 月 9 日，我第一次参加国

图 23 - 11　参观印第安人艺术作品展

图 23 - 12　印第安人与他们的工艺陶瓷

国际印第安人日庆祝活动，同苏议长西蒙斯、看守政府环境整治与土地森
林政策部长杨进华及各国大使等一同出席了苏原著民协会举办的"国际
印第安人日"系列活动。2011 年 8 月 9 日，我第二次参加苏里南印第安
人组织举行的庆祝活动。与苏议长西蒙斯、公共工程部长阿卜拉汉姆、教
育部长萨伯恩、贸工部长米西金、社会福利与住房部长阿玛弗、青体部长
阿贝纳等政界高层人士，观看了来自加拿大、特多、法属圭亚那和本土的
印第安人表演的具有浓郁印第安部落风情的歌曲和舞蹈。这时，我和印第
安人组织主席等早已是老朋友了，他们看到我的到来十分高兴。2013 年
国际印第安人日这一天，我又与印第安人老朋友见面，向他们祝贺生日，
不同的是，这一年，我邀请湖南油画院执行院长蔡国胜和来自中国美术学
院的画家安滨来苏里南写生创作，他们到苏里南的第一件事就是参加印第
安人日庆祝活动，创作以印第安人为题材的作品。美国驻苏里南大使内伊
了解这点后，连声夸奖这个活动好。印第安人组织在此次活动中邀请了来
自美国、加拿大、特多、秘鲁、法属圭亚那等地的印第安人来苏庆祝。他
们与苏本地印第安人一起为参与活动的观众表演了具有不同地域特色的印
第安民族风俗节目。蔡国胜曾是新华社记者，新华社当天就发了他为苏里
南国际印第安人日系列活动编写的稿件和拍摄的照片。这应该是中国媒体

第一次报道印第安人日庆祝活动。在庆典上，两位画家认识了前来参加庆典的苏总统鲍特瑟的代表、苏人民教育发展部（文化教育部）常秘（类似于我国常务副部长）塞多，他们很快成了好朋友。为了探讨表现印第安人的艺术，我陪同两位画家到苏里南艺术家魏南光家中做客。魏教授是苏里南杰出华人艺术家，其作品反映了苏印第安人的文化特点，搭起了华人了解苏里南特别是印第安人文化的桥梁，也为宣传推广中华文化做了大量卓有成效的工作。我们一起欣赏魏先生创作的表现印第安人的油画、雕塑等艺术制品，观看反映魏先生深入印第安人部落观察生活、从事创作的视频材料。

第一次邀请印第安人参加使馆组织的有苏里南上流社会人士参加的活动。例如，在使馆推动下，苏里南华人妇女会成立，经使馆牵线搭桥，苏里南总统夫人、华裔英格丽德担任华人妇女会名誉会长，为此，使馆举行

图 23 - 13　纹身的印第安人（华人画家魏南光作品）

图 23 - 14 两位印第安人（右）应邀参加使馆活动

名誉会长就任仪式，使馆女性与妇女会联合演出系列文艺节目，同时举行了舞会和餐会。使馆特意请苏里南印第安人组织派员出席，与大家同歌同舞，同吃同喝。

苏里南总统鲍特瑟主要是印第安人的血统，他能成为苏里南国家元首，是苏里南印第安人社会地位提高的标志。随着社会的发展，印第安人的地位会得到进一步的提高，这是毫无疑问的。

第五篇　拉美廉政掠影

第二十四章　反腐倡廉中的"小题大做"

苏里南第二大城市日计里市市长尚卡尔倒霉透了，他继任市长只半年时间，因私人纠纷一时兴起而与人发生肢体冲突，不仅丢了官，而且还被判坐牢半年。在我看来，这是典型的"小题大做"。

市长坐牢冤不冤？

尚卡尔每天自己开私家车上班，一天车坏了，他请来了修车的上门修理。修好后，尚卡尔与修车的结账，不知为什么，两人发生矛盾并吵了起来，市长大人一怒之下，顺手拿起一根皮鞭朝对方抽去。这一鞭给尚卡尔带来了灭顶之灾，苏里南媒体声音一边倒，纷纷谴责尚卡尔仗势欺人，他所在的主要执政党民族民主党发表严厉谴责的声明，市长大人因打人触犯了刑律被捕入狱，并被提交法庭审判。尚卡尔在法庭上对自己挥鞭打人伤害公民悔恨不已，诚恳道歉，当然也连带为自己辩护几句。尚卡尔因一鞭之"罪"，党籍没有了，公务员的铁饭碗没有了，市长的位子没有了，还被判坐牢半年。

在我看来，尚卡尔总的来说还是个好官。为什么这么说呢？首先他是开私车，而不是开公车上班，为公家省了车；其次他自己亲自开车，为公家省了司机；再次，他修车费自理，而不是找公家买单，说明他公私分明；四是修私车之类的小事，他亲自打理，而不是有劳秘书或其他勤杂人员，说明他体贴下属，不仗势剥削他人劳动力；五是犯案被捕以后，不仅不认为自己冤枉，反而认为自己的"罪过"伤害了公民，损害了公务员和执政党的形象，因而诚恳认错，一再道歉；最后，尚卡尔上任时间虽只有半年，却努力工作，确实打算有所作为。退一步讲，不就是打了一皮鞭吗？给个党内警告处分，或者责令其公开道歉，或者再把市长职务给撤了就行了，犯得着判刑坐牢、丢掉公务员的饭碗吗？怎么就不能像我们常说的那样看"两全一贯"（看全部历史、全部工作和一贯表现），从爱护挽救干部出发，实行"给出路"的政策呢？再说，修车的就一点错误没有吗？一个巴掌拍不响嘛！我把我的看法曾告诉尚卡尔的继任者、前国会议员朱鲁姆辛，想不到朱不认同我的看法，认为任何人打人都犯法，何况是一个市长。

老市长入狱亏不亏？

比起尚卡尔来，尚的前任桑甘因腐败落马，虽然咎由自取，但在我看来，也是"小题大做"，罪不当罚。桑甘是印度裔苏里南人，担任日计里市市长好几年。我于2010年曾专程拜访他，还特意邀请他出席中国人民对外友好协会举行的中拉友好合作论坛，他愉快地接受了邀请，但想不到没来得及成行就东窗事发，一夜之间成了阶下之囚。他和市政府十几个官员一起，通过做假账的方式，把5万多苏元（10万多元人民币）平分了，每人分了大约4000苏元。桑甘和部下一干人通通被捕，并被提交法庭审

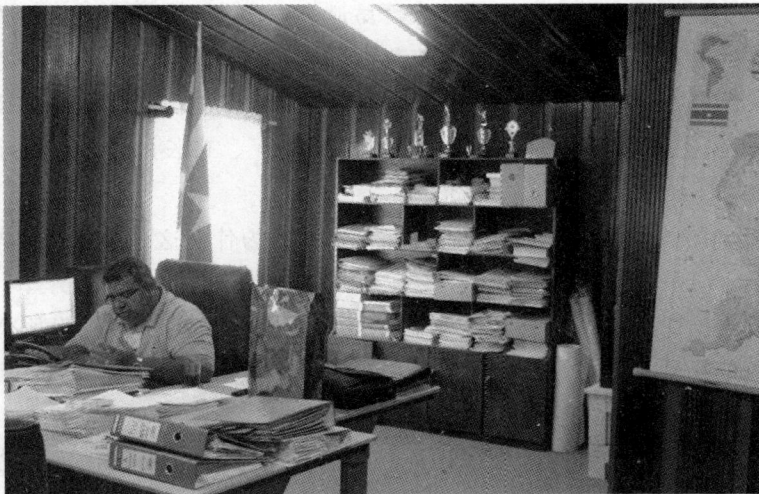

图 24-1　因贪污而入狱的苏里南第二大城市日计里的桑甘市长

判，其本人被以贪污罪判了 3 年徒刑，其他人都受到惩处。使馆政治处官员当时在使馆读报和形势务虚会上和我谈到这件事时，我当时就说，钱这么少，判这么重，有点"小题大做"嘛。有点奇怪的是，苏里南媒体对这位市长一片讨伐之声，除了他的律师在法庭上为他辩护，没有其他人为他说好话。

苏里南政府公共工程部主管大型基础设施和住房建设，不少人担心有猫腻，习惯于用不一般的眼神盯着该部。2010 年新政府成立后，依照法律对上届政府公共工程部的大型项目进行审计。审计结果发现有 20 万苏元左右的投资支出有违法违规嫌疑。审计报告被提交到议会，议会就此开展了一场辩论。反对党为上届政府公共工程部辩护，因为上届政府运行期间，现在的反对党是执政党；现在的执政党则力主继续调查，顺藤摸瓜，一定要查出公共工程部过去 5 年来的腐败行为。议会表决的结果是成立专门的清查小组，负责把问题查个水落石出。鲍特瑟总统和西蒙斯议长就此高调发表反对腐败的讲话。我看到媒体对此的专门报道后，心里想：一个国家的公共工程部，5 年下来，累计涉嫌违法违规的投资支出才 20 万苏元，又不是贪污，这算多大的问题嘛。要我看，公共工程部前 5 年的投资支出还做得不错呢。看来，苏里南对公共工程部的这次审计清查，又是一次"小题大做"了。

"小题大做"好不好？

在反腐倡廉中"小题大做"好不好？笔者情不自禁地为此拍案叫好！为什么？就国外"小题大做"的案例来看，至少有这样几点好处：

首先，合乎政纪法规的"小题大做"，对高官来说有利于警钟长鸣，有利于形成强有力的约束氛围。"小题大做"不等于无限上纲、不讲政策，把人往死里整；而是严格按政纪法规办事，不因为官做得大、资格老、功劳多，就将功折罪甚至网开一面。之所以联想起"小题大做"，往往是资格老的、功劳多的，特别是官大的出了事，一旦处理起来，往往使人觉得埋没了人家的功劳，埋没了人才。所以，"小题大做"的要义就是功是功、过是过，不能以功掩过，不能因为是高官、是人才，就可以大事化小、小事化了。最典型的是法国前总统希拉克的案例。希拉克被起诉在

1977—1995 年担任巴黎市市长期间，利用职权虚设公职，为自己及同党、亲信牟利，令纳税人耗费了 140 万欧元（180 万美元），涉嫌贪污和违反诚信。堂堂 18 年的巴黎市长，即使真的浪费了纳税人 180 万美元（约1100 多万元人民币）就有很大的罪过了？他并没有把钱塞到自己口袋里。退一步说，虚设公职，那不是多安排几个人，关心干部吗？顶多就是一个私自突破编制，用人非贤，那不就是公职上的一个失误吗？然而，法国一家法院 2012 年 12 月 15 日宣布对前总统希拉克的贪污指控成立，判处缓刑两年。希拉克成了"二战"之后法国首位获刑的前国家元首。法新社说，在此之前接受裁决的只有通敌叛国的前领导人菲利普·贝当。再往前的话就只有 1793 年被送上断头台的最后一任法国国王路易十四。这次审判，即使是法国国家公诉人也认为希拉克是清白的，但是最终的裁决却"让人吃惊"。不过，在民意调查中，他仍然是法国民众最受欢迎的人物之一。英国《金融时报》的报道说，希拉克是"二战"后最杰出的法国政治家之一，此次判决对他来说无异于沉重一击。

其次，"小题大做"对不少高官来说是敢于负责、勇于担待的表现，体现的是向善的道德追求，有利于净化社会政治生态和道德生态。例如，2012 年 9 月 1 日，韩国总统李明博就韩国 7 岁女童惨遭性侵向韩国国民道歉。8 月 31 日，韩国全罗南道罗州市一名 7 岁女童 A 某在睡梦中被人用被子卷走并受到性侵，案件次日告破，这一案件震惊韩国社会。案发当天上午，总统李明博访问了首尔西大门区警察厅，在听取了警察厅长金基用的报告后，向受害者家属表示了慰问，并向韩国国民道歉。李明博表示，"今后将把加强治安作为国政的最优先课题"。国家元首日理万机，案发当天总统就来到案发所在地警察厅，这已够以人为本了，但李明博仍坚持道歉，这既显示了他的怜悯之心和愧疚之怀，也是对加强治安、打击犯罪的一种变相的承诺。又比如，2008 年 6 月，泰国外交部长诺巴敦与柬埔寨方面签署了关于柏威夏寺申请加入世界文化遗产名录的泰柬联合公报，此举没有事先取得国会批准，违反了泰国宪法。7 月 10 日，外长诺巴敦宣布辞职。诺巴敦说："尽管我并没做错什么，但我还是通过辞职以表我的责任感。"

再次，"小题大做"不仅宣示了在法规政纪面前人人平等，而且凸显了高官严于律己、率先垂范的理念。仍以韩国总统李明博为例，2012 年 7 月

24 日下午，李明博发表电视讲话，就最近发生的亲属和亲信腐败事件向韩国国民道歉。他说："不光彩的事情最近发生在我家人和亲信身上，使国民十分忧虑，我为此低头向国民道歉。"据报道，李明博的亲属或亲信最近接连卷入腐败案件。当月 10 日深夜，韩国大检察厅以涉嫌收受非法政治资金为由拘捕了李明博兄长李相得。李相得 2007—2011 年收受近 6 亿韩元（约合 52 万美元）资金。两个月前，李明博竞选总统时的得力助手、曾担任经济部次官的朴永俊涉嫌收受 1 亿韩元贿赂遭逮捕。韩国放送通信委员会前委员会长、号称李明博"政治导师"的崔时仲也因涉嫌收受贿赂而遭逮捕。总统本人并没有贪污受贿一分钱，只是亲戚朋友涉嫌犯罪，但总统"小题大做"，"低头向国民道歉"，这一举措对反腐倡廉的意义不说自明。2006 年年初，越南"交通部特大公款赌球"丑闻曝光，越南总理潘文凯 6 月 16 日就此接受国会代表质询时说："政府官员的腐败现象与官僚作风日盛，在社会中引起民愤与不平，阻碍着民族的进步，关系着国家的存亡，作为政府总理和越共中央政治局委员，我对此感到无比愧疚。"潘文凯的任期本来到 2007 年 7 月结束，但潘"小题大做"，主动提前下台。

最后，"小题大做"显示了权力制衡机制的力量。实事求是地说，"小题大做"案例中的不少当事人，不是主动"小题大做"，而是被"小题大做"，他们之所以东窗事发，狼狈下台，甚至沦为囚徒，是权力制衡的结果。有人认为，"小题大做"是党同伐异的表现，甚至是"狗咬狗"的结果。例如，有人把美国中央情报局局长彼得雷乌斯将军的下台看成是联邦调查局和中央情报局两大特工部门争权夺利、互不买账、彼此叫板的结果。笔者认为，这不正说明反腐倡廉不能仅靠自己，必须立足于权力制衡吗？！如果没有联邦调查局的介入，中央情报局本身恐怕难以曝光身为四星上将的局长大人的婚外情吧？

其实，并非只有外国在反腐倡廉中有"小题大做"现象，新中国也不乏这方面的事例。例如，志愿军十六军军长尹先炳战功显赫，他任八路军旅长时，开国上将秦基伟是他的副手，只因为和一个女兵发生婚外情，本来可以被授予中将军衔的这位老红军，竟然只被授予大校军衔。老革命家王鹤寿也不过因同样的婚外情错误，被撤销冶金部部长职务，下放到鞍钢。毛泽东特别说过："王鹤寿不爱江山爱美人，鞍钢的'四清'要擒贼先擒王。"由此看来，"小题大做"在反腐倡廉中并不是偶然现象。

第二十五章　从廉政角度观察苏里南

　　苏里南1975年独立，国龄虽只有36周年，却是一个特色鲜明的年轻国家，这里没有地震，没有海啸，没有台风，没有火山，没有瘟疫，没有战争，没有革命，没有历史，没有民族冲突，没有宗教传统，没有边界冲突（与圭亚那有边界争议）。但更重要的是，苏里南没有特权阶层。我担任中国驻苏里南大使已一年半时间，一方面，我常常会感受到这个国家各族人民和睦相处，人民活得轻松，活得很有尊严，幸福指数很高；另一方面，尽管三权分立，监督机制总体健全，言论非常自由，媒体透明度也很高，但腐败照样有，刑事犯罪照样有，有时候还会比较严重。

图 25－1　一栋楼里挂着三个政党的旗帜

没有特权阶层的社会

苏里南人非常纯朴，对人友好，人人自尊自立，平等往来。2011年1月12日，苏里南一位作者举行签名售书活动，费内西安前总统（曾任3届总统，先后15年，现仍为议会在野党领袖、苏里南民族党主席、国会议员）和华人议员曾少猷应邀出席，作者对书作一番介绍后，大家到另一个房间排队购书，前总统和议员也不例外，且排队位置靠后。费内西安一面排队，一面掏腰包，拿出买书的钱。中国人可能感到惊奇，作者虽然请来了前总统和现议员，但她对前总统没有任何特别安排，不是优先把书卖给前总统和议员，更不是无偿赠送，也没有人请前总统可以不必排队，没有人代替前总统排队，尽管他已74岁高龄，尽管他在苏里南政坛仍有很大的影响力。更令中国人难以理解的是，曾少猷是费内西安任党主席的民族党的党员，一直是费的部下，他也没有说老领导您不必排队，我替你买一本就是了。大家和前总统交往，无拘无束，谈笑自然。费内西安前总统不觉得丢脸，其他人也不觉得对前总统这样是不礼貌。作为前总统，费内西安仍然有保镖，但保镖也没有替总统排队。

图25-2　华人议员曾少猷常常抨击政府腐败

图 25 - 3   苏里南主要反对党领袖、前总统费内西安

2011 年 1 月 19 日晚，我在使馆宴会厅宴请苏里南内政部长莫斯塔德亚等 11 人。部长第一个到，他的部下都比他后到，最后一个迟了半小时才到，这在苏里南司空见惯，在中国可是犯了官场大忌。奇怪的是，部长不认为部下迟到不礼貌，也不认为在外事活动中这样不妥，而是耐心等待部下一个个来使馆，笑容满面地介绍每一个部下。

苏里南人在法律面前人人平等，任何人对司法独立都表示尊重，即使是总统，也不能凌驾于司法之上。2011 年 1 月 21 日，费内西安前总统应法庭传唤出庭，为前任司法和警察部长吉尔兹上诉案作证，现任检察院检察长本华西也被传唤到庭。吉尔兹因为洗黑钱而于 2009 年 5 月 4 日被判处 1 年徒刑。使我印象深刻的是法庭的权威，是政要对司法独立的尊重，即使是前总统、现反对党领袖，即使是国家的检察长也不例外。

副议长阿兰迪率领他的党 2010 年 5 月参加大选，按规定，各参选政党必须在规定时间内上交参选文件，办理有关手续。由于受党内意见不统一的影响，部分材料上交比规定的时间晚了半小时，被选举局裁定没有资格在首都参加大选。根据民调，他本来很可能当选为副总统，他的失误意味着他不仅当不成副总统，而且失去了当选议员的资格。阿是时任总统费内西安的政治盟友，是联合执政的伙伴，阿的失误不仅害了他本人，而且连累危及费内西安的党的选情。阿自然不甘心，希望费内西安利用总统权力改变选举局的裁定，但费认为自己不应该为党派利益滥用总统职权，而是主张由法庭裁决。最后，法庭裁决维持选举局的裁决，阿虽贵为副议长，也不得不表示服从。

使我印象更深刻的是，鲍特瑟总统身陷一桩大官司，他被人指控涉嫌制造了 20 年前的谋杀案。他当选总统前，法庭已开庭。当选总统后，对他的审判照样进行，媒体对审判进展情况密切跟踪报道。从没有人说他利用职权干预对自己的审判。我感到，这一审判并没有损害苏里南国家的形象，没有损害总统的形象和权威。

人人在监督机制之下

在苏里南，议会监督十分有力。议会有议员 51 人，经常开会，具体到某一个人申请加入苏里南国籍这样的"小事"，都要经过议会表决通过，政府大的决策更要经过议会批准。苏里南总统最近发表总统令，设立第一夫人办公室，确定了第一夫人的工作任务，也确定了第一夫人月薪为 8000 苏元（约 16000 元人民币），这一规定也适应已下台的费内西安前总统夫人，因此，前总统夫人可以领到补发的几年的工资，累计有几十万苏元（1 苏元约合 2 元人民币）。命令公布后，引起媒体和社会一片批评的声音，执政党的一些议员也公开表示了不同意见（公开在党外与党的领袖唱反调），前总统夫人表示拒绝领用这笔钱，议会也开会讨论此事。

在苏里南，人人在舆论监督之下。苏里南《星网》等媒体，包括华文报纸《洵南日报》1 月 23 日、24 日分别发表了题为"维基解密：鲍特瑟至 2006 年仍然参与毒品走私活动"的文章，公开了美国驻苏里南大使馆和美国驻圭亚那大使馆分别发往美国的外交公文，明确向华盛顿报告苏里南现总统鲍特瑟何时贩毒、和谁一起贩毒、在哪里贩毒、贩毒获得了哪些好处，等等。文章甚至公开说鲍特瑟和毒贩坎恩一起组织过谋杀行动，雇用职业杀手，企图谋杀前司法警察部长山度基、国家检察长本华西。使我惊异的不是文章披露的内容，而是文章发表后鲍特瑟和官方毫无反应。既没见到官方要求美国大使馆予以澄清，官方没有宣称这是造谣污蔑，也没有封闭有关网站和回收报纸，更没有以"诽谤罪"、"诬陷罪"等理由抓人。

2010 年，副总统萨灸官邸的发电机坏了，需要换一台新的。萨灸在内阁会议上提出，他在官邸经常进行公务活动，因此，更换电机的费用应由政府买单。报纸予以披露后，反对党的议员在议会提出抵制，最终，萨灸不得不自己掏腰包。政府公共工程部长亚伯拉罕斯装修部办公大楼，费用大大超过预算，多家报纸公开指责里面有猫腻，有的报纸更直接言明这位部长大选当中投资不少，大选胜利了，当上了部长，要通过装修把投资收回来。反对党更是抓住此事在议会会议上穷追猛打，弄得这位部长灰头灰脑，其他部长也一度因此谨小慎微。中国援建的苏里南外交部办公大楼交付使用一段时间后原定要予以维修扩建，并且是由中方买单，因公共工程部办公大楼装修超预算受到严厉批评，外交部长决定外交部办公大楼维修扩建予以推迟，等风头过了再说。

2010 年圣诞节到 2011 年中国春节期间，苏里南社会治安状况不那么好，出现抢劫凶杀案件，并且迟迟破不了案。各报纷纷发文公开抨击负责此事的政府司法警察部长密斯匠，议员在国会对密斯匠提出质询，这位部长不得不作出解释，结果因答非所问且用词不当，又招来一轮新的批评。

舆论的力量在苏里南非常之大，任何人都不能不对此有所顾忌。政府

图 25 - 4　苏里南总统鲍特瑟

土地部长上任只有 3 个月，报纸上发表了揭发他以权谋私的文章，其实，只是他的性伙伴和性伙伴的一个亲戚向土地部申请获得土地，尽管土地部长一再声明他并不知情，而且即使知情也没有什么过错，舆论仍然不放过他，这位部长在部长位子上屁股还没有坐热，不得不灰溜溜地滚蛋。土地部长所在的党提出接替他部长职务的新的人选后，报纸上披露部长候选人在公司工作期间曾索取回扣，该党只好再另提人选。

在苏里南，人人都在司法监督之下。人人有权到司法部门控告别人，包括总统，人人也都有可能被别人控告。如果违法，人人都会受到追究。例如，前工党领袖、政府劳工部长因受贿而被判有罪坐牢。苏里南政府司法和公安是一个部，上届司法警察部长山度基虽然手握司法大权和公安大权，但他在任期间，成为民告官的主要对象，可说是官司缠身，不断被人，甚至他的部下告到法院，他常常赢了官司，常常又输了官司，人们并不因为他是强力部门的领导人就不敢告他。政府卫生部长瓦特贝赫因言语不慎，被人告到法院侮辱了别人，经法院审理属实，法院判决卫生部长登报声明予以道歉，部长乖乖地照办。国会议员、工党领袖、前政府部长卡斯特伦一面从政，一面在一家港口公司上班。港口公司今年解除了与卡斯特伦的劳动合同，卡认为公司违反了《劳动法》，将公司告到法院。新苏里南党原有一个党主席，不久前，党代会选出一位新的主席，但原来的主席不承认选举结果。中国共产党代表团 2011 年访问苏里南，与该党主席见面，新老两个主席都到了会见现场。老主席将新主席告到法院，请求法院判对方违法，法院判决重开党代会，再选举一次。

腐败现象比比皆是

不少人认为，一个国家，一个社会要想清正廉洁，遏制腐败，必须具备三个因素：一是多党制而不是一党制，官吏必须对选民负责，而不是只对上级负责；二是三权分立，相互制衡；三是新闻自由，媒体中立，舆论公开。苏里南不折不扣地符合这三个标准。首先，在苏里南，定期选举，朝野轮替，政党相互制衡，已成常态。2010 年 5 月进行的大选，被国际社会普遍认为公正自由，苏里南没有一个政党、没有一个选民对大选结果持有异议。其次，立法、司法和行政三权分立，彼此制衡，国会和法院不仅对行政部门，而且对国家元首都形成有力的制约。例如，现执政党在大选中向选民承诺一旦上台，将建造数万套低造价住房，将完成公路、电站等一批基础设施工程项目，但是，等到真上台了，却发现他们遇到了一个大问题，这就是苏里南法律规定：外债不能超过国家 GDP 总量的 35%，上一届政府举借的外债已 30%，剩下的贷款额度对新政府来说几乎干不成什么事，即使外国政府或国际组织愿意给苏里南新政府提供最优惠的贷款，他们也不能接受，否则就违法，在国会和法院就通不过。这个问题至今困扰着新政府。这个例子说明苏里南权力制衡是实实在在的。第三，苏里南官方没有报纸，各大政党也没有报纸，人们可以随意在媒体上批评总统，所以在苏里南的新闻自由是不容置疑的。那么，具备了上述三个因素，苏里南是否真的廉洁指数很高，是否有效地遏制了腐败呢，据我观察，答案是否定的。国际反腐败组织将苏里南一直列入腐败指数较高的国家之中。苏里南的腐败现象仍司空见惯，不胜枚举。

一是苏里南始终是拉美与欧洲之间的毒品通道，毒品经济作为苏里南地下经济的一个重要方面，无论官方怎么打击，都始终存在甚至发展。谁都知道，没有某些官员的参与配合，毒品通道不可能长久存在。从一定意义上可以说，走私毒品成了某些群体和官员相互依存的生活方式。

二是苏里南始终是非法移民的重要通道和目的地之一。苏里南由于其特殊的地理位置，成了非法移民进入欧洲的重要跳板，从圭亚那到苏里南仅一河之隔，从苏里南到法属圭亚那也仅一河之隔，乘船偷渡易如翻掌，进入了法属圭亚那，就进入了法国。退一步说，苏里南本身是移民的"天堂"，这个国家绝大多数人都是移民来的，不排外，好发财。因此，中国的一些"蛇头"和苏里南某些人士联手，做起了非法移民的生意。目前，非法移民到苏里南的"价格"已达 12000 欧元每人（10 万人民币），这笔钱由人贩子和苏里南有关人员分享。苏里南官方一直下大力气打击非法移民，但来自海地、圭亚那等国家的非法移民仍禁而不绝。显然，没有苏里南某些官员的参与，非法移民不可能成为苏里南全局性、持续性的一个现象。

三是偷税漏税现象十分普遍。苏里南 2010 年黄金产量 47 吨，价值 25 亿美元，国家获得的收益却只有 4500 万美元，只是个零头，该上交给国家的税大部分被截留掉了，一些经办官员和业主不当得利很多。不少税务官员只要个人得利，不惜减免业主税负，以致整体上苏里南零售业和其他行业常常税负低得出奇，例如，一个月平均纯利 7 万美元的零售店，交税仅 200 美元左右。某些海关官员与进口商联手，采取少报或瞒报进口品种、实际数量和价值的方法谋取私利，只图官员和进口商个人双赢，造成国家关税大量流失。为防止这一点，海关从中国进口了集装箱扫描仪。奇怪的是，某些人竟能编出种种理由，即使设备安装好了，硬是拖了两年一直没有启用。

四是公开或变相索贿现象比较普遍。例如，使馆进入机场接送客人或馆员，如需使用贵宾室，必须到机场领取机场通行卡，将卡别在胸前才能自由出入。每次办手续都要"意思"一下已成惯例。一次，使馆商务处一位官员不知道这一"潜规则"，没带任何礼品，办手续时，对方问："什么都没有带？"

五是不少官员私生活不严谨，"二奶"、"三奶"现象十分普遍。甚至访问中国的某些高官，和他们同行、在电视上亮相的"夫人"，其实是性伙伴。

从廉政角度观察苏里南的思考

一个朝野轮替、相互制衡、新闻自由的国家，一个反腐败要素基本齐全的国家，为什么腐败现象仍比较普遍？我对此思考了很久。我认为，权力制衡、司法独立、舆论监督毫无疑问是非常重要的，这是苏里南没有特权阶层的制度基础，是苏里南各族人民和睦相处，人民活得轻松、活得很有尊严、幸福指数很高的根本原因之一，也是苏里南没有出现过数额巨大的贪腐受贿案件的一个内在原因。因此，加强权力制衡、加强舆论监督，任何时候、任何情况下都是反腐败的关键。但是，光有这个还是不够的，还必须着力提高全民的文化素质。与日本、新加坡、挪威等廉政指数居于世界前列的国家相比，苏里南不缺权力制衡，不缺司法独立，不缺舆论监督，缺的是高素质高文化的国民。苏里南几千年来一直是部落社会，原住民是印第安人。西班牙、英国、荷兰先后在苏里南建立殖民地，医院、学校、孤儿院等现代的东西才引入苏里南。苏里南建立现代意义上的国家只有几十年，苏里南独立时，三分之一强的国民留在了原宗主国荷兰，而这些人在苏里南人中相对来说素质较好、文化水平较高、较为富裕。留在苏里南的国民不少是文盲，至今不少黑人仍过着丛林生活，接受信息、接受教育条件很差。苏里南第一大族群来自于印度，印裔苏里南人与印度人相比，最大的区别是印裔苏里南人中没有种姓制度，原因很简单，移民到苏里南的印度人十之八九是贱民，原来生活在印度社会的最底层，走投无路才来到苏里南。本来，种姓越高越吃素，贱民则是鸡鸭鱼肉什么都吃，所以，在苏里南的印裔苏里南人中，难得找到出身于高种姓婆罗门、刹帝利的，难得找到素食主义者。这就决定了作为苏里南最大族群的印裔苏里南人，文化积淀先天不足。至于苏里南社会中其他主要族群，如爪哇人、华人，受过良好教育的很少。华人移民苏里南已 158 年，最初几批华人都是作为契约劳工来苏里南的，认得字的没几个人。后来，失败的太平军不少人逃命到苏里南，这些人当然也没什么文化。苏里南华人多数是中国改革开放以后移民到苏里南的，绝大多数是来自于广东、浙江、福建、海南的农民。因此，整个苏里南国民的文化素质不太高，受过高等教育的苏里南人，包括华人，文凭到手，就留在欧美，成了外国公民。这就是为什么即使是政府中的某些部长，也没有受过高等教育。

由于缺乏高素质高文化的国民，苏里南不少人习惯上仍按传统方式生活，如对婚外性生活持开放、包容态度，因为苏里南原住民和最早的外来族群黑人本来的生活方式就是如此。这就是苏里南人对一些高官，甚至总统，有婚外性生活见怪不怪的原因。苏里南议长苏摩哈尔乔亲口告诉我：某国会议员有"妻子"40 多人，小孩 100 多个。议长幽默地说他很遗憾，他身体不强壮，不能多拥有"妻子"。苏里南人常常津津乐道地告诉我，某某部长的情妇是谁，某某女部长是某某的情妇，等等。使馆的黑人花工语带自豪地告诉使馆官员，他有几个情妇，他昨天开的车是这个情妇的，今天开的车是那个情妇的。使馆圣诞节请当地雇员吃饭，花工带情妇"闪亮登场"，中国杂技团到苏里南演出，花工带"二奶"、"三奶"一起观看。

因为现代意义上的国家出现很晚，苏里南人部落意识、族群意识远远强于国家意识，当然也强于纳税意识，这是苏里南税收不上来，一些官员习惯于与纳税人勾结损害国家税收，共同谋取个人不当利益的思想原因和历史原因。苏里南人还有很强的享乐意识，对不少苏里南人来说，发展不是硬道理，吃好玩好才是硬道理。苏里南人少地多，地大物博，资源丰富，饿不死人，因此，不愿干活、再加钱也不加班、只图享受的人大有人在，这就是在苏里南的中资企业，也包括本土企业招收当地工人困难的原因，这也是毒品在苏里南大有市场、苏里南成为毒品通道的一个重要原因，道理很简单，贩毒不辛苦，而且来钱快，出了事生命没有危险（苏里南最高刑期 20 年）。

综上所述，我认为，提高国民的文化素质，既是强国的关键，也是廉政的需要。提高国民文化素质不可能一步到位，反腐倡廉也不可能一步到位。

第二十六章　高官怎样下馆子

人人都免不了下馆子，拉美的总统、总理、议长、部长等政要他们是否下馆子？是否谋求特殊接待？他们喜欢在包间享受美味吗？在出使苏里南的三年多时间里，我有机会看到许多政要下馆子，我也有幸多次邀请苏里南高官下馆子，苏里南高官也请我下过馆子。对高官来说，怎样下馆子不止是生活习惯问题，更多关系到政治是否清明的问题。据我观察，苏里南高官下馆子不少体现了如下几个基本情况。

不进包间

国外餐馆（日本、韩国等亚洲近邻国家除外）一般没有包间，任何人下馆子都在大厅用餐，点的什么菜都搁在盘子里。中外食客下馆子风俗习惯大不相同：中国人喜热闹，用餐时高声笑语、高谈阔论，外国人喜安静，低着头静静地用餐；中国人喜欢满堂敬酒，来回碰杯，外国人喜欢各吃各的，互不勉强，当然，绝不会灌酒；中国人喜欢餐厅灯火辉煌，外国人喜欢灯光偏暗，甚至喜欢烛光照明。我观察到，中外食客下馆子，特别是高官下馆子，最大的区别是对进包间的态度。

对一些中国高官来说，下馆子哪能没有包间呢？既觉得用餐不方便、不保密，有时还觉得不那么安全，更觉得面子下不来，也就是说，能不能进包间涉及是否有尊严的问题。国外高官不存在这个问题，为什么，大庭广众之下一起用餐已经习惯了，加上外国人本来就没什么面子意识，所以，外国人开餐馆没什么人动设不设包间的脑筋，国外的餐馆也就没有包间。

苏里南政府没有自己的国宾馆，任何人来了都住宾馆。总统也没有自己的御厨，爱吃什么自己请人打理，国家不安排专职厨师。所以，总统要改善生活，他也要下馆子。来了国宾，总统要设国宴，那也就是在总统府开自助餐，吃的东西由饭店送过去。我在苏里南近三年，多次在餐馆遇到下馆子的苏政要大腕，他们特别喜欢华人开的志明饭店，志明饭店是没有包间的。苏方宴请来访的中共中央中联部代表团一行等重要来宾，也就在志明饭店餐厅用餐，拉一个长条桌，中苏双方人员分宾主分坐条桌两边，宾主致辞、用餐就在大庭广众之下，吃些什么其他来饭店的食客在旁边看得一清二楚。

各国驻苏里南大使馆都没有配专职厨师，美国、法国、巴西、印度等驻苏里南大使，宴请客人或改善生活，都需要下馆子。因不少饭店没有包间，所以我在饭店的食客群中不难看到他们。

不过，某些国外高官已开始认识到包间的特有功能和特殊作用。我在津巴布韦工作期间，有包间的中餐馆很少，一开始只有香格里拉饭店有一大一小两个。津内阁地方政府部长乔姆波喜欢香格里拉饭店的湘菜，每次去都强调要包间，并且一般都要大包间。香格里拉中餐馆吴老板曾对我说：内阁地方政府部长乔姆波吃饭事先不打招呼，来了又一定要包间，包间人家事先早就预定了，有时甚至人家正在包间用餐，你怎么好意思把人

图 26-1　和苏里南总统夫妇在中餐馆

家赶走，这事确实很伤脑筋。我问她，乔姆波的衙门，负责工商企业的营业执照，你得罪他不起。如果他要包间，你确实无法办到，怎么办？是不是把人家撵走？吴说：那怎么行，实在解决不了，也就只能解释。好在人家从来没有因为有时包间得不到满足故意找我的岔，从没有故意给我出难题。

我一直认为，餐馆包间增多既说明中国饮食文化越来越丰富，更说明同餐桌有关的腐败现象越来越严重。在包间用餐的过程，在许多时候，同大吃大喝的过程、行贿受贿的过程、钱权交易的过程是连在一起、同步进行的。对国外高官下馆子不进包间，我认为应该为他们叫好！当然，我们不能简单地将包间与腐败挂钩，不宜将包间现象等同于腐败现象。国外高官不进包间，也不等于就没有腐败。

随着华人华侨在国外开餐馆的越来越多，中餐馆多起来了，包间自然也多起来了。新侨开的中餐馆多有包间，老侨开的以前都没有包间，现在慢慢也在增加包间。苏里南高官进包间吃饭的也慢慢多起来了。有包间是中餐馆与西餐馆，与美国麦当劳、肯德基，与巴西烤肉店及其他洋饭店的一个标志性区别。

不打白条

就我在国外使领馆工作 10 余年的经历来看，国外高官下馆子，特别是到非华人华侨开的馆子用餐，必须交钱，不能欠账，根本没有打白条一说。使我感慨很深的是，我熟悉的苏里南政要下馆子，从未出现过打白条现象，白吃白喝更是闻所未闻。

我在津巴布韦当大使时，问过津巴布韦香格里拉中餐馆的吴老板，国防军司令齐文加上将、内阁地方政府部长乔姆波等经常来中餐馆吃饭，有没有打过白条，发生过白吃白喝的事情。吴老板说，从来没有发生过这样的事情。

苏里南中餐馆比津巴布韦多几百家，西餐在苏里南不那么流行，苏里南人下馆子，主要是到中餐馆来撮一顿。在苏里南开中餐馆，先吃饭，后交钱，没有打白条一说，也从来没有发生过白吃白喝的事情。这是因为苏里南是法治国家，在法律面前人人平等，打白条影响饭店的资金周转，白吃白喝和佘账，在苏里南都涉嫌犯罪，只要证据确凿，到法院一告就准。普通百姓连总统都可以控告，而且，赢家常常是老百姓，谁敢白吃白喝和佘账，店家会毫不犹豫地与他打官司。为一顿饭吃官司，对有权有势的人来说，绝对是大丢面子的事情。

官员下馆子不马上结账付款，而是打个白条，美其名曰"签单"，这应该是"中国特色"了。所谓"签单"，是指国家机关公务人员或其他单位有权势的人员，就餐后不支付现金或刷卡结账，而是在账单上签署姓名，过一段时间，如一个月、一个季度以后再开出发票，以"招待费用"名目一并报销结账。如今，饭后能签单已经成为某些公务人员的身份象征，能签单者，大多是单位中位高权重、说话算数的人物。我认为，并非所有的吃饭签单都是腐败，但是不少签单里面确有猫腻。一些人乐于签单，原因不外乎：一是将公款视为私款，把签单作为权力的延续，认为凭借权力既能不用掏钱白吃白喝，还可放纵自己的口腹之欲，更能结交朋友、交流感情。二是享受签单带来的愉悦感、优越感，满足虚荣心。能签单的饭店越多，说明熟人朋友越多，证明关系网越大，越能显示出自己的身份、地位、能力。三是确实便捷，不用数钱，不用刷卡，不用自己开发票，不用自己报账，在结账单上大笔一挥就了事了。只要打开网站检索，就可以发现大量官员下馆子吃饭后打白条，长期拖欠饭款，导致饭店关门、对簿公堂、政府公信力受损等情况。为什么国外没有在国内流行的签单现象，这值得我们反思。

不搞特殊

不搞特殊，最主要的是不因总统、议长等政要下馆子而清场。政要和其他食客，各吃各的，互不影响。

2012年6月，中共中央政治局委员、中共天津市委书记张高丽访问苏里南，苏里南副总统阿梅拉里在饭店举行盛大欢迎宴会，议长、多位部长、多位执政党领导人、多位国会议员和社会名流出席，除总统外，苏里南最重要的人物都在场，真可谓冠盖云集，高朋满座。尽管如此，没有封路，没有公开的保镖团队（有便衣警卫），宴会厅外，各种人员穿行如旧。隔壁人员该干什么照干什么。

图 26 - 2　中国驻苏里南大使夫人与苏里南第一夫人一起用餐

我在出使苏里南期间，出席过多次总统、副总统举行的国宴，实事求是地说，苏里南政府为张高丽来访所举行的宴会是规模最大、成本最高的，因大型宴会通常在总统府或其他地方，为张高丽来访所举行的宴会是在五星级酒店，这说明了苏方对中苏双边友好的高度重视。但吃的东西一点也不特殊，都是普通的鸡鸭鱼肉、萝卜白菜。

不点珍肴

国外政要，甚至驻在国总统邀来访贵宾下馆子，千万别以为吃得有多么好，能有可口的饭菜对你口味、能让你吃饱就不错了。2010 年，苏里南执政党领导人在志明饭店宴请中联部代表团，吃的是红烧肉、松鼠桂鱼、白切鸡、香酥鸭、花椰菜、腰果什锦，再加炒面和炒饭。这就是国家级宴会的菜单，喝的是 10 美元左右一瓶的智利红酒，平均 10—12 美元一个人的宴请开销。

各国大使在国外下馆子已司空见惯，吃的东西一般都很便宜，如果吃西餐，牛排、羊排、猪排之类，贵不到哪里去，谈不上什么特殊化。当然一般不会安排安全警卫人员。外国大使们在各国中餐馆用餐也很普遍，点的饭菜相对便宜是很正常的，作为外国人，通常不吃鱼翅、海参、冬虫夏草、燕窝等国人崇尚的东西，作为烈性酒的茅台酒，他们其实也是能不喝就不喝，能少喝就少喝，有时夸茅台酒好，那是外交辞令，让你高兴而已，就像你对外国人夸伏特加、威士忌酒好喝一样，反正夸人家又不需要成本，何乐而不为呢？既然不点山珍海味，不点茅台五粮液，甚至连肚片、腰花之类的下水都不点，就来点鱼片、肉片、炒面、炒饭之类的东西，能贵到哪里去？

不剩饭菜

所谓不剩饭菜，就是吃不完的统统打包拿走，带回家去吃。在国外饭店，满桌子菜吃不完，吃饱了留下许多吃不完的饭菜的，十之八九是华人华侨或内地来的食客；桌子上稀稀拉拉摆几个菜盘子，有点穷酸样的十之八九是当地非华裔居民或欧美人。

让国内读者想不到的是，在苏里南，高官请中国客人下馆子吃饭，结束时，政要们会当着中国客人的面把没有吃完的饭菜打包回家，你请当地高官吃饭，有时对方也会毫不客气地打包回家。他们认为，节约和爱惜粮食是一种美德，所以，饭后打包理所当然。其实，即使总统下馆子也照样打包。2011 年，苏里南最大侨团广义堂侨领迟玉基请鲍特瑟总统和我吃饭，饭后，迟玉基把没有吃完的红烧肉打包送给总统带回家，总统非常惬意。2012 年 2 月中旬的一天，我出席东莞同乡会春节盛宴，前总统费内西安夫妇和我同桌，宴会结束后，费内西安夫人忙不迭把她喜欢的几样没吃完的菜打包，还坚持自己提着。

上面几点是就苏里南高官大腕下馆子的整体情况而言，不等于说他们在餐桌上完全没有腐败，但就饮食文化和礼宾文化而言，苏里南在这方面的做法、习惯和制度确有值得我们借鉴的地方，这是不争的事实。

第二十七章　苏里南官员怎样住房子

在国外，官大自然房子就大、房子就好吗？不见得。乌拉圭现任总统穆希卡至今不但没房产，连存款、连银行账户都没有，就一辆出厂已经23年的小破汽车还是老婆名下的。他月薪1万多美元不算低了，可大部分全捐出去了。日本首相菅直人坚决不收企业的政治献金，也不举行献金酒会，作为国会议员的全部收入，都用于从事政治活动和支付秘书们的工资，因此，他虽然当过厚生劳动省大臣、副首相兼财务大臣，但在生活上一直比较清贫，因为没有余钱买房，一家人长期租住一套公寓生活，直到入住首相府为止，在国民中有"清廉"的好印象。外国首脑里最典型的"贫困户"当属德国前总理施罗德。他原来是个律师，按说生活应该不错，但糟糕的是他因三次离婚几乎花光了所有积蓄，于是这位经济强国的大管家自己家的日子可就难过喽。德国政府本来给他提供了一座豪华别墅，但不能白住，是要交租金的。施罗德拿不出，无奈之下租了个离办公室近点的只能放一张双人床的小公寓和现任老婆一起住，周末孩子回来只好临时支个行军床凑合着睡。上述情况当然并不普遍，事实上，在许多国家官员住房腐败现象屡见不鲜。那么，苏里南官员如何解决住房子的问题呢？苏里南有没有住房腐败？苏里南在防止住房腐败方面有哪些做法值得我们参考借鉴？

苏里南官员住房自己负责

来苏里南三年多，作为中国大使，有机会先后到过总统、副总统、议长、部长、国会议员等政要家中，有的家中还去过多次。就我亲眼观察，就苏里南官员来说，没有发现他们有住房腐败，当地也没有人议论

图 27 - 1　在总统办公厅主任林格家做客

官员有住房腐败。

　　苏里南任何官员的住房都由个人自己解决，即使贵为总统，其住房国家也不管。总统住在自己家里，而不是住在总统府，跟所有上班族一样，每天上下班。现任总统鲍特瑟的家和中国、美国、印度、荷兰大使官邸在同一条路上，都位于苏里南河边，离苏里南华人侨领迟玉基的家不远，但迟家有价值 10 来万美元的豪华游艇、有高档豪华奔驰 530 轿车，这些总统家都没有。相比之下，无论是迟家还是几位大使的官邸，房屋都要精致些，装修也要考究得多。我第一次到总统家时，他还只是反对党主要领袖、国会议员，虽赢得了总统大选，但离就职还有一段时间。他虽然 30岁出头就是国防军司令，20 世纪 80 年代是苏里南事实上的最高领导人，但我很奇怪，苏里南常年气温 30 多度，等于天天是中国的夏天，他家400 多平方米的房屋面积，整个一楼包括会客厅里当时竟然连空调也没有。

当了 15 年总统的人家里很寒酸

　　前总统费内西安的家我去过多次，他当总统时，我向他递交了国书。他的家连一般有钱人的家都比不上，没有院落，客厅对着大街，刚好可并排停几辆车，看不到花卉果树、茵茵绿草，家里陈设极为简朴，没有高档的东西。与普通人不同的地方是，家门前的旗杆上飘着一面苏里南国旗，旗下面有苏里南军人站岗。费内西安下台后，轮到新总统鲍特瑟家挂国旗，他家不仅国旗不能挂了，军人站岗也没有了。现在是他自己掏钱请保安公司的人看家。费内西安当总统时，家中失火，房子和财产烧个精光。有意思的是，当地华人华侨家中发生火灾，侨界往往伸出援手，你捐 500 美元，他捐 1000 苏元（合 2000 元人民币），受灾之家得个几万上十万人民币的捐助一般不成问题。但费内西安当时身为总统，他哪里敢收人家捐的钱？难免有人告他收受贿赂；想帮助他的人也不方便帮他，因有行贿之嫌！所以，费内西安家中受灾，一方面只能自己扛着，顶多让亲戚帮点忙；另一方面，重新盖房还必须在阳光下进行，买材料、请人施工，注意一是一、二是二，单据票证保管齐全，防止有人说他占便宜。

图 27 - 2　在时任总统费内西安总统家做客。他家非常简朴，不如
　　　　　一般富人家讲究

苏里南驻华大使在苏没有房产

有意思的是，现任苏里南驻中国大使洛依德·皮纳斯在自己的国家没有房子，他回苏里南开会、述职或探望父母，只能住旅馆。为什么会这样？因他中学毕业后就到中国安徽大学留学，先后获得学士、硕士和博士学位，然后在中国谋生，娶了个来自南斯拉夫、同样能说一口流利汉语的太太，生下两个千金，也在中国上学。他一直呆在中国，直到 2011 年被任命为驻中国大使。他虽然是苏里南最重要的驻外大使之一，但在苏里南有没有房子住政府不管，也没有什么住房补贴。

萨灸担任副总统期间，家里发电机坏了，需要换台新的。他在内阁会议上提出来，他在家中也接待客人，也是公务，所以更换发电机应由公家买单。消息传到议会，反对党鼓噪反对，执政党不少人也认为理由不能成立，萨灸最后不得不自己掏腰包。

严格说来，上文所说的苏里南没有住房腐败，是说在官员住房问题上没有制度性的腐败，不过非制度性的腐败还是有蛛丝马迹可寻。2011 年年初，一位部长太太找到中国驻苏使馆商务参赞，说她家要修围墙等，请推荐一家中国公司，并请报个价。后来，商务参赞来电话说，不知什么原因，华人华侨知道了这个消息，几个人追着分别打电话给商务参赞，说部长修围墙之事，请使馆不要再过问了，由他们搞定就是了。后来，部长太太没再找使馆，部长家该要搞的基本建设也很快完成了。一些华人华侨不请自来，"乐于助人"，使馆当然知道是怎么回事。不过，这并非苏里南本身在制度上有什么腐败，恰恰相反，如真有猫腻，一经披露，当事官员很可能身败名裂。

第二十八章　总统府怎样花钱

2012 年 11 月 26 日，应中国外交部长杨洁篪的邀请，苏里南共和国外交部长拉金率团抵达北京，对中国进行正式访问。此前，苏外交部有关官员催促中国驻苏里南使馆尽早给他们书面正式邀请，以便办理申请出访经费手续，即请求苏副总统阿梅拉里对这次访问所需的包括机票、住宿等开支在内的费用预算予以批准。

总统府不能给自己批钱

苏里南规定，政府高官出国访问要总统批准，费用预算必须在出访前

图 28 - 1　苏里南总统鲍特瑟

图 28 - 2　总统办公厅主任格拉努斯特

10 天提交内阁会议讨论批准。苏里南没有总理，由副总统主持内阁会议。堂堂外交部长，出国访问的费用自己无权批准，必须由副总统主持内阁会议讨论通过后才能批准。

其实，在苏里南，不仅政府部长出国访问的费用不能自己审批，就是总统府花钱也不是自己说了算，就是鲍特瑟总统也不能由着性子花纳税人的钱。国会 2012 年 11 月 15 日发生的一场大辩论就充分说明了这一点。15 日这一天，国会审议 2013 年政府财政预算案时，发现总统府有一项 1 亿零 450 万苏元（1 苏元等于 2 元人民币）的追加支出预算，计划用于在苏里南首都召开的第 30 届加勒比国家和非洲、太平洋国家以及欧盟国家议员联合大会的会务开支，并为总统府添置手提电脑，总统府部分地方安置摄像头等安保设备，租电视某个时段、报刊某些版面播报政府信息（苏官方没有电视台和报纸）以及购买苏里南航空公司的餐饮服务等。总统办公厅主任出具文件向国会说明：这些追加支出是因为总统府新增了一些额外的职能，总统府直接管理的国家安全局采取了许多新的安全措施，如进入总统府要对来人进行安检，向总统送礼献花等要对物品进行安检，由此需要增加安检设备；总统府新增了主管新闻和宣传的机构，也需要增加费用。

总统府花多少钱是公开的

总统府申请追加支出，在议会引发了大辩论。来自中立政党杜党的议员表示不能同意总统府的追加支出案；反对党民族党、改革和发展党的议员直指总统府追加支出案不能不使人怀疑其中是否有诈；反对党议员、前总统费内西安指责说，把总统府追加支出与为在苏里南筹备召开第30届加勒比国家和非洲、太平洋国家以及欧盟国家议员联合大会申请费用捆绑在一起，以此向国会提出要追加支出，无异于"绑架国会"。来自执政党的议员则为追加支出案辩护。在一片激辩声中，内政部长穆斯塔加到议会回答议员的质询。为什么把内政部长召到议会，而不是把财政部长召到议会呢？因为，总统府申请费用按制度必须通过内政部向国会提出来，而不是总统府直接找议会。议会最后表决时，通过了内政部的预算案，包括总统府的追加支出案。

这件事至少说明了这样几个问题：

第一，总统虽然是国家元首，但花纳税人的钱不能随心所欲；总统府怎样花钱是有人管的，必须事先提出计划，必须得到议会批准，在制度上决定了不可能先斩后奏。

第二，议会不是橡皮图章，议会对国家元首和行政机关怎样花纳税人的钱形成了强有力的制约。总统府花钱不能直接找财政部要，因为财政部长是总统任命的，如果在制度设计上允许总统府直接找财政部要钱，则总统府如何花钱势必难以制约。议员是民选的，议会对选民负责，而不是对总统负责，总统是议会选出来的，议会好比是董事会，总统是董事会指定的首席执行官。总统府虽然是权

图28-3　苏里南总统府

力核心，但在国家机器中，并非内阁组成单位，而只是为总统服务的机构，也就是说，总统府没有资格直接找议会要钱，而必须归口内政部，这样，对总统府怎样花钱，议会更有利于加以制约。

图28-4　在苏里南议会前留影

第三，总统府怎样花钱完全是阳光财政，因为讨论财政预算的议会会议是公开的，每个党的态度、每个议员的发言，媒体都可以公开发表。总统府追加支出案的细节，包括买电脑9000苏元，第30届加勒比国家和非洲、太平洋国家以及欧盟国家议员联合大会会务费用550万苏元，安装摄像头等安保设施1000万苏元，餐饮招待18.3万多苏元，等等，都登在报纸上。

第四，苏里南"三公"经费少得可怜。在追加支出案中，绝大部分用在安保和国际会议的会务上，没有为公车、公款出国访问申请追加任何支出，公款招待餐饮费约人民币36万多元，考虑到苏里南的物价水平是中国的三倍，对国家元首包括其办事机构人员来说，公款招待吃喝的费用总额确实不高。

第五，总统府花钱总体上是节制的。总统府追加预算案提出时，2012年快过去了，一年下来，总统府提出追加支出仅有一次，总额也仅约人民币2.1亿元，其中还包括一个来自于100多个国家、400多个外国议员出席，会期达1周的国际会议的费用。我亲身参加了第30届加勒比国家和非洲、太平洋国家以及欧盟国家议员联合大会，会议组织得非常好，按我的观点来看，应该是花小钱办了大事。

苏里南和中国香港政府在花钱方面的相似之处

管好纳税人的钱、用好纳税人的钱，少花钱多办事，花小钱办大事，是公务员，是为政者，特别是各级政府主管义不容辞的责任。在这方面，中国香港政府同苏里南政府一样，有同样的理念、同样的举措。我既在苏里南常驻，也多次到过香港，在这方面确有亲身感受。

2011年4月，香港审计署署长邓国斌在接受访问时，为了解释纳税人的钱如何使用，使用过程又如何监督，画了一个三角形，三个尖分别是立法会、政府和审计署。这位署长说："立法会每年批准政府的预算，政府拿到预算之后执行，然后每个财政年度完了之后，审计署会审计政府的财政状况，再撰写报告，上交给立法会，这是一个铁三角。"审计报告公布后，立法会议员会挑刺，要求政府部门的首长公开解释，"一旦议员觉得解释不能接受，他们自然就会考虑要不要在新一份预算案中给你拨那么多钱"。也就是说，在上一个财政年度，政府将纳税人的钱应使则使、用得其所了，下一年度你要用钱才容易获得通过。被卡住了"钱"袋子，港府就不得不重视审计报告，花钱不仅要小心翼翼，更要让效益和效率达到最佳的水平。而铁三角运作的所有环节都是公开的，包括港府的预算、立法会的讨论、审计报告，都要明明白白让全体市民知道，透明公开的环境，有助于铁三角的运作更为规范。当然，最终目的是确保香港纳税人的钱不仅用得明明白白，更是用得其所，用在刀刃上。理论上，特首办公室、礼宾府亦属审计对象。不过香港特区政府审计署署长邓国斌却坦言，没必要，因为"特首办已经有那么多人盯着，他们怎么敢干出位的事情"？审计署反而更关注那些"看上去没人盯的对象"，比如救护车。

透明公开的环境，保证了港府高官不乱花纳税人的钱，乱花纳税人的钱一定予以追究。

首先，港府随时公开高官出访的花销明细。2012年11月27日，港府公布了以梁振英为特首的新一届政府自上任以来3司12局各政治委任官员进行的公务外访的详情。资料显示，上任4个月以来（截至10月31日，部分数据包括11月1日），在15位问责官员之中，财政司司长曾俊华以开支总额逾53万，名列花费排行榜榜首，其外访次数有5次记录，耗时21天，其中出访的3个目的地在国外，1个在中国台北，另一个在中国内地，出访目的主要为经济会议。商务及经济发展局长苏锦梁则以约35.3万的开支总额位于花费排行榜第二。从出访次数来看，商务及经济发展局长苏锦梁外访次数最多，达7次，出访时间共27天，离港纪录近

1个月。上任 5 个月，已曾出访俄罗斯、柬埔寨，以及中国的乌鲁木齐等地，大部分为经济会议和博览会，在出访目的地中，3 个在国外，其余 4 个均在内地。政务司长林郑月娥出访 5 次，每次外访都属短途（在内地或澳门），5 次外访花费约 6.7 万。而保安局局长黎栋国以及公务员事务局局长邓国威自上任以来暂没有进行过外访活动。有 6 名局长，自 2012 年 7 月新政府以来仅曾出访过 1 次。其中，民政事务局局长曾德成由于伦敦残疾人奥运会期间赴英国为香港运动员打气及进行相关的外访参观，4 天花费 10.3 万元，成为以出访次数计算平均花费最贵的官员。

其次，公家可以占高官便宜，但反过来不行。2008 年，港府特首曾荫权因工作需要为香港某单位驻旧金山办事处担任主礼嘉宾，但公布的特首机票费用一栏显示为零。为什么呢？原因是当时恰值曾荫权私人前往美国休假期间，反正特首已经自己掏钱为休假买了机票，港府借此在机票一事上揩特首私人的油，即请特首正好顺路办点公事，于是，"公家"就这么占了回特首的便宜。在内地，遇到这种情况，借公差报销机票，然后借机顺便休假，绝对不违反财务制度，但在香港不行。香港廉政公署一专员在一次公务出访前，没有订商务舱，而是用自己的飞行里程积分换了张经济舱客位，公家绝不会，也不能因此补偿这位专员的机票费。

再次，定期公布公宴开支。2011 年 5 月 18 日，香港民政事务局局长曾德成公布了港府过去三年公款吃喝的账单明细，港府重大节庆宴会（农历新年、新春、回归周年及国庆酒会）开支：2008 年花费 190.1 万港元，2009 年 202.3 万港元，2010 年 217.1 万港元。在所有上述公宴中，不许有鱼翅、鲍鱼。菜品原则上最多 6 道，吃不完还要打包带走；午餐、晚宴人均上限分别为 350 港元与 450 港元——在金贵的香港中环，这只够几个人点份勉强说得过去的西式套餐，或在嘈杂的中餐馆大厅里，来桌最寻常的五菜一汤。这就是香港官员公务接待的标准。

最后，香港特首每年的社交款待费和外访费用清单不保密。例如，特首曾荫权 2010 年赴海南出席博鳌亚洲论坛，除去往返机票 5572 港元，其余支出 511 港元；2008 年赴广州拜会广东省相关领导，支出 420 港元，包括往返交通。而特首每年的社交款待费为 32.5 万港元。

香港同苏里南一样，行政机关，包括特首，如何花纳税人的钱，受到严格的制约，在三个方面有相同之处：

一是立法机关的制约。例如，港府面对立法会议员的书面质询要求，在立法会上必须提交书面答复。香港立法会的质询会议定期在每周三上午11点开始，是议员问责、监督政府的重要途径。按规定，被质询的部门官员必须到会议现场做书面或口头答复，接受议员发问，并且，必须言之有物。议员何秀兰说，上述的每周质询数量固定为20个。火药味最浓的质询集中在每年3月。届时，被近4000条质询问题、27小时的讨论、19场会议反复拷问的对象是一年一度财政预算案。从公务员聘用开支到特首曾荫权花了几千块钱出席社交活动，都要向立法会交代。

二是媒体的制约。立法会会议全程会在香港电视台中直播，若回答不慎，将直接影响到被质询官员的公众形象。曾荫权的公务开支清单，就是香港一家传媒直接给特首办公室发邮件索要，仅半天时间，清单即回复到记者邮箱。不过这份看起来很规矩的清单公布后，因为已是惯例，在香港照例没有引起太多关注。

三是民意的制约。例如，有官员回答关于高铁建设的质询时被认为打了"官腔"，结果引发市民抗议。普通公众如果想获得更多的政府公开信息与账本，可登陆香港审计署网站下载审计报告。审计报告中对港府各部门的"三公"开支及其他一切涉公资料，都有明晰的披露。每份审计报告都长达近百页，审计对象事无巨细：官员平均办公面积、公车使用记录、公务出访入住的酒店、邀请艺人出席活动的酬金、活动上购买的蒸馏水费用……这些公务支出一律被审计署视为"敏感开支"严加监督，因为它关乎政府信誉。

在我看来，在管好、用好纳税人的钱方面，在廉政建设方面，香港与苏里南既有不少相同之处，也有一些不同之处。或者说，香港在这方面比苏里南管得更好。

首先，自掏腰包办公事。不少香港官员情愿、乐于自掏腰包办公事，为什么呢？因为在密织的监督网之下，对香港官员来说，自己掏腰包是更加安全的选择。作为香港活跃的时评人士，蔡子强平均一周会出席一次官员或议员约邀的饭局。而此类宴请多是官员自己掏腰包埋单。饭局一般定在中午，此时刚好是香港政府机构下午1—2点的午休时间，谈话时常会拖延到两点一刻，但最晚都得在两点半以前结束，否则，要是被媒体拍到官员在办公期间仍在餐桌边上，又要引来刻薄的批评。不少到香港的内地官员发现，在港访问考察期间，被香港官员以私人名义宴请的机会比公务宴请要多得多。深圳一批法官到香港立法会交流，时任主席范徐丽泰就自己掏腰包，请他们喝了下午茶。据报载，全国人大常委会一位访问过香港的官员亦称，在长达一年的访问期中，他和政府部门、立法机关、司法机关打过多次交道，没有吃过一顿公家饭，全部都是有关官员私人请客。原因是，在香港，官员的普遍心态是怕麻烦：公款吃喝除了申请复杂外，即使核准通过，日后审计署将审计结果公之于众，万一有不妥之处被媒体或公众发现，得不偿失。

其次，开私车办公事。例如，网上报道说，前香港廉政专员、全国人大代表罗范椒芬在任香港教育局局长期间，周末及加班期间都坚持不用司机，自己开车。她说，这是香港局长们的普遍习惯。也因如此，每次到内地访问，罗范椒芬多少有些惴惴不安，"十天就十天全程陪同，七天就七天全程陪同"，如此劳驾内地官员及众多工作人员的非工作时间，她不清楚是因为接待方出于安全的考虑，还是太好客的缘故。

再次，接待客人能省就省。香港的所有公务接待都必须提前申请报备，表格内容包括：宴请人数、宾客名单、宴请缘由、陪同人员、预计费用、人均支出以及按照香港环境保护署保护鲸的要求所签署的一个"未点鱼翅"的声明。眼下的公务接待人均消费上限是2008年开始执行的，这是调查餐馆用餐定价的鉴定结果，无论部门领导还是刚入职的低级别公务员，一律都是这个标准。香港特首的公务接待有特别安排，即特首有自己的厨师，可直接在其居住的礼宾府招待客人，开销来自他每月的相关津贴。特首曾荫权每年会宴请一次立法会议员及各政府机构副局长以上级别官员，在立法会议员何秀兰印象中，特首的家宴寻常得让她回忆不起吃过什么：鸡、炒饭、水果。至于最贵的，思索之后，她终于想起，"是一条大鱼"。相比内地而言，在来访客人面前，香港政府接待相当不阔绰。罗范椒芬说，一般必须是很高规格的客人，比如国家领导人来，才会从下飞机开始，就有车接送，全程接待。除此以外，绝大部分来港考察交流，都是客人自己安排住宿、用车，只是在约定的时间到他们约定的地方访问，没有全程陪同，没有全程安排车队。作为立法会议员，何秀兰每月有14000港元津贴，以支付平时交通及酬酢费用。在准备质询前，议员们都习惯邀请一些学者共进午餐或下午茶，请他们提供智识支持。即便对方是知名的学者，一杯咖啡加块三明治的款待，也颇正常。对香港人来说，"公家"饭，就该这么简单。

最后，对浪费纳税人钱的行为及时予以纠正。例如，2009 年，香港审计署为两名前专员举行饯别宴，人均开支分别达 650 港元与 750 港元，两餐花掉纳税人逾 4.7 万港元。一时掀起轩然大波。在舆论抨击之下，最终以两位前专员自费退回宴会全部开销告结。在公务宴请当中，如开支超标，港府习惯上只会报销人均上限内的金额，超支部分，由公宴当事人自理。

香港政府的"廉洁指数"位居亚洲第二，仅次于新加坡。在"透明国际"组织 2011 年调查结果中，香港"廉洁指数"于全球 183 个国家及地区中排名 12，得 8.4 分，在全球廉洁指数中则上升一级。香港廉政公署认为结果令人鼓舞，表示将继续努力反贪。相比之下，苏里南排名则要落后得多。尽管如此，在如何管好、用好纳税人的钱方面，在廉政建设方面，苏里南不少做法和经验仍值得我们思考、借鉴和学习。

第二十九章　在加勒比岛国感受程序正义

在我出任中国驻苏里南大使的三年多时间里，我在日常工作和生活中确实感受到了活生生的程序正义，确实感觉到了作为"看得见的正义"——程序正义在保持苏里南的政坛清风、促进苏里南社会文明方面所起的重要作用。

"杂"而有序的国度

苏里南很"杂"，作为移民国家，这里什么主要人种都有，什么主要宗教都有，然而这个国家没有民族冲突，没有宗教冲突；路上汽车让人，没有野蛮超车；任何场所都是女士优先；扶助在路上摔倒、病倒的老人、病人久已成社会风尚，从来不会产生该不该扶、该不该帮之类的顾虑；苏里南没有城管，城市却井然有序；无论排什么队，没有人会插队。为什么会是这样？据我观察，一个重要的原因就是苏里南人特别重视程序正义，凡事都讲遵守游戏规则，按法律办事，按制度办事，按程序办事，并且一切公开，不搞暗箱操作之类的事情，透明度特别高，内阁和议会开会，谁讲了什么话，报上都登，社会上正气上升，邪气没有市场。

苏里南杂而有序的现实使我感受到，政坛清风与程序正义之间有不可分割的联系，没有程序正义，不可能有政坛清风。程序正义源于一句人所共知的法律格言："正义不仅应得到实现，而且要以人们看得见的方式加以实现。"程序正义作为"看得见的正义"，其重要价值不言而喻，一方面，可以确保社会公平正义得以实现，另一方面，可以约束执政者的行为，防止权力恣意横行。

图 29 - 1　苏里南首都一角

重程序正义的国度

我到苏里南不久，接连几件事使我对苏里南重程序正义、按游戏规则办事这点留下了深刻印象。

第一件事情是，2010 年 8 月，经使馆推动，中国与加勒比国家、中国与苏里南关系国际研讨会在苏里南首都帕拉马里博召开。当地有一个习惯，重要会议请一个重要人物来宣布开幕。因此，使馆请时任总统费内西安来宣布开幕。但费内西安答复说，因过几天任期届满就要下台了，不大合适担任会议开幕的宣布者。于是，我们又请新当选的总统鲍特瑟来出席研讨会并宣布会议开幕，想不到鲍特瑟回答：他还没有宣誓就职，还不是总统，老总统还在台上，他不方便来宣布会议开幕。在这种情况下，我建议请苏里南大学校长李福秀来宣布会议开幕，一则研讨会是苏里南大学和北京大学联合召开的；二则李担任过教育部长，是前政要；三则李父母原籍广东，李是著名华人。建议通报给苏里南大学后，第二天上午，苏里南大学举行学校董事会全体会议，通过了同意李担任研讨会开幕的宣布者的决议。下午，使馆收到了苏里南大学派专人送来的一封公函，公函上端端正正地盖着学校大印，确认学校同意使馆的建议。想不到当天晚上，使馆接到候任总统鲍特瑟助手的电话，说新任议长西蒙斯女士已宣誓就职，候任总统建议由新议长来宣布研讨会开幕。鲍特瑟的这个想法确实很好，议长比大学校长影响要大多了，这对扩大研讨会的影响大有好处，退一步讲，候任总统对研讨会有明确的建议，不按他的建议办很不合适。于是，我们马上把候任总统鲍特瑟的建议转告李福秀校长，李说，这样很好。我们原以为事情到这里就完了，想不到苏里南大学董事会次日又举行了全体会议，作出了撤销对李福秀担任会议开幕宣布人表示同意的决议，随后，又派专人开车将装有关于学校董事会新的决议的信封送到使馆。后来，中国人大常委会副委员长陈昌智访问苏里南，我把这个例子讲给陈昌智同志听，说按照中国人办事的习惯，苏里南大学董事会第二个会是完全没有必要开的，公函也没有必要送，打个电话就行了。陈昌智同志笑着说，按照中国人的习惯，第一个会也没有必要开。苏里南人特别重视程序，一步一步，按部就班，苏方人员同意和你见面、邀请你出席什么活动，都会给你来个书面的东西。有时候紧急约见苏方人员后，苏方当时来不及出具书面函件确认，见完苏方人员过去一两天后，还会收到苏方来的同意会见的函件。尽管这事早已过去了，但事情归事情，程序得一步步走完。

图 29－2　议长西蒙斯身披印第安人纱巾发表讲话

　　第二件事情是，中国驻苏里南使馆新的办公大楼、大使官邸和使馆官员公寓楼先后落成，用电都是按办公收费。后来发现生活用电价格只是办公用电价格的一半，大使官邸和官员公寓用电属于生活用电，以此推算，使馆近3年来累计多交了近12万元人民币的电费。使馆原打算花2万元公关费用，把多交的近12万元要回来。想不到跟苏方电业部门讲清这个情况后，虽然不认识人，请苏方做客他们也没有来，使馆一分钱没花，苏方却没有拖拉，很快就把多收的钱退回来了。苏里南人的游戏规则既清楚又简单：即使是皇亲国戚，该收的也得收；不该收的钱，数目再大，该退就退；钱是前门收进来的，还从前门退，因此使馆不必采取找熟人、开后门、请客吃饭之类的手段，走正常程序就能把钱要回来。

　　第三件事情是，苏里南2010年大选，四十几个党参加，没有一个党指责别的党作弊，没有一个党不接受大选结果。为什么会这样呢，因为大选的每一步都非常透明，大选严格按游戏规则进行，任何党都受到程序的约束，都接受程序的约束，同时，也享受程序带来的好处。苏里南资深政治家阿南迪担任兄弟团结政治联盟的主席30余年，大选前是苏里南副议长。阿南迪的党选情看涨，在首都选区完全可以赢得几个议员席位，大选后很可能可以当上比副议长更大的官。但是，阿南迪的党在首都选区提交参选文件比法定时间晚了半小时，选举局依法不接受阿南迪的党登记参选，尽管选举局的局长和阿南迪是老熟人、老朋友，在政治上都是费内西安总统的支持者，但这位局长把程序正义放在了其他利益之上，严格依法办事，这意味着不仅阿南迪副议长当不成了、议员当不成了，阿南迪整个党在首都选区都将缺席参选，谁都当不成议员；更要命的是，阿南迪的党是费内西安总统领导的执政联盟——新阵线的重要组成成员，阿南迪的党在首都缺席参选，将连累到新阵线内所有其他党的选情。阿南迪认为，他的党之所以晚了半小时登记参选，原因是堵车，他请费内西安总统以此为理由，下令选举局接受他的党登记参选，但是，费内西安拒绝了盟友的这个请求，理由很简单，能否登记参选，按程序，不应该由总统来决定，而应由法院作出判决。法院判决结果是：选举局拒绝登记参选的决定合法，这样一来，当了几届议员的阿南迪，一夜之间，什么都不是了，这还成了接下来新阵线丢掉大选、由执政党联盟变成了反对党联盟的原因之一。苏里南这次大选是一次平静的大选、自由的大选，但不是一次公正的大选，也就是说，在大选问题上，苏里南程序正义实实在在，但实体正义实在不够。为什么这么说呢？苏里南选举法为了照顾内地丛林黑人的利益，规定在一些内地选区，赢得 500 张票就可以当选为议员，但在首都帕拉马里博选区，即使得到 1 万张票，也不能当选为议员。结果，苏里南狮子党在首都选区尽管得到了 1 万多张票，但一个议席也没有拿到；而黑人政党联盟——A联盟在内陆地区总共只得到 9000 多张票，却得到 7 个议员职位，在新成立的政府中拿到了司法警察部长、区域发展部长等 6 个部长位子。奇怪的是，苏里南人虽然认为这很不合理，但大家都认了，都认为这是法律规定的，只能通过将来修改法律来解决，但对于大选程序是否合理、是否透明却十分在意。我亲眼目睹了苏里南大选的全过程，对几十个党参加大选，个个党对大选结果都心服口服，感慨不已。

第四件事情是，鲍特瑟总统的养子因犯罪被判 15 年徒刑，已服刑 8 年。鲍特瑟当选苏里南总统一年后，宣布对他的养子予以特赦，立即释放。这一决定在苏里南部分民众中产生强烈反响，不少人质疑总统徇私枉法，以权谋私。一些国会议员也提出质疑。这时，法律界人士出面发表谈话，从实体正义角度说明总统决定不违法，从程序正义角度说明整个操作过程合乎程序，没有使用非法手段，总统本人也到国会向议员解释，这件

图 29－3　苏里南总统鲍特瑟和夫人英格丽德

事情很快便风平浪静。可是，特赦养子的事刚刚搞定，总统的侄子又卷入一个杀人案件中被捕入狱。事情是这样的：总统的侄子主持挖金矿，一些人在他经营的金矿里偷偷开采，群体纠纷由此发生，金矿保安开枪打死一个偷采黄金的人，死者的亲戚朋友到金矿讨说法，结果事情越闹越大，把华商在金矿开的几个商店抢个精光，还一把火烧了。警方认为总统的侄子涉嫌指使开枪，没有事先请示总统便将他逮捕归案。事情过去了一年多，总统侄子还呆在监狱里面。总统侄子涉嫌犯罪，警方敢抓，法官敢判，媒体敢说三道四，苏里南确实凸显了正义的力量。

没有"程序腐败"的国度

何为程序正义？按照公平、公正原则设计的程序处理事情，无论什么结果都能接受。全国人大常委、香港立法会前主席范徐丽泰认为这是法治社会最基本的底线，是为了有效防止有公权力的人因个人好恶造成不公正裁决。她指出，结果比程序正义更重要，为了达到目的，可以不去管用什么手段，这是内地人更容易使用和接受的思维。在范徐丽泰看来，程序正义更为重要，"用不正当的手段达到目的，会损害目的本身"。范徐丽泰说：社会认同程序正义，才能守住正义。程序正义的一个重要前提是人人生而平等的理念。范徐丽泰认为程序正义的两大障碍来自于人对特权的欲望以及人的无知。在她看来，实现程序正义，除了法律公正、执法到位，社会上对程序正义的认同格外重要，"民间舆论的力量是很大的，只有民众有了这种认同，才可能守住正义"。

遗憾的是，我国自古以来就是一个重实体、轻程序的国家，程序正义的理念在我国传统文化中几乎从来没有存在过。相反，重视实体正义、实质正义或结果正义，将结果公正作为评判事情的最高的、唯一的标准，却是千百年来中国人始终不变的价值取向。在不少人看来，只要结果公正即可，至于采用何种手段、是否遵循程序，可以不必顾及，也就是说，只要目的崇高，可以不择手段。只要是为了"爱国"，打砸抢烧都是理所当然或在所难免；只要有利于单位的效益，假冒伪劣、哄蒙拐骗都在所不计。不少人根本没有想到，手段的卑鄙，怎么可能有目的的崇高？五四运动当中发生了火烧赵家楼、痛打"卖国贼"一幕，但这并不意味着烧楼或打人行为本身毫无争议。就在当年 5 月 18 日，时任北大教授的梁漱溟先生在《每周评论》发表文章呼吁法治，强调"打伤人是现行犯"；即使那些政府官员罪大恶极，但在罪名未成立时，仍不可被"侵犯，施暴"。梁漱溟写道，如果不坚守法治底线，"将来损失更大"。他一再强调，如果中国要想获得永远的安定，那么每个人都必须遵守法律，不可以任何理由超越法律。只有起码的公民权有所保证，方可谈进步与发展。梁漱溟的这一观点直到今天仍受到高度推崇。多年以后，被烧楼、被痛打的曹汝霖等几个"卖国贼"，拒绝日本威逼利诱，没有一个在抗战期间当汉奸，烧楼、打人的"爱国学生"梅思平却因在抗战期间与汪精卫狼狈为奸、祸国殃民成为铁杆汉奸而被枪毙，这是否足以引起我们对烧楼、打人之类行为的反思？可惜的是，蔡元培、顾维钧、王正廷、施肇基、郭泰祺，这些被历史证明是真正爱国者的人，在抗战期间都被人指责为"汉奸"、"卖国"而被殴打、恫吓。外长王正廷最惨，不仅在 1928 年的济南惨案交涉中家被砸毁，在 1931 年"九一八"事变交涉中更是被学生打得头破血流，且留下后遗症。《时代》周刊描述说："呼声中毫无防范的王部长还没站起来，一个墨水瓶就猛地扔到他的头上。群众随即手挥棍棒殴打中国的外交部长，险些被打死，幸好有他的忠实的下属们赶来营救。一番争斗后，他们救出了王先生，把流血的他赶紧送回家。医生说：'他的伤很难治愈。'"最近，在所谓"爱国"的口号之下，一些人把对日本的怒火发泄到同胞身上，打人、放火、砸毁日系车等不顾程序正义，甚至违法犯罪的情况竟然在光天化日之下又一次发生，在国际社会上留下负面的影响。

"依法治国，建设社会主义法治国家"已在中国入宪，然而，由于历史传统、现行体制等原因，漠视程序、违反程序的现象仍然普遍存在。不少人没有意识到，按照程序办事尽管会付出一些代价，但这点代价相比推翻制度、破坏程序正义的代价要小得多。一些行政部门和执法人员程序意识淡薄，重权限轻程序、以程序为摆设、把程序当累赘，甚至误认为如果一味严格履行程序，将会导致效率低下、教条主义。这种理念的危害是显而易见的，因为缺少了程序的保障，实体正义的实现肯定会变成一句空话。

观察苏里南的程序正义现象，感到苏里南人没那么多小聪明。例如，我从来没有发现过苏里南有所谓"程序腐败"的现象。所谓程序腐败就是把程序作为挡箭牌，打着程序正义的旗号从事各种有损正义、营私舞弊的活动。程序正义在中国不少地方确已演变成程序腐败。例如，公开招聘干部的条件事先为某人量身定做，以致"萝卜招聘"、"世袭招聘"现象层出不穷；政府采购"只买贵的不买对的"现象屡见不鲜；工程招标中，发标方和投标方事先串通好，认认真真作秀一番，凡此种种，不一而足。面对公众媒体的质疑之声，相关部门的回应惊人地一致："符合程序"。程序腐败充分利用当前人们对于程序公正的认识误区，以程序公正掩盖实体不公，以程序之名行腐败之实。看似合法公正的程序之下，掩盖的是暗箱操作、滥用权力的非法行径。这是对程序正义的公然玩弄，更是对公权力的严重亵渎。对付程序腐败的良药是坚持程序正义的基本要义：权力在阳光下运行，不留死角，该公开的一切公开。

第六篇　拉美华界奇事

第三十章　小国大侨界

　　2013 年是华人移民定居苏里南 160 周年，对苏里南华人华侨来说，这的确是一个尤为重要的日子，值得纪念，值得所有华人华侨回顾成绩、总结经验，从而推动苏华人华侨事业取得更好的发展，进一步融入当地社会，为苏各项发展和中苏两国友好关系作出新的贡献。

　　同印度斯坦人和印尼人一样，最早来到苏里南的华人也是契约劳工。1853 年，首批 18 人的华人契约劳工从印度尼西亚被运送到苏里南萨拉马卡地区进行种植园的劳务工作，比印度人、印尼人都要早。1858 年，又

图 30 - 1　华人移民定居苏里南 140 周年时刻有第一批来苏劳工名单的纪念碑

图 30 - 2　华人移民定居苏里南 150 周年纪念碑

有 500 名华人在荷兰驻澳门总领馆的协助下，首次从中国内地奔赴苏里南。之后，又有许多华人在抗日战争和解放战争时期，通过各种方式来到苏里南并在这块土地上定居下来。截至 2010 年，苏里南共有约 5 万名华人华侨，约占苏全国总人口的 10%，其中大部分是中华人民共和国成立后从香港或内地前往苏里南定居的。苏里南的华人主体是广东客家人，此外还有来自福建、浙江、海南等地的华人。他们为人和善、勤劳、俭朴。许多人同其他民族的妇女通婚，在首都帕拉马里博的华人同克里奥尔人结婚者居多，在外地同印尼人结婚者居多。但华人与其他民族通婚生的孩子在人口统计上一般不计为华人。华人在本族社团中保留了讲汉语、过中国传统节日的习俗。每年春节华人都要聚会团拜、张灯结彩、燃放鞭炮、舞龙灯、耍狮子等。部分华人信仰新教、天主教、佛教和道教。客家话是当地华人主要使用的语言，但随着浙江、福建、海南等地的移民增多，普通话和东南方言也随之在苏里南华人社团中流行。华人保留了庆祝"春节"、"中秋节"、"重阳节"等中国传统节日的习俗。

如今，华人已成为苏主体民族之一。总体上讲，我认为苏里南华人华侨很"可爱"、很"可靠"、很"可敬"，但同时也有"可忧"的地方。

苏里南是小国，但苏里南华人侨界却是不折不扣的大侨界，苏里南华人华侨对资产的增值力、对中国的亲和力、对当地的影响力、对苏里南社会发展的贡献力是很多国人想象不到的。

华人华侨很"可爱"

苏里南华人华侨很"可爱"，体现在哪些方面呢？

第一是华人华侨十分团结。虽然人与人之间、侨团与侨团之间难免会有矛盾，但整体上，苏里南华人华侨是我见过的最团结的海外侨民。其表现有四：第一没有地域矛盾。比如浙江来的、福建来的、广东来的，不论是来自哪个省，都能够团结、和睦相处。第二没有新老矛盾，先来的和后到的能够融洽相处。在有的国家，一些新老华人华侨彼此分离，相互瞧不起。老侨因担心新侨的到来减少他们的商机、增加竞争而处处排挤他们；新侨也因老侨的态度等原因对老侨印象不好，所以双方割席分坐，很难合作。而苏里南新老华人华侨不仅关系融洽、团结共处，老侨还主动帮新侨，实属难能可贵。第三没有党派矛盾。有隶属苏里南民族党的，也有隶属苏里南民族民主党的，但都能和谐共处，结下了很深的情谊。连历史最

图30-3　苏里南华人华侨社团联合总会成立合影留念

图 30-4　成立 130 多年的苏里南最大侨团——广义堂

悠久、最有影响力和最大的侨团广义堂里也是多党存在，但其乐融融。最后是没有"国共矛盾"。有与中国共产党合作良好的，也有联系中国国民党的，但完全没有蓝绿矛盾，都是一心促成国家统一，心怀祖国，其心赤诚。侨界团结最典型的表现是"苏里南华人华侨联合总会"的成立。目前为止，据我所知，在全球数万个侨团中，苏里南仍是唯一一个所有侨团联合组成了联合总会的国家。

第二是互助。一方有难，八方支援。华人报纸每次登出一家有困难时，大家都能互相帮助、慷慨解囊，使受难者及时得到救助和周济。

第三是热心慈善。苏里南侨胞对当地的慈善事业贡献很大。最值得一提的是循义公司。每年循义公司都有善举，而且还逐年增长。2012 年 12 月 16 日，他们举行的年度义卖慈善演出活动就是个很好的例子。循义公司和华人妇女会一起将义卖的钱捐给了残疾人和其他慈善组织。以循义公司为代表的华商、侨商们，每年都将不少的资金投入慈善事业中，尤其圣诞前后这样的活动更多。这种慈善行为充分彰显了中华民族尊老爱幼、济弱扶贫的传统美德。

图 30 - 5　与苏里南第一夫人在华商慈善义卖日活动中

第四是侨界公益事业发达。华人办有中文日报 2 份，每天均为 24 版，还有中文电视台 24 小时播放，中文学校也是中国国务院侨务办公室确定的全球 100 所海外"华文教育示范学校"之一。除此之外，白莲花体育馆为华人强身健体提供了很好的场地，还有养老院等。这些公益事业很

图 30 - 6　24 小时播出的苏里南广义堂华人电视台

馆为华人强身健体提供了很好的场地，还有养老院等。这些公益事业很多，充分展现了华人在当地的实力和热心公益的风貌。

华人华侨很"可靠"

苏里南华人华侨很"可靠"从何说起呢？

第一，支持祖国的统一大业。苏里南任何侨团都支持祖国的统一大业，都反对"两个中国"，都反对"一中一台"。2007年，有当地荷文报纸报道称，台湾当局愿出10亿美元与苏里南建交。当时所有侨团都团结起来，发表了联合声明，坚决反对苏里南政府与台建交。因此，苏里南侨胞是祖国统一的坚实的支持力量！

第二，支持祖国的经济建设和其他建设。像广义堂迟玉基堂长、中华会馆张秋源会长等，他们为把国内的公司企业引到苏里南来开发矿产等，不知往国内跑了多少次，花了多少钱。侨界积极支持大连国际合作公司和明金公司等很多中资企业在苏开展筑路、采金等业务，为他们提供人员、签证等方面的帮助。还有很多侨胞把中国商品进口到这里，并把祖国所需

图30-7　第一夫人就广义堂成立130周年回答广东电视台记者提问

图30-8　华商工厂的当地工人

的这里的商品出口到中国，这对国内经济建设有不少帮助，显示了侨胞对祖国建设的关心。

第三，积极支援祖国的抗震救灾。每次国内发生大地震或其他灾害，侨团都广泛动员，侨胞们积极募捐。例如，2008年四川汶川地震时，苏里南华人华侨共募捐40多万美元。这里的华人人数不仅比很多其他国家的华人人数少，而且也不比一些国家的华人华侨富裕，但却捐了这么多，相当不容易。2010年青海玉树地震时，影响相对较小，使馆没有呼吁动员侨胞支持，但当时大家自发募捐。结果出人意料，募捐规模很大，捐款数额可观。许多人拿出自己手里不多的钱捐给了玉树。当时恰逢苏里南五年一次的大选，侨界募集了2万多美元支持华人李嘉琳竞选连任国会议员，而李嘉琳却将这2万多美元全部捐给了玉树。这些都充分说明侨胞虽然和祖国相隔千里，远在大洋彼岸，但却心系祖国！

图30-9　华人议员李嘉琳为青海玉树地震灾区捐款2万美元

华人华侨很"可敬"

为什么说苏里南华人华侨很"可敬"呢？

苏里南华人华侨披荆斩棘，历尽艰辛，闯出一条路来。160 年来，一代一代侨胞吃了很多苦，流了很多汗。第一批苏里南移民是十分艰苦的。他们坐船远涉重洋万里，抵达这个偏僻的地方，这里杂草丛生，人迹罕至。不少人与国内失去通讯，失去家庭，只能靠自己的努力与智慧去打拼一片天地。如果没有他们当年的那份努力与辛勤，就没有华人的今天。最早的那批华人值得现在的华人永远纪念！

苏里南华人华侨的"可敬"体现在四个方面。第一，华人华侨中卧虎藏龙，人才济济，出了一批优秀人物。有杰出的商人，也有杰出的政治家。如众所周知的苏里南第二任总统陈亚先是华人。首都帕拉马里博有一条"陈亚先路"，这是用华人名字命名的一条主要道路，这是侨界的光荣！还有一些华人部长，如张振猷、张其森、陈有、房盆、李福秀、杨进华等。也有一些华人当选国会议员。早在苏里南独立前的 1973 年，李鸿基成为首位华人议员。之后的议员有我们所熟悉的李嘉琳、曾少猷、张凯丽等。除此之外，还有大批华人或有华人血统的其他方面的杰出人才，如前国防军司令麦库尔、现任外交部常秘瑞丹、前总统办公厅主任葛朗努斯特、现任总统鲍特瑟的夫人英格丽德·鲍特瑟、苏里南工商银行行长布赛德、警察局长曾立西、前自然资源部长鲁斯兰德、已故的苏里南民族党副主席罗杰斯、著名画家魏南光等。更值得一提的是一批卓越的华人还曾获得苏里南国家勋章，如邱鸿、迟玉基、周友仁、张秋源、郑国崇、凌月德、张丰年、张维芳、曾官金、张朝林、张仕皇、李衍林、洪春麟、洪春宏、魏南光及曾亚义

图 30-10　华人曾少猷竞选国会议员的广告

图 30 - 11　为苏里南浙江同乡会会馆
　　　　　　落成剪彩

图 30 - 12　欢迎苏里南总统鲍特瑟夫妇
　　　　　　来侨团做客

女士等。这充分显示现在的苏里南不仅不歧视华人而且很重视华人，将华人看作苏里南的重要组成部分。

　　第二，有组织很好的一批侨团。苏里南华人华侨，在组织上有名有实，活动上有声有色，生活上有滋有味，社会上有朋有友，维权上有招有式。十四个侨团各有特色，各有自己的品牌，各有自己的历史；同时在整体上又连成一气，一个声音对外讲话。各侨团会所的建设各有特色，活动场所之大、之新、之好可以说在世界上居领先地位。2012 年 6 月，浙江同乡会新会馆落成时，全国侨联副主席乔卫出席了揭幕典礼。我认为苏里南侨团最大的亮点，同时也是最值得骄傲的是 2010 年成立了"苏里南华人华侨联合总会"，这在国内反响很大。全国政协港澳台侨委员会、国务院侨办、全国侨联都致电祝贺。至今为止，全世界只有苏里南的华界的不同侨团联合起来了。

　　第三，侨界活动有自己特有的品牌、特殊的平台、特别的方式。近年来的"贺国庆、迎中秋"文艺晚会已成为侨界一大品牌，前年以来每次观众达 5000 多人。再如春节期间广义堂、中华会馆、华侨商会、中侨福利会、浙江商会等侨团举行盛宴，动辄几十桌、100 桌，甚至 200 桌同时开席，邀请到苏里南总统、副总统、国会议长等高官与华人华侨一起联欢，气势宏伟。在 2010 年东莞同乡会的春节宴会上，我和张丰年会长陪时任总统费内西安、外长克拉赫和财长希尔顿贝赫等多位政府高官一起轮桌向华人华侨敬酒，在世界上史无前例，给我留下了深刻印象。2011 年春节，我陪同苏总统鲍特瑟夫妇出席了广义堂 198 桌春节盛宴，副总统阿

图 30 – 13　为苏里南与法圭侨界足球比赛开球

图 30 – 14　庆祝中国国庆和中秋苏里南华裔小姐决赛

图 30 – 15　法属圭亚那华人足球队与苏里南华人足球队在帕拉马里博开赛

梅拉里夫妇出席了中侨福利会的春节盛宴。2012年，我与鲍特瑟总统夫妇和阿梅拉里副总统夫妇共同出席了广义堂215桌春节盛宴和华侨商会的春节招待会，陈绪峰参赞陪同副总统阿梅拉里夫妇出席了中侨福利会的春节宴会。另外，侨团每年组织华人足球队、篮球队与法属圭亚那等侨团球队互相交流切磋，加强了侨谊。

　　第四，侨团在国内的影响很大。苏里南这个国家在国内并不广为人知，有人甚至以为是在非洲，但苏侨界在国内却很有影响力。1984年国庆35周年时周友仁等应国务院侨办邀请参加了国庆观礼。2009年，迟玉基、张秋源、张丰年和郑国庆4位侨领成为60周年国庆观礼代表，相较于苏里南华人人数，这是大大超出比例的。2012年3月，苏华人华侨社团联合总会会长、广义堂堂长迟玉基列席了中国人民政治协商会议第十一届全国委员会第五次会议，全球仅有来自二十多个国家的39位杰出华人参加，苏里南侨界占一席，这何等的不容易，是苏全体华人华侨的自豪。4月，张秋源、郑国崇和郑国庆3位侨领参加"第六届世界华侨华人社团联谊大会"，和与会代表们一起得到胡锦涛、习近平等国家领导人的接见，充分体现了国内对苏里南华人华侨的重视，是苏里南侨界的光荣。

图30-16　苏里南华侨商会会馆

我做过驻埃及公参、驻印度孟买总领事、驻津巴布韦大使，与这些国家的华人华侨相比，苏里南的华人华侨移民资格最老、社会地位最高、最团结、组织得最好。这里的华人最富裕，对驻在国影响力最大。

华人华侨很"可忧"

苏里南华人华侨很"可爱"、很"可靠"，也很"可敬"，但也有"可忧"之处。

第一，是人才结构滞后。一是因为受过美国、荷兰等发达国家高等教育的华人华侨基本上都选择不回来，人才流失严重。二是因为现在从国内来的新移民不少在国内时从事第一产业，没受过高等教育。三是人才结构单一，来苏开店经商的居多，而其他方面的人才严重匮乏。

第二是政治诉求方式落后。苏里南华人在政治领域曾有过建树。苏里南人民党的创建人李宝三是一位华人医生，他免费为糖业工人看病，设立公共图书馆传播文化知识，受到当地人好评。另外一位华裔内科医生亨克·陈亚先博士曾到中国学习针灸，担任过民族共和党领导人，在1980—1982年担任苏里南总理，后任总统，后受军政权挤压辞职移居荷兰。在那里他建立"苏里南解放运动"组织，力促苏里南军人还政于民。但整体上华人参政议政积极性不高，也曾长期缺乏经济实力和人脉关系，目前活跃在苏里南政坛的华人都依附在其他族群的政党中。侨胞的利益诉求方式滞后突出表现在一遇到什么问题或麻烦，总是习惯于跑关系、热衷于找熟人。这种方式的必然结果是自己害自己。试想，如果苏里南当地市场监督执法官员一查华人华侨超市，就有店主主动送东西，这必然造成他们更加频繁地检查，由此形成恶性循环。整体看，我们侨胞没有属于自己的政党，不得不通过别的民族的政党来代为争取自己的利益，没有体制保证。虽然在国会里不缺华人议员，但苏里南目前没有专门代表华人利益的政党，令华人忧心。

第三，经营方式滞后。我观察了一下，华人绝大部分都开超市，其他的方式也有，但都不是主流。华人主要生活在帕拉马里博和瓦尼卡地区，从事商业或服务业，主要以经营超市和餐馆为生。据史料记载，早在1867年苏里南就有了几家中国商店，到了19世纪70年代，种植园里的商店基本上都是华人开办的；1898 年华人商店在帕拉马里博占了 30%，在内地个别行政区占了所有商店的一半，而且其中不乏一些大型的商店。20 世纪后，华人不仅涉足生活日用品的经营，而且扩展到镶金业等方面。20 世纪 70 年代初，华人的日用品商店在帕拉马里博占到 75%，在其他地区占到 65%。进入 21 世纪，华人在零售业的份额继续上升，几近垄断地位，此外，还有一些华人涉足矿产开采、渔业、牧业、金融业等领域，华人在苏里南经济领域所发挥的作用越来越大。但是，华人在当地的生产方式目前来看跟不上新的生产力发展。华人生产方式的利润空间在缩小。在这里印裔苏里南人赚钱不费力，因为他们更多的是金融资本和其他资本，注重与时俱进，而苏里南华界还主要是简单的商业资本。仔细想想，他们多从事银行、证券交易、法律和政务等行业，在这些方面占有很大优势。他们是市场游戏的规则制定者与监管者，而华人华侨是被监管者，是这场游戏中的运动员，甚至成为他们手上的一颗棋子。没有游戏主动权，又如何真正成为赢家呢？

第四，社会交往方式滞后。前司法警察部长单多吉曾讲华人是个内向的民族。许多来苏多年的华人不会讲荷兰语，他们习惯于在窄小的中国人交际圈子里活动，没融入其他民族中，值得担忧。华人首先应该和第一大

图 30 - 17　苏里南华人超市

图 30 – 18　陪时任苏里南总统费内西安到华人家中做客

民族印裔人搞好关系。搞不好和其他主要民族的关系无异于在成功的路上为自己铺了荆棘，严重阻碍了华人华侨的发展。

第五，利益救济方式滞后。华人华侨在当地一旦发生意外，没有制度性层面的救济方式。即使使馆不遗余力地做工作，政府答应了补偿，也因为财政紧张和我侨民自身身份问题或店牌问题等法律障碍、程序障碍而难以具体落实。2009 年 12 月的阿明那骚乱殃及中国店铺即是一例。苏里南政府不仅没有相关的补偿政策，也没有像民政部之类的机构去妥善处理。我同前任司法警察部长密斯匠就阿明那骚乱对华商赔偿事做过艰难的谈判。这次谈判是我外交官生涯中最有"火药味"的，密斯匠不肯承诺赔偿。其实，即使他答应赔偿，赔偿就能到位吗？

华人华侨应该从哪些方面做起以期改善提高呢？

首先是观念上引起重视。只有重视起来，齐心协力去应对，扬长避短，才能从根本上解决这些问题。当地不少有识之士曾建议华人华侨政治诉求上要实现政党化、法律化，对此我完全理解，乐见其成。侨界不少人认为苏里南华人华侨将来应成立代表全体华人利益的政党，通过更直接、更有效的方式来维护华人华侨权益。通过其他民族的政党代为争取，只能隔靴搔痒，解决不了长久问题。

其次，资本运营方式要多元化。华人的资本运营方式要逐渐转变，从商业资本到工业资本，再到矿业资本、金融资本。要从单一落后的经营方式转变成多种资本运营方式，更多地进入当地支柱产业中。

再次，人才结构要优质化。人才是发展中不可或缺的部分。苏里南侨界中不仅要有一流的商人，还要有一流的教授、一流的法官、一流的律师、一流的银行家、一流的教育家等。要吸引各领域的人才来为苏里南的华人华侨服务。

最后，要实现社会交往方式的文明化。我们的语言、服饰、行为、经商各个方面都应更加文明化。第一语言要文明，不能动辄把当地某些族群称为"鬼佬"、"鬼婆"。第二服饰要文明，在穿着打扮上要体现出对人的尊重。这点我印象十分深刻。大使馆一年一度的国庆招待会上，一些侨胞竟穿着拖鞋、T恤衫来参加。其他国家的人都西装革履，侨胞却对自己祖国最为隆重的国庆招待会作此打扮，这是不是对我们华人华侨自我的贬低啊！第三经商要文明。商品就是人品，卖假冒伪劣产品就等于卖人格。要做到言而有信。要做"儒商"，提高素质与修养；要做"信商"，讲究信义；要做"义商"，多做善事；要做"名商"，争取创造属于我们华商自

图30-19　苏里南东莞同乡会春节盛宴菜单

图 30 - 20　和苏里南总统夫妇出席华侨商会春节欢宴

己的品牌！第四行为要文明，不随地吐痰，不随地大小便，开车不抢道，女士要优先。

　　小国苏里南的大侨界可以从当地华人的自豪中体现出来。华人自豪的是，157 年前，几十名中国契约劳工作为华人的先驱者来到了苏里南，比印度人、印尼人等都要早。如今，华人已成为苏主体民族之一。5000 多家华人华侨超市和 100 多家中餐馆遍布首都帕城，到处可以看到华人，华人当中还出过苏里南总统和总理，至于华人部长和议员，更是层出不穷。如今，华人来苏里南周年纪念逢五逢十时，每次都全国放假庆祝。更令华人自豪的是，中国人过春节，苏其他民族必定会来到华人华侨当中表示祝贺，苏里南人必然会按照中国人的习俗，对这里的华人华侨说一声："拜年！"不少人还和中国人一起吃饺子、品茅台……每年春节大年初一那天，我都陪总统、议长等国家领导人跑场子，一起看放鞭炮、看舞狮子。这一天我们先后到 6 个侨团拜年，连着吃了 6 顿年饭。其中，侨团广义堂的年饭 188 桌，最少的东莞同乡会的年饭也有 60 桌，总统、外长、财长到每一桌敬酒，华人那个自豪劲，没得说！

第三十一章　世界上最大的春节盛宴

位于南美北端的加勒比国家苏里南，面积同山东省差不多，人口却只有 53 万人，在人口意义上是绝对的小国。然而，小国却有大春节，它欢度春节的一些特有的方式、特有的影响力，如果不是身临其境，许多中国人是难以想象的。我 2009 年 8 月出任中国驻苏里南共和国大使，连续四次在苏里南和苏里南政要以及当地华人华侨一起过春节，深感舒心快乐，特别是 2013 年的春节活动，更是给我留下终生难忘的印象。

扎堆的春节盛宴

苏里南华人华侨约占苏总人口的 1/10，大约从 20 年前开始，这里的华人华侨开始了春节庆祝活动。近年来，春节庆祝活动规模和影响越来越大，2011 年，苏里南政府将春节定为苏里南的国家节日和公共假日，举国同庆，全民共乐，更是将春节喜庆活动推向高潮。最吸引苏里南人眼球的是苏里南各华人侨团扎堆的春节盛宴。

所谓扎堆，是指各侨团的春节盛宴都在大年初一这天举行，部分侨团选中午，部分侨团选晚上，没有哪个侨团会选其他日子，只有中资企业一般会选在除夕之夜聚餐。

所谓盛宴，是指各侨团的春节宴会至少 30 桌，多数在 100 桌左右，最多则 200 来桌。以今年（2013）为例，最大最老的侨团广义堂席开 230 桌，新侨团浙江同乡会 180 桌，这么多桌同时开席，你说是不是盛宴？

多数侨团的盛宴选择在饭店举行，苏里南首都帕拉马里博 25 万人，有中餐馆 150 家左右，西餐馆、印度餐馆、印尼餐馆等少得可怜，中餐馆主导了苏里南的餐饮业，能承办春节盛宴的中餐馆不少。龙凤酒家能在同一层同时承办 300 席左右，翡翠皇宫酒店、志明酒店都能在一个大厅里同时承办 80 席左右。春节盛宴扎堆，给经营餐饮业的华人企业带来了可观的收入。

一些侨团的春节盛宴在自己的会馆举行，由自己组织的厨师和服务人员团队负责提供餐饮。例如，广义堂多年来在自己的会馆举行春节盛宴，已积累了这方面丰富的经验。在广义堂会馆里，本来常年设有敬老院、对全体华人华侨开放的健身中心和棋牌中心，平时就有厨师为敬老院的老人等做饭。提供 2000 多人的饭菜酒水，他们不缺厨师、不缺桌椅板凳、不缺场地，也不缺组织协调能力。有将近 90 年历史的中华会馆和成立不到 10 年的浙江同乡会也是在自己的会馆里组织春节盛宴。绝大多数春节盛宴是吃桌饭，浙江同乡会则是"一宴两制"：政要名人上二楼吃饭，自己的会员或一般客人则在一楼吃自助。

苏里南 100 多家中餐馆，经营的主要是广东客家菜，即使是福建同乡会、浙江同乡会等非广东人举行的春节盛宴，享用的也是客家菜。说是"盛宴"，主要是指规模、影响而言，并非指大吃大喝。宴会每桌 700 苏元（约人民币 1500 元）左右，会员负担 250 苏元，其余 450 苏元由侨团补贴，也就是个人一般交 25 苏元左右。侨团请的政要名人、新闻记者，包括中国驻苏使馆官员，则免费用餐。

不管哪个侨团的春节盛宴，菜肴都差不多，红烧肉、大虾、鸡块、海鱼、什锦肉丝、花椰菜等。一律不上白酒，红酒、饮料、啤酒保证供应。客家菜的特点是量大、肉多、辅料少，一盘回锅鸡，尽是白生生、黄灿灿的肉，有时连一根葱花都难以找到。尽管如此，客家菜在当地非常流行，参加春节盛宴的人，年年人流如织，越来越多，乐此不疲。

苏里南春节盛宴，有一个特点值得国内学习，这就是打包。苏里南总统鲍特瑟出席广义堂春节盛宴，对红烧肉赞不绝口，席终后，当着我的面，兴致勃勃地吩咐第一夫人将剩下的红烧肉带回家中。在东莞同乡会春节盛宴上，我不仅亲眼所见，而且还帮助前总统费内西安夫妇将烤鸭等四道没有吃完的菜打包带回家中。有意思的是，前第一夫人坚持自己提着这四个装满了剩菜的饭盒，笑着说：他们老两口不仅晚上不用做菜了，连第二天都吃不完。几乎所有剩的菜，都会由食客们打包带走，因为苏里南人认为，倒掉食物，不仅是对自己劳动成果的不尊重，是浪费，也是对神的不敬。

苏里南春节盛宴中我发现的唯一一个"大吃大喝的典型"是公共工程部长阿布拉汉斯，只要发现他出现在盛宴上，就可以肯定地找到他一家子也在"大吃大喝"，各侨团和这位部长共同实施一个"潜规则"，因部长一家非常爱吃广东客家菜，部长没有妻子，遇到春节盛宴或其他华人大的饭局，如果请这位部长，就连带为其家人安排一桌。部长也乐得借此机会让家人饱饱口福。

赶场的政要名人

苏里南华人侨团举办春节盛宴并非仅仅为了"撮一顿"，而是利用这个机会宣传中国传统文化，抒发对祖籍国的怀念，推进中苏友好，增加侨团的凝聚力，同时也是借此扩大侨团的影响，拉近与当地主流社会的距离，密切与政要的关系，推动政府解决侨界关切的事项，改善华人华侨在苏里南的生存环境、安全环境与发展环境。因此，不少侨团早在春节到来之前就"八仙过海，各显神通"，动用各种关系和资源，推动政要名人参加自己侨团的春节活动。这些年来，中国苏里南友好关系稳步发展，中国和华人华侨在苏里南实力和影响力都明显上升，苏里南华人事实上已成为政府和各种政治势力借重的力量，因此，不少政要名人也乐于参加春节活动，借此向中国示好，增加对华人社团的影响力，特别是赢得华人选民的支持。

各侨团都在大年初一组织春节盛宴，都希望邀请到政要名人，都希望请到总统、副总统、议长、部长、议员、市长，总之，官越大越好。可是，苏里南只有一个总统、一个副总统、一个议长，部长全部算上也只有17个，议员全部算上只有51位，到了这家吃午饭，就很难到另一家再吃午饭。因此，各侨团事实上有一个只做不说的隐性竞争，这就是看谁请的官大，谁就有面子。

参加广义堂的春节盛宴历年来是苏里南总统的首选。这是因为广义堂是世界上最老的侨团，创立于1880年，已存在133年了；又是世界上拥有公益机构最多的侨团，广义堂办了24小时联播的中文电视台、每天24版的《洵南日报》、全球示范中文学校、白莲花体育馆和敬老院。广义堂的会员主要是来自于广东的侨民，他们来苏里南最早，实力最为雄厚，广东侨民中先后出了第二任总统兼总理陈亚先，出过7位政府部长，现任总统鲍特瑟夫人英格丽德原籍也是广东。因此，不仅总统夫妇每年肯定出席广义堂春节盛宴，副总统夫妇、议长、外长、国防军司令等政要名人，都会同时参加。应邀出席春节盛宴的总统、副总统和中国驻苏里南大使抵达广义堂会馆时，广义堂会组织舞狮队表演，广义堂各位理事列队一一握手表示欢迎。

今年参加广义堂春节盛宴的有副总统阿梅拉里夫妇、公共工程部长、司法警察部长、自然资源部长、劳工部长等，还有各国驻苏大使，总数2300多人。今年，鲍特瑟总统中午出席广义堂春节盛宴，用中文向中国人民和苏里南广大华人华侨拜年，祝大家蛇年幸福吉祥，万事如意。下午因身体不适，临时改变计划，委派前外长、第一任驻中国大使海伦贝格作为总统特使晚上参加华侨商会春节盛宴。去年，鲍特瑟总统参加了两个侨团的春节庆祝活动。2009年，我陪时任总统费内西安和夫人赶场，一天参加了四场春节盛宴，上午11点半，一起到中华会馆，全场起立，高唱苏中两国国歌后，中华会馆会长张秋源、我和总统先后讲话，讲完话后，坐下来10分钟，象征性地吃点东西，一一干杯后，12点半马不停蹄地赶

图 31 - 1　广义堂 198 桌春节盛宴一角

到广义堂，像在中华会馆一样，进行完同样的议程。下午 1 点多，我们又风尘仆仆地赶往龙凤酒家，出席中侨福利会举行的春节盛宴。会长周友仁年届 80，从深圳来苏里南已 60 多年，曾任苏里南主要执政党民族党中央委员、费内西安总统的顾问，对苏里南与中国建交作出了贡献。因他和总统是几十年的老朋友，他女婿曾少猷是现任民族党中央委员和国会议员，于是，我们在中侨福利会不再赶场，而是慢慢享用客家菜。总统夫妇虽是年过 70 的老人，一天下来连番活动，竟无疲倦之感，且胃口挺好，吃了不少。晚上 8 点，我又陪总统出席东莞同乡会在志明酒店举行的 70 桌春节盛宴，这一次，我、张丰年会长、外长、财长陪总统轮桌敬酒，每桌半分钟左右，敬完一轮，将近花了一个小时。费内西安总统有严重腿疾，有相当一段时间不能行走，西医就是治不好，这影响到他是否能履行国家元首的职责。"文革"期间担任过"赤脚医生"的张丰年会长却治好了他的病。尽管患过腿疾，又已过古稀之年，但他仍在忙碌整整一天之后，坚持轮桌敬酒。春节这天对费内西安来说，绝对是最忙的一天，四场春节盛宴，四次奏国歌起立，四次讲话，还要回答记者提问，要握成千上万次手（苏里南无安全人员挡驾），要干无数次杯。那一年的大年初一，我比总统还多了一场活动，这就是东莞同乡会春节盛宴 8 点开始前，华侨商会 7 点在志明酒家对面的翡翠皇宫酒楼举行春节庆祝活动，我先到那里串场，发表春节祝辞、干完杯后，再走过马路，赶到志明酒店陪总统。对我来说，2009 年的春节，我串了五次场，讲了五次话，吃了五顿饭，但实际上因要不停地干杯，因要关照老总统夫妇，我几乎什么也没有吃下，回到家里后，饥肠辘辘的我还得来碗方便面，而此时此刻吃的方便面，竟感觉比什么鸡鸭鱼肉都好吃！

2012 年阿梅拉里副总统参加了三次春节盛宴，先是中午到广义堂亮相 20 分钟，然后到中侨福利会吃饭，晚上到华侨商会，代表政府先后讲了两次话。今年春节，我陪西蒙斯议长串场，下午 6 点，出席浙江同乡会春节盛宴，我们一起讲完话后，赶到华侨商会，又再撮一顿。串场的明星是华人议员曾少猷，我在今年的四场春节盛宴中，都看到了他的身影。估计他还去了其他侨团举办的我无法分身参加的一些春节活动。

慈善的春节活动

苏里南华人华侨过年，既祈求大吉大利，也体现大喜大乐，还凸显大慈大悲。中侨福利会春节文艺晚会正式演出开始前的一个传统节目是发压岁钱，会长周友仁邀我一起，给所有与会的少年儿童压岁钱，在场的约有百来位小朋友，依次排队领取红包，华人小孩、白人小孩、黑人小孩、混血小孩，等等，互不认识，不需证件，人人有份。使我惊奇的是，一个小孩退回来一份，说给的时候多给了一份，两个红包夹在一起了。

春节华人华侨大喜大庆的过程也是回报当地社会、帮助弱势群体、彰显人类美德的过程。苏里南华人华侨欢度春节，不仅仅使有权有势的人、身体健康的人高兴，而且要使无权无势的人、身残智障的人也高兴，这点使我感慨不已。

在中侨福利会举行的春节联欢晚会上，孤儿、智障人士和其他残疾人的代表被邀到现场，我原以为只是请他们来欣赏观看华人华侨演出的节目，想不到演出进行中，这些代表被请到舞台上，周友仁会长向几个孤儿和残疾人组织的代表当场捐出善款，弱势群体组织的这些代表一一讲话，

图 31-2   应邀参加华商义卖活动的残疾人

表示要把这些善款用到什么地方。

在华侨商会春节盛宴上，郑国崇会长当场代表商会捐出善款 5 万苏元（相当于 10 万元人民币），当晚，约 700 人的盛宴开支是 25000 苏元，捐款数额是盛宴开支的两倍。几个弱势群体组织的代表当场表态要怎样使用好这些钱。有的表态要把这笔钱用来修缮孤儿院，有的表态要用来修缮农村学校。当来自于动物保护组织的代表表态要用这笔钱来保护好流浪狗时，台下霎时响起了笑声和鼓掌声。那一刻，我被拉美小国的这种普度众生的大爱精神所深深地感动。

广义堂敬老院中住着七位无儿无女的老人，敬老院负责照料他们。广义堂春节盛宴前夕，我和迟玉基堂长、中文电视台张志和台长等侨领一起，连同使馆陈绪峰参赞、徐贤浩领事等一起给孤老们拜年，使馆特意给老人们送上奶粉、蜜糖等营养品和其他生活用品。苏里南华人妇女会等侨团事先也送去了慰问品。苏里南华人孤老不孤，中华民族"老吾老以及人之老"的传统美德竟然在万里之外的苏里南得到发扬光大。

大年三十晚上，中国驻苏里南使馆邀请来自于陕西、四川、海南的援苏中文教师、中资企业和侨商单身员工代表来使馆共度蛇年除夕，一起吃年夜饭，一起出席春节联欢晚会，一起表演节目，一起参加抽奖，中文教师中奖比例高达 75%。使馆为了帮助这些刚刚抵达苏里南的志愿者，特意买了柴米油盐等作为礼物送给他们，使他们在国外有回家的感觉。

空前的使馆盛会

每年春节前，为了慰问苏里南华人华侨、中资企业员工，我都会在驻苏里南大使馆宴会大厅举行春节招待会，每年规模都是 200 人，来的都是华人华侨，基本没有来过非华裔客人，上届政府中有土地森林部长杨进华，来的华裔客人中，他的地位最高，是内阁部长，但他来的前提是华人，其他族裔的部长、议员从来没有出席过中国使馆举行的春节招待会，至于苏里南总统、副总统、议长、各主要政党领袖，更是从未出席过。但是，我在今年 2 月 7 日晚在使馆举行的 2013 年蛇年春节招待会，却改写了历史。

2 月 7 日下午，苏里南总统警卫局的官员事先来使馆察看场地，晚 7

图31－3　第一夫人率外长、防长、自然资源部长、青年体育部长等
　　　　6个部长夫人出席华人妇女会活动

图31－4　鲍特瑟总统夫人出任华人妇女会名誉会长，图为接受证书

点半，鲍特瑟总统和夫人准时来到使馆，出席我举行的蛇年春节招待会，
发表热情洋溢的长篇讲话并向中国人民拜年。鲍特瑟表示，苏中两国友谊
渊源深厚，过去三年里苏中合作项目造福人民，惠益两国。苏中建立了战

略伙伴关系，加强了两国在政治领域的友好往来，体现了相互尊重和彼此信任的特点。在世界形势深刻变化的今天，苏中双边关系被寄予了很高的期望。苏中合作不仅限于经济领域，还涉及社会和教育领域，这些联系加强了两国的交流，拉近了两国人民的情感。双方应怀着强烈的责任感和使命感，适应新的发展趋势，设定新的目标，采取新的措施，解决新的问题，以建立更为伟大的苏中战略伙伴关系，开启两国关系的全新前景。鲍特瑟说，中国农历蛇年春节即将到来，他向苏里南全体华人华侨表达真挚的祝福，并愿这欢庆的喜悦传遍中国的大江南北。他请袁大使转达对中国国家主席、中国政府和中国人民最诚挚的问候和最衷心的感谢，并再次祝愿苏中两国在各领域的合作继续频结硕果，造福两国人民。

相对于历次使馆为当地华人华侨、中资企业举行的春节招待会，蛇年的春节招待会至少有五个突破：一是苏里南政要第一次出席，出席的有议长西蒙斯、外长拉金夫妇，还有自然资源部长、防长、司法警察部长、国防军司令和陆海空三军司令以及央行行长、首都市长；二是总统夫妇第一次参加；三是总统第一次在招待会上发表长篇讲话，向中国人民和当地华人华侨祝贺春节；四是费内西安前总统出席，这是自 2010 年新政府成立以来，朝野两位领袖、新老总统第一次参加同一个活动；五是 2 月 7 日晚，苏里南举行国家发展战略研讨会，由副总统阿梅拉里主持，总统鲍特瑟原定发表主旨演讲，苏方通知各部部长、各位议员、各有关政党领袖，各国驻苏里南大使和国际组织驻苏代表与会，我也接到了与会的通知。由于我主持的春节招待会与苏方举行的苏里南国家发展战略研讨会在同一个时候举行，我们预计参加使馆春节招待会的人数会有所减少。但是，想不到鲍特瑟总统决定取消在国家发展战略研讨会上的演讲，改为到使馆参加春节招待会，这在苏里南历史上是史无前例的事情。由于总统出席，蛇年春节招待会人数增加到 300 多人。鲍特瑟总统夫妇和一大批政要出席春节招待会，在当地侨界引起轰动，传为美谈。

罕见的总统承诺

今年欢庆春节的活动使苏里南非法中国移民和其他华人华侨充满了希望，因为在广义堂春节盛宴上的讲话中，鲍特瑟总统在解决中国非法移民问题上，当着 2000 多赴宴人员作出了非常积极的公开表态。鲍特瑟总统表示，将积极考虑解决非法移民合法化问题，并责成司法部着手研究解决中国在苏新移民的居留和就业问题。鲍特瑟讲到这里，苏里南华人华侨社团联合总会会长兼广义堂堂长迟玉基带头鼓掌，全场欢声雷动。

今年是华人定居苏里南 160 周年，使馆、侨界和苏里南内政部、司法警察部等联手，对苏里南目前非法中国移民进行统计摸底，计划推动苏里南政府对现有非法移民进行大赦，允许他们获得合法的居留资格，并帮助他们就业，同时，加强对新的非法移民的管理，以此作为纪念华人定居苏里南 160 周年活动的一个重要内容。调查摸底情况已经出来，名单已集中到内政部、司法警察部等。苏里南华人华侨盼望鲍特瑟总统早日发布大赦令，如果实现，那将是苏里南开国 37 年来第一次对中国非法移民举行大赦。鲍特瑟在讲话中，明确承诺将通过必要的程序，允许中国这些非法移民获得合法的居留资格，并帮助他们就业。总统的承诺对华人社会无异于是天大的喜讯，华人华侨都认为蛇年的年没白拜，酒没白喝，春节没有白过。

第三十二章　拉美走出来的中国"铁腕"
外交部长——陈友仁

  拉美小国特立尼达和多巴哥产生了一位在民国历史上赫赫有名的新闻人物——陈友仁，他不会讲汉语，不是出生在中国，甚至成家立业后还没有中国国籍，但他于1926年1月在国民党"二大"上当选为中央执行委员，不久任国民政府代理外交部长，其后又四任外长。

  陈友仁倡导"革命外交"，与列强谈判时十分强硬，被誉为"铁腕"外长。陈友仁（尤金·陈，EugeneChen），祖籍广东顺德，1878年出生于西印度群岛的特立尼达，从小接受英国教育，是当地著名的华人律师。1912年初，他响应辛亥革命，回国效力，先后当过交通部的法律顾问和英文《北京每日新闻》编辑，随后创办了英文《京报》。1917年底，英文《京报》因抨击北洋军阀而被迫停刊后，他离京南下追随孙中山，成为其晚年不可或缺的助手。我在担任中国驻苏里南大使期间，多次到过苏里南的邻国特立尼达和多巴哥，多次与中国驻特多大使杨优明见面，几乎每次见面我们都会聊起陈友仁。2011年是辛亥革命100周年，中国驻特多大使馆和驻苏里南大使馆都联合侨界举行了隆重的纪念活动，我和杨优明大使在不同的纪念活动中多次提到陈友仁，杨优明大使还于当年9月19日在《人民日报》发表题为《一位大使缅怀辛亥革命志士陈友仁》

图 32 - 1　外交部长陈友仁

的文章。陈友仁的儿媳妇陈元珍住在美国加州伯克利，我出任驻旧金山总领事不久，特意拜会了她。70多岁的陈元珍看起来比实际年龄要年轻很多。她生在上海，母亲为了让她将来进入上流社会，不惜血本送她进美国圣公会办的女校学习，学会流利的英文。1949年之后母亲培养她成为资产阶级小姐的梦想化为泡影，而她在1950年认识了从伦敦回国、不会说中文的陈依范，结为终身伴侣。1972年她随丈夫赴美国讲学，先后在康奈尔大学及加州大学伯克利分校工作，现已退休。见到来自祖国内地、特意来看望她的人，特别是特意对陈友仁表示敬意的人，她非常兴奋。她用6年时间写了《民国外交强人陈友仁：一个家族的传奇》一书，生活·读书·新知三联书店2010年9月出版了该书。

特立尼达的第一个华人律师

杨优明大使在纪念陈友仁的文章中说："陈友仁是一个令人景仰的著名辛亥革命人物。但很少有人知道，陈友仁来自加勒比美丽的双岛国特

图32-2 特多的海滩

多。他 1878 年出生于特立尼达岛南部城市圣费尔南多。在这里，陈友仁是永远的尤金·陈。陈友仁这个名字是他回到祖国参加革命后根据'尤金'的谐音取的中文名。当地的华人很自豪地告诉我，特多有两位中国大'名人'，一位是中国舞蹈大师戴爱莲，另一位就是辛亥革命志士尤金·陈。我还多少有些惊讶地得知，陈友仁在特多，曾是出了名的年轻富豪。……陈友仁从小天资聪颖，学习成绩优异，毕业后当上了律师。他三十而立就事业有成，在首都西班牙港开了一家私人律师事务所，置地，买股票，还拥有豪宅和多处庄园。不仅如此，他在伦敦也有几处房产，每年乘坐海轮横渡大西洋去度假。在种族歧视严重的殖民年代，他身为黄种人，能够聚集足以支撑一家人在英国过上流社会生活的财富，实属不易和罕见。……陈友仁生活优裕富足，似乎就将这样无忧无虑地在风光旖旎、气候宜人的加勒比度过他的下半辈子。"

按照陈友仁儿媳陈元珍老人的说法：陈友仁的父亲陈桂新原是当地的一个木匠，人称"阿陈"，客家人，是个贫苦的农民。他吃苦耐劳、倔强不屈，因为穷困和内心的不平，后来参加了洪秀全领导的起义，成为太平天国的将领；其母亲祖籍深圳宝安。阿陈 1850 年入伍，一年后晋升为东王杨秀清的贴身侍卫。太平军准备攻打武昌，阿陈主动请缨远征前线，并且凭借少时练就的木匠手艺为太平军搭建浮桥，使得大军成功登陆武昌。这大概是陈爷爷作为太平军最为光彩的一笔。后来，太平军又攻下南京，可是由于天王和东王争权夺利、内讧不断，最终兵败。陈逃亡海外，当"猪崽"，做苦工。在加勒比海的一个小岛上，陈爷爷成了一个剃头匠，靠手艺吃饭，没想到却被当地一个华裔商人梁兴看中，成了他的女婿。婚后不久，他们就迁移到英属特立尼达定居。他们辛苦建立了自己的小农庄，并且一起养育了 6 个孩子，大儿子叫尤金，也就是日后跟随孙中山先生的民国外交家陈友仁。

尤金 12 岁的时候，父亲阿陈就去世了，他学习很努力，希望能够出人头地。功夫不负有心人，1898 年，陈友仁毕业于西班牙港的圣玛丽学院。当地一位著名律师史密斯看中了他，愿意收他为徒弟，经过 5 年的学习，他获得了初级律师、转让证书者和公证员的资格，此前这种资格只授予具有英国公民权的人。陈友仁通过考试取得律师执照，成为特立尼达的第一个华人律师，成立了自己的事务所。

图 32 - 3　特多一角

　　1899 年，21 岁的尤金同混血少女爱茜（父亲是法裔庄园主，母亲是法、非混血奴隶）共坠爱河，尤金正式向爱茜求婚。客家人习惯于自成小团体，互相依靠，在那个相信女子无才便是德的年代里，陈奶奶对尤金选择一个受过现代教育的外族女子非常不理解，亲朋好友也给尤金施加了很大压力，但这些都没能阻止这两个相爱的人结婚。岳父不仅有钱，而且乐善好施，尤金在婚后事业突飞猛进，他在当地第一个雇佣了女秘书兼打字员。不久，尤金就以友好、有效及诚实的信誉赢得了客户的信赖，特立尼达的大部分华人与印度人都成了他的长期客户，他成为特立尼达华人社区出名的大律师，少数族群都来找他打官司。尤金在经济上日渐富裕，先后投资了几个种植园，每年都有可观的收入，一跃成为当地的著名人物。他的儿子陈丕士追述道："他在几个可可种植园投了资……他也是首批购买拉不雷亚的一些油田的人士之一。他还在巴里亚的一个小岛上拥有一座别墅。"陈友仁并不满足于在特立尼达的富裕生活，他每年去英国度一次假，在那里，他结交了不少中国留学生。

　　1911 年他携妻子儿女移居伦敦。同一年的秋天，他在华人社团碰见孙中山。偶然的相逢却成为友仁生命中的转折点。几个月后，1912 年初，陈友仁回归祖国，报效革命。

　　陈友仁与原配梁玛丽（祖籍广东宝安）先后生了 7 个子女，但只活了 4 个，其中大儿子陈丕士后来成了香港著名大律师；次子陈依范是一个出色的画家，1927 年陈依范到武汉协助父亲工作，从一个资产阶级少年逐步转变为马克思主义者，终生以他的绘画、写作以及演讲的才能为革命服务，在中共领导的革命事业中作出了贡献。女儿西尔维娅成为著名舞蹈家，约莲达是电影摄影师。梁玛丽于 1926 年病故后，1930 年，陈友仁与国民党元老张静江之女张荔英在巴黎结婚。当时，张荔英正是青春年少，却执意要嫁给年长自己近 30 岁、她眼中的"天下第一美男子"陈友仁，两人婚后感情甚好。1941 年，夫妇二人在香港一同被日军拘捕并被转押送至上海，长期遭到软禁。陈友仁逝世后，张荔英直到第二次世界大战结束后才被释放，后移民到美国、法国、新加坡等地，20 世纪 90 年代去世。

孙中山的挚友

　　尽管从未回过中国，但事业成功、家庭幸福的陈友仁从小就胸怀大志，知道自己虽然拥有英国国籍，但骨子里仍是个中国人，祖国的兴衰与自己的命运紧紧相连。报效祖国一直是他的一大心愿。

　　1911 年秋天，陈友仁与往年一样到英国去度假。在伦敦，他遇到了老朋友菲利普·陶和伍连德博士。当时辛亥革命爆发的消息刚刚传到伦敦，埋藏心底已久的爱国之情让三人热血沸腾、彻夜难眠，经过再三考虑，他决定马上回国。本来他还想先回家安排一下，但理智告诉他，如果回去，定会被儿女情长所困，于是狠下心来，只给妻子发了电报，告诉她自己的决定，并嘱咐她把孩子送到英国去接受教育，然后匆匆启程回到中国。

　　回国后，他到北洋政府任职，被交通部聘为法律顾问。此后，他离开交通部，任《北京每日新闻》编辑。再后来，由于在政治上敢于发表与官方立场相悖的言论而被迫辞去职务，他便开始创办英文《京报》（Peking Gazette），自任主笔。作为一位在北京以英文写作的卓越新闻工作者，陈友仁很快在国内外知识界有了相当大的影响力，引起了孙中山的注意。

　　1916 年，通过廖仲恺的介绍，陈友仁在上海法租界与孙中山见面，由于共同的民主思想和文化政治修养，两人言谈甚欢，相见恨晚。1918 年 5 月，陈友仁在《京报》发表《出卖中国》，揭露段祺瑞与日本密谋借款 1 亿元的丑举，结果被段以"妨碍公务罪"逮捕入狱，判处 4 个月监禁，报纸被查封，于是他南下广州，追随孙中山。

　　1918 年秋，陈友仁任广东军政府外交及法律顾问，成为孙中山的亲密助手。1919 年，他作为南方的中国政府代表团代表（北方代表为北洋政府）出席巴黎和会。在和会上，当时作为北洋政府首席代表的顾维钧，征求了包括陈友仁在内的代表团各成员的意见后，强烈表示不同意列强加在中国人民头上有关日本在山东权益问题的决议，拒绝签字，从而引发了震惊中外的"五四运动"。

　　1919 年，陈友仁回到上海，此时孙中山正受桂系军阀排挤，在上海撰写《建国方略》。陈友仁没有因孙中山在革命中受挫而离开他，而是根据他的意见在上海创办《上海时报》，该报继承了《京报》敢于批评时政的传统，这位"用英文写作的辛辣作家"，几乎每天都要写一篇社论。不久，为筹集办报经费，他到伦敦要求夫人专程回特立尼达变卖全部产业，倾囊办报并资助孙中山的革命。

　　陈友仁跟随孙中山不久，第一次世界大战结束了。孙中山对即将召开的巴黎和会非常重视，期待能借此废除一系列不平等条约。但他对北京政府派遣的代表团不放心，对北京政府任命的南方代表王正廷也不满意，于是陈友仁就作为"欧洲和平会议专门委员"（语出《申报》，1919 年 2 月 28 日）前往巴黎，名义上是南方代表的顾问，实质上却"不是去参加和会，而是去监视中国代表团"的。陈友仁不负重望，在和会期间做了很多工作，"不但代表南方发表了许多公开声明，举行过记者招待会"（《顾维钧回忆录》第 1 卷，中华书局 1983 年版，第 178—179 页），而且还为中国代表团起草了向和会提交的正式文件初稿（《清末民初政情内幕——乔·厄·莫里循书信集》，知识出版社 1986 年版，第 864 页），体现了国民党在外交事务中的积极作用；当收回山东主权无望时，他又提议中国代表团退出和会，以示抗议（陈一文：《陈友仁及其儿女们》，未刊稿。陈一文，陈友仁嫡孙）。巴黎和会结束后，陈友仁就山东悬案向美国上议院发了一份长电，既诚挚地希望美国能助中国一臂之力，尽快修正对山东问题的处理，又委婉地批评威尔逊总统违背自己的诺言，视中国陷于窘境而无动于衷。整份电报有理有节，不卑不亢，充分表达了中国人民不畏强权、要求实现领土完整的强烈愿望。陈友仁的电报受到美国舆论的高度评价，指出"明哲之士眼光如炬，对于此问题固自有最高之见解，即如陈君代表中国之呼吁，以中国所受之不公道置诸世界和平受危害之后，实具有卓识。盖彼之呼吁以正义为先，而利益为后，诚有见夫大者"（《申报》，1919 年 7 月 31 日、8 月 6 日），使国民党在对美外交中崭露头角。陈友仁的表现令孙中山非常满意，从此对他更信任了。

"倾向俄国"的革命家

孙中山曾多次向西方国家求援，但屡屡受挫。陈友仁分析了当时的国际关系，认为苏俄在外交上十分孤立，急需在中国寻找政治伙伴，而北京政府又不太可能成为它的联合对象，因此"国民党应该向俄国人寻求军事上和政治上的援助"（陈丕士：《中国召唤我》，商务印书馆 1983 年版，第 44 页），这对国民党和苏俄都是一种双赢的选择，陈友仁不但积极向孙中山建议，而且直接参与了孙中山"联俄"的过程。

辛亥革命之后，发生许多大事件，其重要性莫过于由陈友仁设计、获得孙中山肯定的"倾向俄国"政策，它后来演变为"联苏容共，扶助工农"政策和"联俄联共，扶助农工"政策。陈友仁不仅向孙中山建议"倾向俄国"政策，而且做了大量的前期准备工作。孙中山决定在绝对保密的情况下执行"倾向俄国"政策，他任命陈友仁单枪匹马进行。除他们两人之外，只有孙中山夫人宋庆龄知道。这就是为什么一谈到苏联早期与孙中山的接触，大家只知道从海参崴或者莫斯科派来的共产国际的代表，而不知道早在 1918 年孙中山便委派陈友仁带着给列宁的信，到美国交给一位可靠的华人朋友，想方设法转往莫斯科。

1922 年 4—6 月，当孙中山与共产国际代表达林就合作事宜进行会谈之际，陈炯明炮轰总统府，孙中山被迫避难永丰舰，陈友仁担当了孙中山和达林之间的联络员，使孙中山继续保持和苏联的联系。达林在《中国回忆录》中回忆："不久，我收到便条，要我速到东山。国民党积极的活动家之一、孙中山的密友叶夫根尼·陈（陈友仁）在那里等我。——陈

图 32－4　宋庆龄与邓演达、陈友仁（左）在莫斯科

现在隐蔽在东山，每天夜里潜到军舰上去找孙中山。"他们见了好几次面，当达林离开广州前夕，"叶夫根尼·陈向我递交了孙中山给外交人民委员契切林的信。信是匆忙写就的，用的是一张从学生练习本上撕下的四裁的纸"。以往人们都熟知蒋介石冒险上舰保护孙中山，而陈友仁每天冒险往返东山和永丰舰，及时向孙中山汇报外界动态，却很少有人知道。

　　1923 年 1 月 18 日傍晚，苏俄著名的革命家、担任苏俄副外交人民委员的越飞偕同秘书和翻译，登门拜访孙中山，陈友仁作为孙中山的助手，也参加了会见。1 月 20 日，陈友仁代表孙中山到越飞下榻的汇中旅馆进行礼节性回访，并就双方谈判中的一些细节问题进行进一步磋商。《孙文越飞宣言》发表后，1923 年 2 月 11 日，上海《民国日报》公开发表陈友仁谈话，宣布孙中山最新的政治取向，指出"孙越谈话中所含政策之最后结果如何，将视列强对俄国及对中山之态度为转移。此项结果，可为中俄间之一种有益的合作，使彼等之物产文化供世界人类之用。反之，若列强继续敌视俄国及中山，则或将迫俄华两国成一坚固同盟，而从事于其他目的"。

1925 年 3 月，在孙中山病危之时，陈友仁代其起草了著名的《致苏俄遗书》，再一次重申"联俄"方针。据汪精卫在国民党"二大"会议上说："两张遗嘱都这样签完了之后，另外还有英文秘书陈友仁同志，起草致苏俄同志的一封信，由宋子文同志读了一遍，先生听过后，再用英文签字。"

民国的"铁腕"外交家

陈友仁外交生涯中最光彩的历程，是他担任广州国民政府代理外长和武汉国民政府外长期间。他出任广州政府代理外交部长后，明确提出了"革命外交"的口号，指出"革命的外交，应取断然的革命手段，坚持到底，宁为玉碎"，认为不需要特别顾及过去的条约、协定、惯例与既成的事实，在必要时运用大胆而强烈的手段，凭借国民党的革命精神和民众运动的力量，在胁迫性或半胁迫性的情况下，整体或部分地废除不平等条约中的不平等项目，达成中国外交谈判的目的，为最终废除一切不平等条约、彻底改变外人在华优越地位的状况打好基础。

陈友仁的"革命外交"政策主要体现在三个方面。

一是重申领事裁判权的范畴，纠正列强在行政和警察方面的非法越轨行为。根据原定条约，领事裁判权仅限于司法的民、刑诉讼案件；但后来列强得寸进尺，竟擅自扩展到行政权和警察权方面。陈友仁认为"当时领事裁判权之规定，原系中西俗尚之不同，故容许民、刑诉讼事件之治外法权；若行政权、警察权之保留，则系国家生存至低度之要求，万不可放弃"。一次，英国商船广武轮走私鸦片烟土，被国民政府的缉私人员查获，英方借口领事裁判权，拒绝我方查扣，缉私队奉命强硬执行，英国总领事为此连续三次致函陈友仁提出抗议。陈友仁不为所动，英方最后也只能空发抗议而已。

二是矫正在上税方面滥用领事裁判权的现象。在中国与列强所签订的不平等条约中，只规定外国人必须缴纳协定关税和子口税，为此列强就拒缴除此以外的任何税金，其冠冕堂皇的借口就是领事裁判制度。1926 年 10 月，国民政府决定征收特别税，外国人为此牢骚满腹，抗议纷起。陈友仁则坚持："租界之外无通商口岸之说，外人运销货物一越租界线之外，即为中国内地，就应交纳厘金或子口税。"为了防止外国人联合抗税，他还及时出台了严厉的惩罚措施，迫使他们老老实实地交税，从而征得了相当的税款，在一定程度上为国民政府解了燃眉之急。

三是他极力主张收回租界行政权。陈友仁认为租界的自治权是中国主权的象征，而当时各处的租界，其原始章程大多数是由地方官与各国领事签订的。中国地方官本无权割地与人，那么盛行于租界的外国行政权也就失去了法律上的根据。他尖锐地指出，"此等事实上之攘夺，全由外交当局麻木所酿成"，于是决心在自己的任期内逐渐收回租界的外国行政权。1926 年 11 月，国民革命军武装通过汉口英租界，英领事向国民政府外交部提出抗议，陈友仁严词驳复："汉口租界章程本来系处于中国主权准许之下之一种自治法规，主权者之行为，对于其所准许或曾经准许之法规，本来不生违法之问题。"英领事无词反驳，只得作罢。

1927 年元旦，武汉人民为庆祝国民政府迁汉和北伐战争胜利，连续三天举行盛大庆祝活动。1 月 3 日下午，中央军事政治学校宣传队来到临近租界的空场内进行宣传讲演，英国义勇队见人越聚越多，竟蛮横地冲入华界，用刺刀向人群乱捅，当场刺死 1 人，重伤 80 余人，轻伤 300 多人，造成"一·三惨案"。

外交部长陈友仁当晚在外交部紧急召见英国驻汉领事，强烈抗议英国水兵暴行，限令其迅速撤退水兵及义勇队，解除其武装，租界由中国军警接防，以平民愤，否则将不负英人安全之责任。陈友仁强硬的命令口吻，使一向以太上皇自居的英国领事大吃一惊，无言以对。

面对国民政府的强烈抗议，更慑于武汉人民的反英浪潮，英方不得已采取了退让措施。4 日清晨，英方将所设沙包电网全部撤除，水兵义勇队全部撤退，巡捕也被撤走了。国民政府卫戍司令部即派三连精良军队入驻英租界，工人纠察队也随之到达维持秩序。

正当汉口英租界被国民政府接管之际，1 月 6 日，九江又发生了英兵殴伤中国工人和英舰开炮的事件，愤怒的中国民众冲入租界，奋起反抗。驻在九江的北伐军第二师当即向英国领事抗议，并很快接管了九江英租界。

1 月 15 日，中英双方开始正式谈判。北京英使馆参赞欧马利自恃有英舰保驾，一开始态度十分强硬，公然要求国民政府归还租界，恢复以前状态。陈友仁当即斩钉截铁地回答说："恐怕我们要应付一种新的局面了。"如果按照英方的要求处理，必然会引起民众的罢工和拒货，使租界根本无法生存，因此双方的交涉只能面对现实。第一次会谈毫无结果。此后，双方又经过16次谈判，至1月底才基本达成协议，即由国民政府收回汉口英租界，改为中国的市政特别区，由4名华人和3名英人组成管理委员会，主席委员为华人，按照国民政府颁布的新市政局章程进行管理。

1月27日，欧马利奉命将一备忘录及附件七款送交武汉国民政府。从表面上看，《备忘录》似乎颇有诚意，但仔细分析就会发现，这是英国政府的烟幕弹。它们一面在舆论上做出让步，麻痹国民政府，缓和中国人民的反英情绪；一面则从本国和印度紧急调遣1.2万名"中国远征队"向上海进发，以实现其放弃汉口、九江，固守上海的策略。同时，英国又照会美国政府共同出兵保卫上海租界，暴露出坚持武力恫吓的真面目。陈友仁十分气愤，断然决定中止谈判，拒绝在业已达成的协议上签字，向英方施加压力，并对英国政府的《备忘录》进行严词辩驳。1月30日，陈友仁揭露英国调动军队逼向武汉的事实，"国民政府不得不视英国集中军队之行动，为一种对于中国民族主义勒迫之行动。际此时期，签订协定，是受威胁而答复也"，因此拒绝签字。

陈友仁发表的宣言在国际上引起极大反响，美国国务卿郑重声明"须至中国政府不保护外人时方才出兵"；法国认为没有必要对华出兵；意大利也不愿意参与英国的行动；日本和德国声称只要他们侨民的生命财产不受侵犯，他们就对中国采取不干涉主义。陈友仁拒绝签字，在英国国内也引起轩然大波，伦敦外汇市场交易清淡，钢铁业股票大跌；曼彻斯特市政局议决要求政府撤回对华军队；英国共产党机关报《劳工生命》号召工人共同奋斗，反对对华武力干涉。

2月10日，英国政府终于决定让步，外交大臣张伯伦在伦敦发表演说，声明英国军队"将驻扎于租界之内，除非有严重之事变发生，必不越租界范围而行动，卷入中国武人竞争之漩涡"，宣布除自印度出发已在途中之军队即将在沪埠登陆外，其他调自地中海及英国本土的军队将改而在香港集中。12日，英方代表欧马利来到国民政府外交部，将张伯伦在下院的演说词要旨交给陈友仁。此后，中英双方代表又经过几次会谈，最终在一些重大问题上基本达成共识。

2月19日，陈友仁和欧马利签署《汉口英租界协定》，20日，又签署《九江英租界协定》，确认《汉口英租界协定》适用于九江英租界。3月15日，武汉政府正式收回了汉口英租界，但英人在该区域仍保持有一定的势力。同一天，武汉政府完全收回了九江英租界，并取消了外人在该区域的所有特权。

陈友仁的"铁腕"外交，赢得了对英谈判的胜利。陈友仁儿媳陈元珍老人说："收回汉口英租界，是英国从亚洲撤退的开始。……陈友仁收回的英租界地盘不大，但是值得大书而特书，因为这是从鸦片战争以来，中国人第一次收回失地，也是中国人第一次在亚洲给大英雄狮敲响了丧钟。"

独立后的马来西亚第一任首相阿卜杜·拉赫曼在一篇讲话里生动地表达了亚洲反殖民主义的斗士对陈友仁的敬仰："……陈友仁在我思想里点燃的火花，到今天仍然闪烁光芒。"

国共分裂后，陈友仁积极参加反对蒋介石独裁统治的斗争，1927年夏赴苏联，与宋庆龄等在莫斯科发表声明，揭露蒋介石、汪精卫背叛国民革命的行径。后去西欧游历，继续参与反蒋的政治活动。1931年任广州反蒋政府外交部长。1932年初，复任国民政府外交部长，主张对日绝交宣战。1933年参与发动福建事变，任福建人民政府外交部长。后遭国民政府通缉，流亡法国。1941年太平洋战争爆发后，在香港遭日本军队拘捕，次年起被日军长期软禁于上海。1944年5月20日在上海病逝，1944年5月22日，著名外交家颜惠庆在陈友仁葬礼上致悼词："综观先生之生平，与孙总理有极相似之处。"这是对陈友仁的公允的评价。遗体火化后，遵照本人的遗愿骨灰撒向太平洋。新中国建立后，八宝山革命公墓为陈友仁建立了纪念碑。

陈友仁一生凸显左派色彩，他来自于拉美，拉美不乏左翼猛士：格瓦拉、卡斯特罗、查韦斯、卢拉、鲍特瑟……比起来，陈友仁是先驱者。与杨优明大使等谈到这点时，都感叹不已。

第三十三章 在特立尼达诞生的舞蹈天才——戴爱莲

　　许多国人不知道，驰名世界的中国舞蹈艺术家戴爱莲，1916 年生于西印度群岛的特立尼达。祖籍广东省新会县的戴爱莲，从英国国籍变为了中国国籍，从只会说英语变为通晓汉语，从科班出身的西洋舞蹈家成为中国当代舞蹈艺术先驱者和奠基人之一、著名舞蹈艺术家、舞蹈教育家、中国舞蹈家协会名誉主席。1930 年，她赴英国伦敦学习舞蹈，曾先后师从著名舞蹈家安东·道林、鲁道夫·拉班等，后来又投奔现代舞大师玛丽·魏格曼。戴爱莲于抗日战争爆发后的 1939 年毅然回国，主要舞目有《思乡曲》、《卖》、《拾穗女》等。解放后，戴爱莲出任第一任国家舞蹈团团长、第一任全国舞协主席、第一任北京舞蹈学校校长、第一任中央芭蕾舞团团长……女子群舞《荷花舞》和女子双人舞《飞天》是她的传世之作。戴爱莲虽然生在国外、长在国外，受西方影响较大，但这位非凡的女性那一颗爱国心却令我们这些土生土长的人佩服。我出任驻苏里南大使期间，因从苏里南经美国回国，必须取道特立尼达和多巴哥，我多次到特多，多次见到中国驻特多大使杨优明。几乎每次见面，我们都会聊到戴爱莲，我们常

图 33-1　戴爱莲塑像

常为特立尼达能诞生戴爱莲这样的舞蹈艺术天才感叹不已。

在特立尼达时期的戴爱莲

童年的戴爱莲是在西印度群岛的特立尼达度过的。1916 年 5 月 10 日，戴爱莲出生在位于拉丁美洲西印度群岛的特立尼达的一个祖籍广东鹤山的三代华侨世家，家人给她起名为爱琳·阿萨克。小爱琳的祖先是在太平天国起义后随家族一起来到这个拉丁美洲岛国的，她的祖上实际上并不姓戴，因她父亲是家中老大，别人称其为“阿大”，广东人“大”与“戴”区别不大，后来这就成了戴家的姓，而英文的“爱琳”译成汉文后就成了“爱莲”。

戴家姐妹有仨，戴爱莲是最小的一个。戴爱莲的童年是在音乐和舞蹈、海浪和飞鸟中度过的。由于是老小，戴爱莲从小就得到父母极大的宠爱，养成了我行我素、富有主见的性格。戴爱莲从小就是个喜欢动的孩子，男孩子做的事情她样样都喜欢，而女孩子喜欢的洋娃娃之类的玩具，她却从没上过心。戴爱莲最初的艺术启蒙是音乐。她的家里有一台自动钢琴，这让小爱莲找到了一个释放自我艺术思维和表现的表达工具，她从 7 岁开始学琴，7 年之后钢琴水平已通过中级考试。幼小的爱莲喜爱舞蹈，或许是来自音乐的帮助，她的节奏感非常强，常常在小伙伴的游戏和舞蹈中充任主角。

7 岁上小学时，班上既有白人也有黑人，人种的不同让幼小的戴爱莲意识到自己“华人”的身份。然而，特立尼达是英属殖民地，教育体系全部是西方式的，没有地方可以学到华语。当时的戴爱莲并不知道，没有华语的语言基础，让她在日后的生活中碰到不少麻烦。

戴爱莲最早接触舞蹈是受表姐的影响。表姐在英国读书期间学习了芭蕾舞。在回特立尼达度暑假时，表姐优美的舞姿一下将当时只有 5 岁的戴爱莲迷住了。于是她天天缠着表姐教自己跳舞，并学习了一些最基本的动作。表姐走后，她又从同学那里打听到每周六下午奈·沃顿在城里教授芭蕾舞，便央求母亲让她也去参加。但是由于当时参加芭蕾舞学习的全是清一色的白人，根本没有黄种人参加的先例，因此母亲一直没有帮她联系此事。无奈，已深深迷上舞蹈的戴爱莲就整天趴在窗户外面看着别人上课，看完后自己再回家练习。就这样整整过了一个月，母亲再也禁不住她的央求，便给那个舞蹈班打了电话。在征得了老师和所有白人孩子家长的同意后，戴爱莲成了班里第一个黄皮肤学生。由于私下的用功为她打下了很好的基础，她很快成为班里的"明星"。老师扭伤了脚时，便由她为大家作示范。她成为岛上第一个与白人同校学习芭蕾舞的华人学生。戴爱莲在舞蹈技艺上的神速进步，使她很快成了班上的明星级人物。一边学钢琴，一边学芭蕾舞，音乐和舞蹈的艺术养料，缓缓滋润着她幼小的心灵。从此，她的一生便和舞蹈紧紧连在一起。

　　戴爱莲 11 岁时，母亲从英国给她带回了一本杂志——《舞蹈时代》，里面除了有很多舞蹈照片外还有大量评论文章，集中评论了两位世界著名的舞蹈家，一位是安东·道林，另一位是阿莉西娅·玛科娃。出于对他们的崇拜，小小年纪的戴爱莲竟然独自写信索要他们的签名照片作留念。没过多久，发生了一件让她欣喜若狂并且从此改变了她一生的事——两位大师不仅满足了她的索要签名照的要求，安东·道林还亲笔给她回信："到了伦敦以后，你第一件事情就是直接来找我……" 1930 年，戴爱莲同母亲、姐姐一起踏上了留学英伦之路，也从此开始了与这位舞蹈大师的交

图 33 - 2　特多的海鸟

往。后来戴爱莲又先后师从于鲁道夫·拉班，现代舞大师玛丽·魏格曼、尤斯等人。

在英伦时期的戴爱莲

1930 年，14 岁的爱莲跟随母亲和姐姐一起远赴英伦，踏上了艰辛的专业学舞之路。

到英国之后，戴爱莲最幸运的事情莫过于她很快便开始在英国舞蹈名家安东·道林的教室上舞蹈课。安东·道林是世界级舞蹈大师，能有机会跟他学舞，对戴爱莲来说简直就像是一个美丽的梦。她甚至做梦也不曾想到过，这么巨大的幸福这么快就降临到她的身上。获得这样的机遇是一件非常难得的事情，于是，戴爱莲如饥似渴地开始了芭蕾舞的专业学习。戴爱莲很幸运，道林老师人很好，他不仅指导她的舞蹈技艺，同时也是她的良师益友，她与老师的友谊牢固地持续了一生。这段学舞生涯，让戴爱莲念念不忘，当她晚年回忆起这段经历，还是激动得难以抑制。当时，很少有有色人种学习芭蕾舞这种纯西方的艺术形式，加上戴爱莲人长得矮小，很难有发挥的机会。然而，道林老师却给了她极大的信心和勇气，让她坚定了自己从事舞蹈艺术的信念。1939 年，她以优异的成绩获得著名的尤斯－莱德舞蹈学校奖学金。

英国的芭蕾舞发展在世界范围内都是有一定分量的，著名的切凯第学派最终就是在英国这块土地上生根，并在全世界范围内广为传播。在这样一个芭蕾舞的大本营中，戴爱莲如鱼入水。除了跟随恩师道林学舞外，戴爱莲同时也在兰伯特芭蕾学校学习，后又随芭蕾大师 M. 克拉斯克学习，在当时芭蕾与现代舞相互对立的状态下，戴爱莲已经有了博采众长、发挥创造的开放意识，她后来成为中国芭蕾舞的第一人，组建中国中央芭蕾舞团，这段在英国学舞的经历，为她日后的成功奠定了坚实的基础。

当时的欧洲，现代舞的发展运动同样是如火如荼，现代舞那自由的舞动和深入生活的能力，让戴爱莲极为震动。她在学习芭蕾舞之余，又扑进了现代舞的怀抱，先后学习了魏格曼体系、拉班理论和尤斯的现代舞蹈，成了一个"不安分"的艺术家。广为学习之后，戴爱莲开始用舞蹈做语言，揣摸着、找寻着最适合自己和自己最想表达的思想。据她本人回忆，在这段时间，除了芭蕾舞和现代舞，最让她觉得有意义的是，她还特别学习了拉班舞谱。拉班舞谱是目前在世界范围内运用最广泛的一种舞蹈记谱方式，戴爱莲回国后，积极地推广拉班舞谱在中国的应用。

已渐入青春年华的戴爱莲一边学习，一边开始寻找工作的机会。在艺术观逐渐成熟的同时，她饱尝了人世的磕绊。因家境败落，她靠半工半读维持学业，经常在伦敦艺术家沙龙表演舞蹈，或到电影制片厂、剧场当临时演员。她的《波斯广场的卖花女》、《杨贵妃》、《伞舞》等作品，就是在这样的情况下创作的。在经受了战争磨难的同时、在饱览西方社会的冷暖之后，她回归祖国的念头与日俱增。

由于父母已是特立尼达的第二代侨民，许多来自中国的留学生都把讲英语的戴爱莲当做不折不扣的"洋人"，这使她十分难过。她暗下决心，一定要学好中文，成为"真正的中国人"。于是她几经周折，找到国民政府驻英国大使馆的工作人员。她去大英博物馆的图书馆阅读有关中国文化的书籍。悠久的历史、灿烂的文化更增加了她对祖国的向往。

1939 年，23 岁的戴爱莲终于踏上了她梦寐以求的归国之路。

在旧中国时期的戴爱莲

戴爱莲回国之前，在伦敦多次参加"援华运动委员会"为宋庆龄领导的保卫中国同盟筹集抗日资金举办的义演，她自编自演了《警醒》、《前进》等舞蹈，歌颂中国人民的抗战精神。当她得知捐款最终都被汇集到由宋庆龄领导的"中国抗战同盟"组织时，她笑了，她第一次为自己能为祖国的抵抗运动贡献绵薄之力感到欣慰。

战争加快了戴爱莲回国的步伐。英国对德国宣战，伦敦成为抗战的前沿。战争把戴爱莲继续跟随著名现代舞蹈家尤斯（现代舞剧《绿桌》的编导）学习的梦想彻底粉碎了。与其在英国等死，不如早日回归自己的祖国。于是，戴爱莲开始了回国的各种努力，1939 年 9 月 3 日，在这个让戴爱莲永远无法忘记的日子，她终于踏上了多少年来魂牵梦萦的回国之路。

1940 年春宋庆龄在香港会见了戴爱莲。珍珠港事件后，戴爱莲取道澳门到桂林，随即参加了支援抗战募捐的演出活动，创作了以抗日救国为题材的舞蹈《游击队的故事》、《卖》、《空袭》、《东江》和《思乡曲》等，对宣传抗日起到了积极的作用，同时也推动了中国舞蹈事业的发展。她还从事各民族民间舞蹈的采集、整理、演出和研究工作。她以瑶族同胞喜庆时击鼓歌舞为素材，创作了《瑶人之鼓》；根据"哑背疯"改编了舞蹈《老背少》。1942 年秋，戴爱莲到重庆，先在国立歌剧学校、国立社会教育学院任教，后应教育家陶行知之聘，创办了育才学校舞蹈组。

在此期间，周恩来、邓颖超经常关心和帮助她，鼓励她向民间学习，努力发展中国民族舞蹈事业，这对她后来的艺术实践产生了深刻的影响。1945 年她在重庆新华日报社看了延安文艺工作者演出的新秧歌剧后，创作了歌舞《朱大嫂送鸡蛋》。同年夏天，她和著名画家叶浅予一起到川北、西康等地采风，搜集了大量少数民族舞蹈素材，用拉班舞谱记录了 8 个藏族舞蹈（现分别存在美国纽约舞谱中心图书馆和伦敦舞蹈中心图书馆）。她还创作了藏族舞蹈《春游》和《甘孜古舞》、彝族舞蹈《倮倮情歌》、苗族舞蹈《苗家月》、维吾尔族舞蹈《青春舞曲》和《马车夫之歌》等；并于 1946 年和育才学校师生一起在重庆举行了盛大的边疆音乐舞蹈大会。这次演出的影响很大，不仅使中国各民族的民间舞蹈登上了现代舞台，而且掀起了一个民间舞蹈的普及运动。同年秋，她和叶浅予赴美国讲学，向美国人民介绍了中国的民间舞蹈。1947 年回国后，她主持了私立上海乐舞学校的工作；1948 年，又在国立师范学院和北平国立艺术学院任教。

戴爱莲后来说，她一生碰到的幸运事情太多，其中之一就是在到达香港后遇到了她仰慕已久的伟大的中国女性——宋庆龄。更让戴爱莲感到自豪的是，她刚抵达香港，便参加了由宋庆龄组织的抗日募捐义演。抗击日本侵略者的怒吼，从她瘦小的身躯中迸发出来，为民族前途疾呼，成为年轻的戴爱莲的心声。于是，在香港、在重庆、在桂林，在戴爱莲到过的每一个地方，她都不忘用自己的肢体语言表达自己正义的心声。

戴爱莲的心声是通过一系列脍炙人口、充满鼓劲情绪与感动情怀的舞蹈作品呈现出来的。《警醒》、《进行曲》、《哭泣的垂柳》、《卖》、《游击队的故事》、《思乡曲》、《空袭》、《东江》……这些具有革命精神的舞蹈作品，在中国广大民众的心中产生了极大的共鸣。

无论从哪个角度考察，这个时期戴爱莲的创作和表演都达到了一个空前的高度。而在这个时期之后不久的另一次事业上的辉煌，是戴爱莲轰动一时的"边疆舞"。

戴爱莲返回祖国之后，辗转奔波于各地表演采风。她克服种种困难，进瑶山、入西康、赴新疆，向能歌善舞的少数民族同胞采风学习，悉心研究他们的舞蹈，并在此基础上相继创作了《马车夫之歌》、《瑶人之鼓》等脍炙人口的作品。她在重庆新华社组织的晚会上看了延安文工团的演出后，深受震动，很快创作出大秧歌剧《朱大嫂送鸡蛋》等舞蹈。她还从地方戏曲中吸收营养，从桂剧移植改编了《哑背疯》。1946年戴爱莲在重庆推出了一台由她创作并主演的多彩多姿的"边疆舞蹈大会"，作品有充满活力的维吾尔族舞《青年舞曲》、优美的苗族舞《苗家月》、欢快的藏族舞《春游》、抒情的彝族舞《倮倮情歌》等。这些作品让观众目不暇接，很多人惊叹：天下竟有这么多美妙的舞蹈！人们纷纷表示，作为中国人，过去只欣赏西洋舞蹈，看到戴爱莲的演出，才知道中华民族的舞蹈竟是这样的丰富多彩。戴爱莲的"边疆舞"，一时成为当时山城的热门话题，媒体盛赞她为"人民艺术家"。不久，她的"边疆舞"风又刮到了上海，并如燎原之火般迅速在上海大中学校的学生中传播。戴爱莲的"边疆舞"，成就了中国现代舞蹈史上的一段佳话。

在新中国时期的戴爱莲

新中国成立之初，中国没有一家专业的舞蹈团体。培养人才、组织建设、创作新作，成为发展中国舞蹈事业的当务之急。戴爱莲扛起发展中国舞蹈事业的重担，创造了许多第一。

她担任华北大学三部舞蹈队队长，为新中国培养了第一批舞蹈演员。

戴爱莲担任中央戏剧学院舞蹈团团长时，主持组建了新中国第一个舞蹈团，该团后来成为中国中央歌舞团，她成为首任团长。

为庆祝世界和平大会的召开，戴爱莲参加编导并主演了中国第一部芭蕾舞剧《和平鸽》。

1954年，戴爱莲创建了新中国第一个舞蹈学校，担任了第一任校长。新中国第一个芭蕾舞团——中央芭蕾舞团，也是在她的领导之下成立的。

在此期间她和其他同志合作创作了大歌舞《人民胜利万岁》、大秧歌

《祖国建设》（1949）、舞剧《和平鸽》（1950）等大型节目。

最值得后人永远记住的是戴爱莲为新中国的舞蹈创作作出的贡献。她不仅身体力行，创作出流芳百世的女子群舞《荷花舞》，更为重要的是，她的创作从思想和艺术两个角度，深深影响了中国舞蹈艺术的发展。《荷花舞》取材于流传在陇东、陕北的民间舞"荷花灯"，曾有刘炽等艺术家对其进行过加工，1953年，戴爱莲以高超的编舞技法进行了再创造，以比兴的手法表现了荷花出淤泥而不染的秉性。舞蹈形象鲜明，动作流畅，结构凝炼，于简洁中见功力，《荷花舞》由此成为戴爱莲一生最重要的代表作。在许多外国人的眼中，《荷花舞》几乎成为中国舞蹈的代名词。台湾著名舞蹈家林怀民来内地访问时就曾表示，他被戴爱莲的《荷花舞》感动得无以复加，他说舞蹈所表现出来的那种中国人所独有的大气和健康之美，让他感喟不已。

女子双人舞《飞天》（创作于1954年）是戴爱莲的另一部传世之作。它是中国当代第一部取材于敦煌壁画的舞蹈，戴爱莲成功地运用了戏曲中"长绸舞"的形式，并把它加工为独立的纯舞蹈艺术。舞蹈追求的不是敦煌壁画的描摹再现，而是以绸带飞扬瞬间的舞姿造型和流畅、滑翔、腾跃的步伐，表现翱翔天宇的一种意境——寄予人类的希冀与向往。

《荷花舞》与《飞天》先后于1953年、1955年参加在柏林与华沙举行的世界青年与学生和平友谊联欢节（下简称"世青节"）国际舞蹈比赛并获奖；1994年被确认为"20世纪经典"，这两部作品至今久演不衰。

世界舞蹈史上的戴爱莲

戴爱莲的名字在国际舞蹈界绝对是响当当的。戴爱莲常说："芭蕾是我的工作，民族舞蹈是我的挚爱……"这爱促使她在创作中不懈地追求中国舞蹈的神韵，与此同时以其精当的鉴赏力，将西方舞蹈的精华介绍到中国。她以其自身的优长和毕生的实践成为名副其实的沟通中西舞蹈文化的使者。

戴爱莲的家位于北京花园村附近的国际公寓中，走进客厅，著名画家黄永玉栩栩如生的彩墨荷花、著名书法家李铎刚劲的"德艺双臻"题词映入眼帘，四周挂放着叶浅予作的描绘她优美舞姿的国画，它们与来自海内外的各种民间舞蹈工艺品交相辉映。尤其夺人眼目的是一座主人的纤维雕头像，这是一件复制品，是著名雕塑家、戴爱莲的好朋友维利·索科普的精心之作，它的原作被安放在英国皇家舞蹈学院大厅，这是英国舞蹈界给戴爱莲的殊荣。在一张寄自英国切凯蒂芭蕾舞学会的证书上，端端正正的美术体英文字这样写着："为了表彰戴爱莲女士常年不懈对芭蕾艺术的卓越工作，特颁发此荣誉证书。"

2005 年 7 月，位于加拿大多伦多市的港前文化艺术中心的 StudioTheatre 剧院，举行了一场别开生面的舞蹈仪式和晚会，一个专为向戴爱莲致敬的名为"荷香妙舞敬爱莲"的中国舞蹈专场晚会，在这里隆重拉开帷幕。晚会由当地华人文化社团组织，九位当地的专业舞蹈家专门为戴爱莲和现场观众做了舞蹈表演。类似的活动在戴爱莲的晚年生活中经常发生，戴爱莲获得的荣誉和褒奖，实在是多得不胜枚举。

为促进中外舞蹈艺术交流，戴爱莲先后访问了英国、联邦德国、美国、丹麦、瑞典等国。1981 年 5 月，英国皇家舞蹈学院将英国著名雕塑家维利·索科普 1939 年雕塑的戴爱莲头像陈列在学院大厅，以表彰她为促进中英友谊和艺术合作作出的贡献。同年，瑞典斯德哥尔摩舞蹈博物馆收藏了这尊雕像的复制品，以表彰她为发展国际舞蹈事业所作的努力。

戴爱莲曾任中国文学艺术界联合会委员、中国舞蹈家协会副主席、中央芭蕾舞团艺术顾问、联合国教科文组织国际舞蹈理事会副主席等职。戴爱莲晚年完成了她的自传体著作《戴爱莲·我的艺术与生活》，她总结自己的人生感悟，不少闪动着智慧之光的真知灼见，都可以从这本书中看到。

英国皇家舞蹈学院的接待大厅里，陈列着世界四位杰出的女性舞蹈艺术家的肖像艺术品，其中之一便是戴爱莲的石雕头像。在揭幕式上，戴爱莲深情地说："荣誉属于我的祖国。"这肺腑之言或可作为对其舞蹈生涯的一种诠释。

情感世界中的戴爱莲

20 世纪 30 年代在英国学习舞蹈时戴爱莲认识了她的初恋情人、雕塑家维利·索科普。当年她作为索科普的模特儿勤工俭学，两个人思想、经历有很多共同之处，在一起只有两周的时间，维利就成了她的初恋情人。无奈维利已经与一位银行家的女儿西蒙订婚，而戴爱莲又很快离开了英国，所以恋情没有继续。这段恋情发生在短短的两周中，却影响了她的一生。

1940 年初，戴爱莲乘坐的英国邮轮终于驶达了香港，正在香港的宋庆龄迅即派她的秘书廖梦醒前去约见这位著名的青年舞蹈家。在香港，戴爱莲生平第一次接触到国内如此众多的文艺界名人，而冯亦代、马国良、丁聪等著名画家亦纷纷为她作画。

戴爱莲很快认识了相貌英俊、画艺高超的青年画家叶浅予。一周后他们堕入爱河。原来，宋庆龄要为延安国际医院筹措一笔购置医疗器材的基金，邀请从英国来港的华侨舞蹈家戴爱莲举办一次表演会，希望叶浅予在宣传方面给予支援。叶浅予接受了这个任务，并很快与戴爱莲见了面。戴爱莲每天练功的地方是个歌舞厅，那里晚上营业，白天休息，戴爱莲就利用这个场地准备她的演出。叶浅予也每天来观看她的编舞和排练，一边看，一边画速写，准备为她的演出设计海报。戴爱莲做事十分专心，她一整天都在练习编排舞蹈，叶浅予就坐在舞场边上细心地画，他们谁也没有特意注意谁。终于在一次休息时，戴爱莲走过来看到了叶浅予的速写，她惊呆了！那张画惟妙惟肖，堪称国际水准。戴爱莲这才仔细地打量起这位一连几天都在画自己的画家——他高高的鼻梁，浓浓的眉毛，一双深邃的眼睛……因为戴爱莲不会讲中国话，叶浅予只学过一点儿英语，他们只能靠打手势加叶浅予那半通不通的英语交流。初到香港的戴爱莲本没有熟悉的亲友，所以与叶浅予的交往使她很快有了亲切感，何况眼前的这位画家是如此才华出众呢！当戴爱莲了解到叶浅予已经与原配离婚并刚和恋人分手时，她就迅速地心仪这位画家了。

演出结束后，戴爱莲告诉叶浅予她要去延安，叶浅予说，自己也要去内地，这样，两人刚好可以同行。叶浅予认为应该确定关系再上路。戴爱莲听了非常高兴，像小孩子一样抱住了叶浅予。在相处了一段甜蜜的时光后，这两位才华横溢的艺术家终于步上了红地毯。宋庆龄亲自当了叶浅予和戴爱莲婚礼的主持人。她在自己的住处为他们举行了一个宴会，宣布他们结为夫妇。

尽管战时的婚礼不免简单，可是到场的嘉宾却使这场婚礼具有了不凡的意义。当时在港的著名文化人以及"保卫中国同盟"的成员爱泼斯坦、廖梦醒、柳无垢、丁聪、刘邦琛、夏衍、张光宇、黄苗子、冯亦代等都前来贺喜。新婚后一个星期，叶浅予和戴爱莲就踏上了回祖国内地的征程。八年抗战时期，戴爱莲和叶浅予夫妇经历了重庆的大轰炸，经历了香港的沦陷，他们一个用画笔、一个用舞蹈的形式把自己的所见所闻表现出来。这一对志趣相投的艺术家还步入川康少数民族地区寻根。他们先后结识了张大千、马思聪等著名艺术家。戴爱莲还根据马思聪的《思乡曲》编排了同名舞蹈。

图 33 - 3　晚年的戴爱莲

　　戴爱莲的率真性格还体现在她对爱情的追求上。他们的婚姻持续了十年，虽然她与叶浅予的婚姻是美满的，但却因她的固执而中断。在后来谈到离婚的事时，戴爱莲还是感到后悔。

　　戴爱莲在排演《和平鸽》时与同事丁宁合作融洽，并认为在工作中能相互合作，生活也会幸福。于是 1956 年她和丁宁结婚了，但不久也离婚了。戴爱莲在讲述自己的爱情经历时说，她年轻时与维利·索科普短短两个星期的恋情影响了她一生。因为她的心底爱着维利，总是忘不掉他，所以在婚姻中感觉不到幸福。尽管晚年她与叶浅予仍是最亲近的朋友，但她还是觉得自己对不住叶浅予。对戴爱莲来说，在她 79 岁时到法国陪伴病重的维利，能公开地与维利生活在一起，是她一生中最大的幸福。

　　1979 年，戴爱莲应邀参加英国伦敦举办的"拉班百年诞辰纪念"的国际会议，40 年后再度与维利重逢，她和维利的家人成为了好朋友。1994 年维利的妻子去世后的一年，独居的维利轻度中风。在得到子女的同意后，戴爱莲才公开地和维利相处，照顾他的生活，直到 1995 年维利去世。同年，叶浅予也在北京病逝。

戴爱莲老人的晚年一直是单身独居，2006 年 2 月 9 日，中国当代舞蹈艺术先驱者和奠基人之一、著名舞蹈艺术家、舞蹈教育家、中国舞蹈家协会名誉主席戴爱莲，因病医治无效，在北京逝世，享年 90 岁。

图 33 - 4　追悼戴爱莲

第七篇 拉美生态景观

第三十四章　走近巴西伊瓜苏大瀑布

巴西和阿根廷的伊瓜苏大瀑布、津巴布韦和赞比亚的维多利亚大瀑布以及美国和加拿大的尼亚加拉大瀑布被称为"世界三大瀑布"。这三大瀑布作为世界三大奇观，作为造物主最不可思议的三大创造，都被联合国教科文组织作为自然遗产，列入了《世界遗产名录》。这三大瀑布都雄伟壮丽、诡异无比，令人击节称叹，流连忘返；但又各具特色，异彩纷呈。我有幸先后游览了这三大瀑布，其中，我因担任驻津巴布韦大使，到过维多利亚大瀑布十次以上。

2011 年，我利用休假，专门到阿根廷和巴西游览伊瓜苏大瀑布，然后从巴西乘飞机取道纽约，飞往加拿大多伦多，游览尼亚加拉大瀑布。这样一来，对世界三大瀑布的不同特色有了亲身感受。我认为，可以把维多利亚大瀑布比作乡村美女，天生丽质，素面朝天，不施粉脂，整个一个原生态的美人；可以把伊瓜苏大瀑布比作小城美女，既有原生态的美，肌若滑雪，眼如秋水，也略施粉黛，多了几分洋气；可以把尼亚加拉大瀑布比作都市美女，珠圆玉润，气质高雅。

伊瓜苏大瀑布的成因

"伊瓜苏"在南美洲土著居民瓜拉尼人的语言中，是"大水"的意思。在当地的古老传说中，伊瓜苏大瀑布的成因很浪漫：美丽的土著姑娘放弃天神的爱情，与人间情侣共浴爱河。天神大发雷霆，不计后果采取报复行动，从而形成了一个壮观的人间仙境。不过，科学家的解释却很平淡——伊瓜苏大瀑布是由火山喷发形成的。

发源于巴西境内的伊瓜苏河在汇入巴拉那河之前，水流渐缓，在阿根廷与巴西边境，河宽 1500 米，像一个湖泊。水往前流陡然遇到一个峡谷，河水顺着倒 U 形峡谷的顶部和两边向下直泻，凸出的岩石将奔腾而下的河水切割成大大小小 275 个瀑布，形成一个景象壮观的半环形瀑布群，总宽度 3000—4000 米，平均落差 80 米。伊瓜苏大瀑布（南纬 25 度 41 分，西经 54 度 26 分）跨越巴西和阿根廷两国，总跨度约为 2700 米，平均流量 1750 立方米/秒。伊瓜苏河开始时由北向南分隔巴西和阿根廷两国，接着忽然拐了个比 90 度还要大的弯，向东流去。这个弯拐得太大了，东边的地势毫无连续性，低了一大节，于是，就有了一个马蹄形的让人过目难忘的大瀑布。在 30 公里外就能听到它的飞瀑声。

伊瓜苏瀑布地区于 1984 年被列入联合国教科文组织的人类自然遗产名单。巴西和阿根廷两国都建立了国家公园。根据联合国教科文组织的数据，阿根廷那边占地 5500 公顷，巴西那边是 17086 公顷，每年有 200 万游客从阿根廷或巴西前来游览。

伊瓜苏瀑布群位于伊瓜苏河上。伊瓜苏河在与巴拉那河会合前的约 23 公里前有一段高崖，因而造成瀑布群。其实，此高崖的成因是由于巴拉那河的河谷是由南至北走向，而伊瓜苏河的河床岩层却正好与巴拉那河垂直。因此，巴拉那河承受的河水冲刷远较伊瓜苏河高。经过长年累月的

图 34 - 1　伊瓜苏大瀑布

图 34 – 2　伊瓜苏大瀑布

侵蚀，巴拉那河渐渐变得越来越低，从而造成伊瓜苏瀑布群。

　　1542 年，一位西班牙传教士在南美巴拉那河流域的热带雨林中意外地发现了伊瓜苏大瀑布：层层叠叠的瀑布环绕着一个马蹄形峡谷咆哮着倾泻而下，激起的水雾弥漫在密林上空，奔流而下的水流声几公里外都能听见。德维卡并不觉得伊瓜苏瀑布特别壮观，只形容为"可观"，他描绘伊瓜苏瀑布，说它"溅起的水花比瀑布高，高出不止掷矛两次之遥"。耶稣会教士继西班牙人来此传扬基督教，建立传教机构。其后，奴隶贩子来此掳掠瓜拉尼人，卖到葡萄牙和西班牙种植园去。耶稣会教士于是留下保护瓜拉尼人。西班牙王查理三世竟然听信了庄园主的谗言，1767 年把该会教士逐出南美洲。在阿根廷波萨达斯附近，仍保留着一座耶稣会的古建筑，称为圣伊格纳西奥米尼，建于 1696 年，是观赏瀑布的旅游中心。

　　伊瓜苏瀑布与众不同之处在于观赏点多。从不同地点、不同方向、不同高度，看到的景象不同。峡谷顶部是瀑布的中心，水流最大最猛，人称"魔鬼喉"。瀑布分布于峡谷两边，阿根廷与巴西就以此峡谷为界，在阿根廷和巴西观赏到的瀑布景色截然不同。阿根廷这边分上下两条游览路线，下路蜿蜒贯穿在密林之中，可自下而上领略每一段瀑布的宏伟或妖

图 34 - 3 魔鬼的咽喉

媚，可说是十步一景；上路是自上而下感受瀑布翻滚而下的气势。在巴西那边能够欣赏到阿根廷这边主要瀑布的全景。伊瓜苏瀑布气势最宏伟的"魔鬼喉"，在阿根廷这边是从上往下看，九股水流咆哮而下，惊心动魄，同时还可以望见环形瀑布群的全景；在巴西那边是从下往上看，水幕自天而降，另有一番感受。

伊瓜苏瀑布的日均游客人数超过 15000 人。在巴西境内，瀑布所在地福斯杜伊瓜苏市虽然只有 25 万人口，却是巴西的第二大旅游中心，年接待游客 700 多万人次，其中绝大部分是外国游客。在阿根廷境内，伊瓜苏瀑布也为所属的米西奥内斯省带来了巨大的旅游收入。

因常驻苏里南，伊瓜苏大瀑布就在邻国巴西，馆里不少同事先后到那里旅游，回来后都赞不绝口。巴西驻苏里南大使也几次鼓动我到伊瓜苏大瀑布一游。因我对维多利亚大瀑布已非常熟悉，总想亲眼看看伊瓜苏大瀑布，以便对这两大瀑布究竟有什么异同能说出一个一二三。于是，我和同事阎侃打定主意，结伴而行，于 2011 年完成了伊瓜苏之行。

在阿根廷步行领略大瀑布

我的伊瓜苏大瀑布之行从游览阿根廷这边的瀑布开始。

伊瓜苏瀑布地处亚热带，全年水量变化不大，最佳参观季节是 1—3 月。2011 年的一天，我们当天零点起飞，乘飞机从苏里南山低乃国际机场先飞到巴西贝伦国际机场，在那里稍作休息，然后转乘苏国内航班到伊瓜苏机场。下飞机后，把行李放在旅行社导游的汽车后面，从机场直接驱车通过巴西—阿根廷边界，花不到一小时时间到了伊瓜苏瀑布阿根廷一侧。

通过阿根廷海关时很便捷，我们不用下车，只是由导游拿了我们的外交护照去办理手续而已。虽然一个晚上没有睡觉，但大瀑布飞流直下、波澜壮阔的磅礴气势和美景把我深深吸引住了，我们不仅毫无倦意，反而十分兴奋。进入阿根廷境内，导游直接开车把我们送到伊瓜苏瀑布公园的大门口，司机又去帮我们买票。据了解，这里的票价施行多重政策，阿根廷人买最便宜，巴西人买略贵一点，其他国家的人则最贵。

早在 1934 年，阿根廷就在伊瓜苏瀑布区建立了 670 平方公里的国家公园。伊瓜苏大瀑布在伊瓜苏河上，沿途集纳了大小河流 30 条之多，到了大瀑布前方，已是一条大江河了。

阿根廷伊瓜苏瀑布旅游区由一家私人企业经营，这家企业投入了大量资金，修建了约 20 公里长的游览栈道，铺设了电气铁路，旅游设施焕然一新。游人买门票进入公园区后，可以乘坐小列车前往各个景点，还可以乘坐橡皮艇冲进瀑布下面探险。

图 34－4　壮观的伊瓜苏瀑布

　　在阿根廷观瀑布分两条线路，一是在瀑布上游俯视，游人可通过一条长 3000 米的蜿蜒小桥抵达瀑布边缘，站在桥上，俯视伊瓜苏河注入巴拉那河的壮观景象；一是在瀑布下游仰视，自下而上领略瀑布一泻千里的百态景观。

　　瀑布离大门还有一段距离，园内游客可以搭乘免费小火车。形成伊瓜苏大瀑布的巴拉那河是两国界河，阿根廷这一侧的公园，主要在瀑布的上游地区，山上森林密布，又有水雾蒸腾，到处青翠欲滴。林间小路很舒服，还有浣熊一类的小动物搜索游客掉落的食物。不时有明黄色嘴巴的巨嘴鸟，落在树枝上向我们张望。

　　走进阿根廷国家公园的大门，耳边听见水的轰鸣声，再沿公园的小径往里走，两边都是郁郁葱葱的热带丛林，游客可感到越来越大的瀑布声。走到小径尽头，就可看到几十米宽的河面，河水是黄色的，看上去水流并不急。虽然没下雨，但是小路湿乎乎的，一转弯，一道瀑布出现在前方。可喜的是，有座桥横在瀑布正前，跑到桥上，瀑布离我很近，风一吹，白色的水雾触手可及，一道彩虹从我身后飞驰而来，穿过我的身体，又飘向前头。我转过身，这才发现，桥这边有一道更大的瀑布，只不过，这道瀑

图 34 - 5　苏里南之行

布在我们脚下——水从桥右边的断崖跌下，形成瀑布。河水奔涌过桥洞，又遇到一个断崖，飞流跌下几十米，形成一道更大的瀑布，有如千军万马一脚踏空，轰然而下。巨大的水流冲击在岩石上，翻腾咆哮着，厮打在一起，水汽弥漫，怪不得这里水声这么响，而这只是整个瀑布其中的一段。沿着公园修好的路径，峰回路转，不时可见这样的瀑布。

在阿根廷这边主要是看"魔鬼的咽喉"（Devil's Throat）。魔鬼的咽喉位于"U"字型转弯的顶点，所以水量大，河水咆哮着冲下去砸在底部的岩石上，产生了大量的水汽，从远处或空中看好像那个地方在冒烟。游客可以到达瀑布的顶端边缘。本来河从远处流淌过来，河水平静，几乎都没有太多涟漪。但是突然遇到断崖，像是被打搅了美梦的猫，愤怒地嘶叫着，从每个小缝隙、每个岩石的缺口向下挤，前呼后拥地冲下悬崖。站在栏杆处，游客难免有点胆寒，仿佛水在撕咬脚下的岩石，想要把游客一起拉扯到魔鬼的嗓子眼里。面对"魔鬼咽喉"，耳边是瀑布的轰鸣声，越往里水声越大。像林涛，又像战鼓；像山崩，又像海啸。断断续续，时高时低，时急时缓，使人感到一种莫名的紧张。

沿栈桥疾步前行，甫抵魔鬼咽喉，扼喉气势扑面而至。忽而飞瀑怒涌，声势摄人肺腑；忽而细雨如雾，镜头蒙蒙；忽而，雨珠遽然而至。回望峡谷，水汽弥漫，高达百米；再远些，近石远瀑，相映成趣；更远些，飞瀑似雪，碧波如凝；更远一些，水色碧蓝，倒影如镜。

"魔鬼咽喉"瀑布的瀑底，是伊瓜苏瀑布最精彩的一段，也是伊瓜苏瀑布的中心。头上是数百米宽的瀑流以雷霆万钧之势铺天盖地咆哮而下，脚边深不见底的潭水翻滚着汹涌巨浪，四周是瀑布激起的几十米高的水花形成的重重水雾，耳边震耳欲聋的咆哮声响彻在天地之间。置身此地，仿佛感到整个世界都在震颤。在魔鬼的咽喉，水不仅急而且旋转，只闻其声，不见其底。别说人，就是一辆汽车掉下，也会立即无影无踪。

至此，流云、飞瀑、栈桥、嶙石，始尽收眼底。

观景台离大瀑布很近，在过去的路上，不时看到一些人像落汤鸡一样，从头湿到脚，但是人人都很兴奋的样子。我把相机收好，义无反顾地跑过去。前方全部是白色水雾，只能勉强分辨出人影。我站到观景台正中，展开双臂，震耳欲聋的水声包围着我，什么都看不到，水雾完全把我包围着。这不是水蒸汽，我能看到空中飘舞着粉尘般细小的水滴微粒。一秒钟里，浑身上下魔术般的完全湿透，水顺着头发流淌下来。

这种感觉很神奇，不像下雨，下雨时你能感觉到雨滴打在身上，也不像下河，会感到皮肤被冷水刺激。这种感觉，很难形容，就是你突然被万千水滴包裹，好像一失足跌进由水构成的太空，不是从外到内，也不是从头到脚，而是瞬间，瞬间里整个人都被水浸染，同时却又能自由呼吸。

阿国境内的十大瀑布群呈弧形扇状排开，宽、高不同，形态万千，错落有序，令人目不暇给。

在巴西漫步观赏大瀑布

游览完阿根廷境内的伊瓜苏瀑布国家公园后，我们沿原路离开阿根廷，越过国际桥，返回巴西，住进位于巴西伊瓜苏小城内伊瓜苏国家公园内瀑布旁唯一的酒店——卡塔拉塔斯酒店（CataratasHotel，Cataratas 是葡萄牙语大瀑布之意）。酒店舒适宜人，服务完美，吃过晚餐，美美地睡了一觉。

第二天起来，见到晨光把伊瓜苏小城染成暖色，绿色的树，淡黄色的

图 34－6　巴西流行探戈

图 34 - 7　伊瓜苏瀑布

建筑，城市整洁、干净，特别是住在瀑布酒店，不用走出大门，就能俯览伊瓜苏瀑布的全貌这点很让人高兴。

第二天上午在巴西一侧游览了瀑布。巴西是金砖四国之一，经济比阿根廷发达得多。这从两个国家的伊瓜苏国家公园的设施上就可以看出。巴西那边要比阿根廷好。前面说过，在阿根廷那边离那些大大小小的瀑布太近，不是拍风景的理想地点。而巴西那边沿着山崖一路走去，对面阿根廷的大小瀑布尽收眼底，赏心悦目。

瀑布分布于峡谷两边，阿根廷与巴西就以此峡谷为界，要玩好伊瓜苏大瀑布，要看清伊瓜苏大瀑布的全貌必须得在阿根廷与巴西两国边境之间穿梭，必须到巴西的下游一侧，这样才能找到合适的全景观察点。在阿根廷和巴西观赏到的瀑布景色截然不同。无论从巴西境内还是阿根廷境内都能看到很壮观的瀑布，在看魔鬼咽喉瀑布的时候，在阿根廷看是平视，在巴西看是仰视。

与阿根廷一样，巴西也修了路径，让游客沿路观看瀑布。不同的是，阿根廷那边是路在瀑布里，而巴西这边为路在瀑布外，离开瀑布一段距离，只能面对着 60 - 80 米高的"条条黄河"般的瀑布。巴西的瀑布公园中只有唯一的一段伸手可及的瀑布，大约200米宽，瀑布前方搭有木桥，游人必须穿雨衣，才能上桥不至于淋为落汤鸡。站在桥中，面对瀑布，水流气势磅礴，翻滚而下如一条巨大的水龙，咆哮着，怒吼着，冲下来。

在半山腰的一个平台上我们领略了伊瓜苏瀑布的全景，真不愧是世界上最大的瀑布啊！只见在万里墨绿森林中一条条轻如白纱、细如珠帘、温软飘逸的水帘从天际直泻而下，形成了一个宏伟的马蹄形瀑布群。苍翠的山峦，飞扬的瀑练，一绿一白，一静一动，相互辉映，简直就是一幅瑰丽无比的天然山水画。

午餐时间到了，我们在靠近"魔鬼咽喉"的自助餐厅用餐，巴西饭很好吃，大块烤肉和原汁原味的肉汤可以大饱口福。在那个餐厅边一边用餐，一边看风景听瀑布水声，真感无限惬意，几乎都不想离开了。

总体感觉，阿根廷这边的瀑布公园更加"亲水"，离水面很近，能感受到水流巨大冲击力的震憾；而巴西那边则视野开阔，便于总览伊瓜苏大瀑布群200多条瀑布的壮观全景。

乘飞机鸟瞰大瀑布

乘直升飞机盘旋于伊瓜苏大瀑布上空，这样可以得到伊瓜苏大瀑布更好的视角。于是，步行游览伊瓜苏瀑布以后，我和小阎乘上直升飞机，从天上往下看，换个角度欣赏瀑布美景。

阿根廷伊瓜苏国家公园管理严格，园区内禁止直升机飞行，理由是直升机螺旋桨的噪音会惊扰园区内的野生动物。由

图34-8　在飞机上鸟瞰瀑布

此在阿根廷时只能由陆路及水路观赏瀑布，无缘高空观赏。巴西觉得直升机螺旋桨的噪音没有那么大的影响，于是允许在园内做观光飞行，只是起降地点必须在公园区外面。因此，要完成由水、陆、空三方，依次将伊瓜

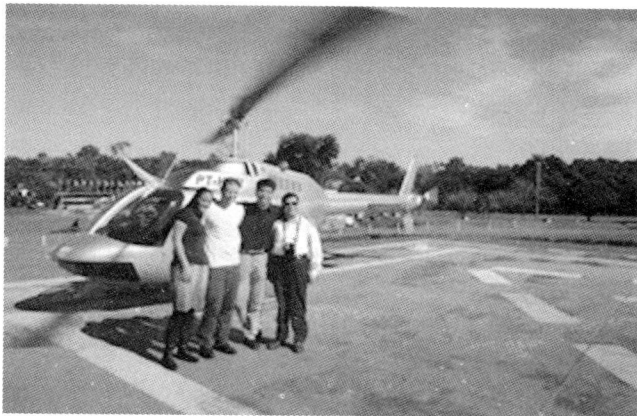

图 34-9　登机鸟瞰瀑布前合影

苏大瀑布整个看个够的心愿，只有在巴西一侧才能实现，也因此搭直升机成了许多人进到巴西观瀑行程中最主要的活动。

乘直升飞机观赏伊瓜苏大瀑布收 65 元美金，价钱不贵，也不便宜，可以接受。第一次乘坐观光直升机，感觉很新鲜，也感觉真吓人，晃晃悠悠的，不用助跑就直接拔地而起了。下面的建筑越来越小，广袤的绿色丛林成了主色调。

我们那架飞机连同驾驶员，只能坐 5 个人。我们坐驾驶员后面的第一排，也就是客舱前排，后排是一对 30 出头的印度裔夫妇。这个位置比较适宜摄像和拍照。飞机起飞后，我不停摄像和拍照，过足了拍照的瘾。

慢慢的，宽阔的伊瓜苏河出现在下面，它昏黄色的河水在阳光下闪出金光。飞机开始降低高度，再次见到"魔鬼的咽喉"。只见本来宁静的河床突然"消失"，水流怒号着跌落深渊，激荡的水雾，诉说着河水的愤怒与不满。直升飞机在大瀑布上空往返盘旋，时间停止了，世界消失了，我感觉到心内空空，只有这些轰鸣的水，很多很多水。回到停机坪，仿佛过了一辈子那么久。还有点眩晕，耳朵里还是震震的，很难区分，是直升机的噪音，还是瀑布的水声。

乘直升机盘旋于伊瓜苏大瀑布上空，可以看清伊瓜苏大瀑布，4 公里长的瀑布呈现一个巨大的弧形（几乎半圆），由无数个大大小小的瀑布组成，是世界上最长的瀑布。从地上看伊瓜苏瀑布，巨流倾泻，气势磅礴，

有如大海泻入深渊。轰轰瀑声 25 公里外都可以听见。从空中看伊瓜苏瀑布，瀑布全景如一幅山水画跃入眼底，留给你的主要印象是美丽，是多彩，是壮观，而不再有地面观赏时具有的惊天动地、震魂摄魄的感觉。

15 分钟一次游览航程，在瀑布上空上下来回折腾 3 次，看到瀑布全景没问题，但能否拍得到瀑布全景就要看你的运气和能耐了。从直升飞机上下来，定下神来翻看拍摄成果，很精彩，但还是没有一张伊瓜苏瀑布全景，伊瓜苏瀑布实在太大了！

第一次坐直升机，看着脚下无边无际的森林，有种空气渐渐稀薄、大脑里的兴奋被放大的感觉，领略大片的原始森林和大瀑布，回想起来，还是满心的激动。伊瓜苏瀑布从空中鸟瞰，实在是无比壮观，美不胜收。

图 34 – 10　空中镜头下的伊瓜苏瀑布

乘冲锋艇挑战大瀑布

步行游览伊瓜苏瀑布以后，去坐了一次可以和瀑布零距离接触的冲锋艇。所谓零距离接触，就是把船开到非常接近瀑布的地方，把你全身浇个透。原始森林探险加冲瀑布一人要一百美元，着实很贵。上船前，在侯船室里，大部分准备冲击瀑布的游客把衣服脱到最少，挑一件救生衣穿上，一些有经验的游客则会套上一件自己带来的一次性雨衣。快艇一共搭乘十人左右，乘客全部套上救生衣，开船的舵手同时兼任随船摄像师，他会拍全船冲瀑布的录像，然后等客人

图 34 - 11　冲向瀑布

图 34 - 12　瀑布前的叶叶轻舟

回来的时候进行售卖。

套上救生衣，全副"武装"上冲锋艇后，由经验丰富的船工掌舵，我们出发，冲锋艇箭一般地迎着瀑布冲去，准备到"魔鬼喉"喷口附近，冲进瀑布，玩一把惊险。

橡皮冲锋艇沿着滔滔的河水向上游的瀑布飞驰，河水的湍急超出了我

图 34 - 13　准备冲浪

的想象，冲锋艇不停地颠簸摇晃，这可比南极乘的船惊险得多。进入瀑布仰望，水幕从天而降，垂下的水帘似千军万马一般奔腾而下，拍打在岩石上翻腾咆哮，水汽弥漫。突然间，"嗖"的一声，冲锋艇在惊涛骇浪中猛地扎进了瀑布，翻滚而下的巨大水龙咆哮着、怒吼着劈头盖脸地从上面倾泻下来，砸落在我们全身，我感觉被水压得气都喘不上。一次性的雨衣瞬间成了装饰品，我们从头到脚全身尽湿，藏在雨衣里的照相机也彻底玩完。全船的游客都在惶恐和兴奋中尖叫。

因为漩涡太大，小艇不停地在水面上打转，并被抛得上下颠簸，训练有素的舵手驾着小艇一次又一次在瀑布中进进出出，我们一次又一次地穿越水幕，感觉整个世界白茫茫一片，此时此刻世间的所有烦恼和不如意都已随着水花飞溅而去，转化成傻笑和尖叫。

伴着游客的尖叫，当有惊无险地回岸时，"冲瀑者"个个脸上挂着又惊又喜的笑容，是一次特别的经历。即使穿了雨衣，也十之八九会做个"落汤鸡"。果然不出所料，下船后几乎浑身湿透，好在过不了多久就干了。这个项目很有挑战性和刺激性，游玩之后，几乎人人大呼过瘾！这是一次酣畅淋漓的难忘体验，虽然有些危险，但非常值得。

伊瓜苏瀑布之行并非仅仅观赏瀑布，在巴西一侧边境城市，我还参观了以前的世界第一大坝伊泰普（Itapu）水电站（现在最大的是我国的三峡水电站）。伊泰普大坝跟三峡大坝一样，也是著名的旅游景点。这里有座主题公园，里面有多媒体展览等。这座水电站建成于1991年，拦腰截

图34-14　伊泰普水电站　　图34-15　举世闻名的巴西伊泰普水电站

断 400 米宽的巴拉那河道，每秒有 8500 立方米的水在这里干活儿发电。在中国的三峡工程以前，它一直是世界第一大水电站。

　　我们还参观了瀑布景区外的另一处著名的景点——鸟园。园里有很多巨大的鸟笼——不是动物园常见那种，把鸟儿关在里面，而是大到像一幢房屋，人们可以直接进去参观。笼子里小桥流水、花草繁茂，大小鸟儿就在你身旁飞来飞去，如果不是四周和头顶能看到铁丝网，真的以为是在一片天然的林子里。热带地区的鸟类本来种类就丰富，大金刚鹦鹉绚丽多彩，红绿、黄蓝金刚鹦鹉是世界最大的鹦鹉，从头到尾巴尖，几乎有 1 米长。它们可是巴西的"国鸟"，巴西的钱币上都有它们的画像。我最喜欢一个有各式巨嘴鸟的大笼子。巨嘴鸟顾名思义，身体比喜鹊大不了多少，但却有着与身体不成比例的大嘴。在巴西最常见的一种嘴是明黄色的，整个鸟嘴长近 20 厘米，厚一两厘米，宽有五六厘米。巨嘴鸟的嘴虽然很大，其实并不重，骨质结构是中空的，所以并不会因为嘴太大而抬不起头来。属于巨嘴鸟的笼子很大，里面有好几棵大树，还有假山和小河。体型各异、颜色不同的好几种巨嘴鸟生活在这里。临出鸟园门的时候，有工作人员招呼我，叫我跟一只黄蓝金刚鹦鹉合影。我还以为这是国内常见的那种收费项目，拍过才发现，是免费的，人家就是想让你临走时，跟巴西的国鸟有个纪念照。

图 34 – 16　巨嘴鸟

图 34 - 17   苏里南之行

　　伊瓜苏瀑布壮观的风貌，深深地吸引了每一位到访的游客，更深深地吸引了我。当年美国总统富兰克林·罗斯福夫人埃莉诺，第一眼看到伊瓜苏大瀑布时就情不自禁地感叹说：位于美国与加拿大交界的"尼亚加拉瀑布太可怜了"。事实上，这位美国前第一夫人对伊瓜苏瀑布的赞叹确实名符其实，因为伊瓜苏瀑布不仅在高度上超过了尼亚加拉瀑布，在宽度上更是对方的四倍。

第三十五章　感受世界最年轻的人类
文化遗产——巴西利亚

　　2013 年 1 月，因到巴西首都巴西利亚参加一个会议，我和中国驻特立尼达和多巴哥大使杨优明、中国驻圭亚那大使张利民一起，从苏里南首都帕拉马里博经巴西边境城市贝伦，包括转机时间在内，累计花了 12 个小时，终于来到巴西的首都——巴西利亚。当飞机飞临巴西利亚的上空，从飞机舷窗往下看去，那形似一架巨型喷气式飞机的巴西利亚城市布局映入眼帘，让人感觉自己正置身在一幅巨大的布景之中。因为年轻，城里不见古迹遗址，也没有商业都市的繁华与喧闹，但其充满现代理念的城市布

图 35 - 1　巴西利亚大桥

图 35-2 巴西利亚的缔造者——库比契克总统

局、新颖别致的建筑构思以及富含寓意的城市雕塑群，使这座新都蜚声世界。就是这么一座历时三年多建成的充满现代艺术气息的年轻城市，治愈了城市环境与社会的综合症，建设成了一座自然化、人性化的"最适宜人居的城市"。1987年的12月7日，巴西利亚就以"表现出城市和谐的设计思想"的美誉，获评联合国教科文组织"人类文化遗产"。在众多历史悠久、辉煌璀璨的世界人类文化遗产中，巴西利亚算是最年轻的一个，那时它只有27岁。1990年巴西利亚又被联合国命名为"生态之都"和"世界三大生活质量最佳的城市"之一。生活在这么一个从"一张白纸"中精心设计、绘画而出的美丽环境中，真是巴西利亚人的一种福气。

国家发展的大举措

驻巴西使馆公使衔参赞祝青桥是老同事，他挤出时间陪我到巴西总统儒塞利诺·库比契克纪念馆参观。所谓纪念馆，其实是当年库比契克建造巴西利亚时，在巴西利亚荒原里，一边生活一边工作，亲自指挥建设新都市的一栋简易木质楼房。纪念馆前竖立了库比契克的塑像，我仔细参观了纪念馆，再想想巴西利亚的一条条街道、一幢幢高楼，深深感到建设标新立异确实是国家发展的大举措。

巴西利亚这个不过 50 年历史的巴西新都，它的建立很简单，但它的存在不平凡。历史上，巴西曾经先后有过两个首都，最早是位于中东部沿海的萨尔瓦多，后来南部沿海的美丽海滨城市里约热内卢成为了首都。当年的首都里约热内卢地处东南部的大西洋沿岸，远离亟待开发的西北各州，由于人口的过度集中已经不堪重负，加之东部沿海发展太快，而巴西内陆地区仍十分落后，东西部经济的极度不平衡促使政府积极思考迁都。18 世纪以来巴西就曾多次出现过迁都之议，但皆因条件限制，一再被搁置，直到库比契克执政。

1956 年，库比契克就任巴西总统后，为了推动巴西内陆地区的发展并加强对各州的控制，解决区域失衡问题，库比契克总统当年选定了现在这个位于中部地区海拔 1100 米的高原地方，借了巨额外债，开始建设这座新都城。锐意改革的库比契克总统誓言要以"5 年当 50 年"的速度建成新都，他从全国各地遴选了 50000 多名能工巧匠，开赴荒原。总统亲自到巴西利亚选址勘探，并多次到巴西利亚视察工程进展情况，甚至住在工地上。来自全国各地的建设者热情高涨，冒着酷热，日夜施工，终于在短短的三年半时间里，在一片荒野上，就建设起这座举世瞩目的崭新的首都，实现了他迁都的诺言。

1960 年 4 月 21 日，巴西正式迁都巴西利亚。在开城仪式上，库比契克总统激动地落下了眼泪。新都落成时，全市只有十几万居民，而今已变成一座 200 多万人口的大都市，这一天也被定为巴西利亚的市庆日。一个新首都在如此短的时间内建成，这是世界建筑史上的一个奇迹。年轻的巴西利亚和历史悠久的长城一样，都获得世界文化遗产的殊荣，只因它们都"体现了人的精神和智慧的伟大创造力"。

建设新首都巴西利亚的目的之一是吸引人口和产业往中西部发展，这一点我认为完全达到了目的。在巴西利亚能比在其他城市更真切地感受巴西人种的多样化，不像北部集中大量非洲后裔、南部主要生活欧洲白人。在巴西利亚，各肤色的人和谐相处，大家在一座新城市里各自寻找各自的机会。

作为巴西的新首都，一座 50 多年前才从荒原上诞生的年轻都市，巴西利亚没有一般城市所具有的红瓦屋顶，没有标志不同时代的令人眼花缭乱的各类建筑，没有用各种色彩构成的浮华印象，来到这里，呈现在你眼前的是一座冷色调的、有着全新设计理念的现代化都市，设计严谨，线条简洁流畅，被认为是 20 世纪中叶城市规划的里程碑。其匀称合理的城市布局、新颖别致的建筑构思以及富含寓意的艺术雕塑，使这座新都蜚声世界。

为了纪念这位巴西利亚的开拓者，1981 年在巴西利亚市中心的高坡上建造了这位总统的纪念馆，馆内收藏着这位总统生前用过的物品，陈列着许多巨幅照片，向人们展现了当时建设巴西利亚时的动人情景。市区的中轴大道也被命名为"库比契克总统大道"。为纪念成千上万为巴西利亚建设付出辛勤汗水的劳动者，巴西利亚市政府在三权广场上竖立了一对手执钢钎的铜人塑像，他们默默无语地守卫在那里，注视着这座城市的变化和发展。

迁都后，由于有着巴西利亚现代建筑的对比，拥有众多历史建筑的里约热内卢历史文化名城的形象更加凸显。目前，巴西利亚、里约以及圣保罗，分别承担着巴西政治、文化和经济三方面的中心职能，定位清晰，各

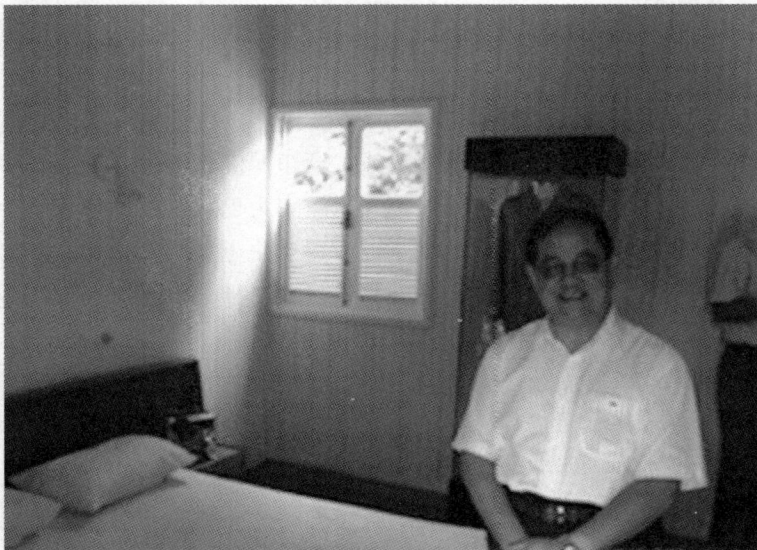

图 35 – 3　在库比契克总统当年的卧室留影

具特色。

　　漫步巴西利亚，我看到这里的建筑大多是玻璃钢架结构，具有轻盈明快的格调，展现出一种现代化建筑的气派。然而，统一格调的建筑风格并不影响每个建筑群具有自己独特的样式与造型。短暂历史的巴西利亚，凝聚的是一个国家的智力和精神。建设一国之都，从来不会那样简单。

　　1961 年，人类历史上第一个进入太空的苏联宇航员加加林曾作为英雄人物访问世界各国，在新建的巴西首都巴西利亚，加加林对时任巴西总统库比契克说，来到巴西利亚"感觉就像踏上了另一个星球"。

城市设计的大手笔

　　规划是城市建设与发展的灵魂。巴西利亚从建设新都的那一天起，就充分展现了巴西人的全新规划理念。最让我对巴西利亚充满敬意、感叹不已的，莫过于它超前的城建规划。

　　巴西利亚在建都之前，巴西政府在全国举行了一次前所未有的"城市设计比赛"。据说，在几十个初步入围的设计方案中，巴西利亚的城市规划设计大师卢西奥·科斯塔的设计理念脱颖而出，科斯塔成为这座新首都的主体设计师。按他的设计，这座美丽的城市被整体设计为一架引航待发的巨型飞机。站在城区最高的建筑物——244 米的电视塔上凭栏俯瞰，巴西利亚就像一架朝东起飞的巨型客机，市内主要的建筑群合理而有序地布置在这个机身上："机头"是总统府、联邦最高法院和国会所在地；"前舱"两边是风格统一整齐的政府各部的办公大楼以及大教堂和国家剧院；向南北伸展的"两翼"是平坦宽阔的公路，沿路两旁棋格般排列着公寓楼。此外还有大教堂、文化中心、旅馆区、商业区、电视塔、公园。"机尾"处是火车站和长途汽车站，再向后是为"机仓"服务的小型工厂区、服务区；沿两侧"机翼"方向各有一条快速交通干道，两旁是 200多个整齐分割成矩形并用三位数字编号的住宅小区。"飞机"前方有一条呈"人"字形的帕拉诺阿湖，这个巨大的人工湖像张开双臂拥抱着整个城市、整架"飞机"。湖岸两旁起伏的山坡上遍布白墙红瓦、形状各异的私人别墅。湖边则是供市民游览、消遣的各种俱乐部。帕拉诺阿湖是筑坝引水形成的人工湖，长约 45 公里，最深处 30 多米。波光粼粼的湖水，既

图 35 – 4　巴西国会前留影

　　能调节市区的空气湿度，又美化了城市环境。登高俯瞰，一架集中反映巴西人智慧、创新和勤劳精神的"飞机"静卧在人工湖畔，这座被世人称为"没有历史的首都"震惊了世界。当我走进"飞机"时，当然被一座座气势恢宏、造型奇特的建筑所震撼，为建筑师独具匠心的超前设计理念深深折服，坚信这座像童话般美丽的城市必将进入世界建筑史册。

　　把一座城市设计成一架飞机，其寓意和象征意义也是非常深刻的，那就是希望新首都巴西利亚像飞机一样引领巴西迎着朝阳展翅高翔。后来的事实也证明了设计者的匠心没有白费。在 20 世纪六七十年代里，巴西的经济一路高歌，飞速发展，以致创造了令人瞩目的"巴西奇迹"。

　　紧接着，库比契克总统又将巴西利亚主要公共建筑的设计任务交给另一个人承担，这个人就是巴西建筑大师奥斯卡·尼迈耶，著名的国会大厦、三权广场、国家博物馆都是在他的创作下诞生的。奥斯卡·尼迈耶是一位有争议的伟大人物。尼迈耶最著名的作品包括为祖国巴西设计的新首都以及位于纽约的联合国总部，其作品在世界各地引发了巨大反响。来自发展中国家的尼迈耶为中国的建设者们提供了一个大师级的榜样。他采用钢筋混凝土之类的便宜耐用型材料，这有助于将高层房屋的价格维持在一个令人可以接受的水平。他总是在设计中融入当地建筑的历史特色，并擅长使高楼在周围较为低矮的建筑群中显得错落有致。尼迈耶的建筑往往呈现出巴西特色，虽然他所属的建筑流派起源于芝加哥的摩天大楼，并流传至欧洲大陆。这些成功最终让他赢得了巴西利亚的设计权。

在他的巅峰时期，尼迈耶设计的巴西利亚风貌优美，他为摩天大楼营造出了曲线，赋予了高楼大厦人文气息。他的设计以想象大胆奇丽著称，极富雕塑感。如他设计的议会大厦参众两院的两栋办公楼是全市标志性建筑。它们并肩而立，中间有过道相连，站在广场上，远远望去，由两座并立、中间有空中走廊相连的 25 层大楼组成的议会大厦，就像一个高高耸立的 H 型英文字母。"H"是葡萄牙文"人类"的第一个字母，因此，这个造型寓含着"以人为本"和"人类主宰世界"的理念。我在巴西的议会大厦、最高法院、总统府所在的三权广场漫步时，为巴西利亚设计的匠心独运、魅力无穷而感叹不已。

最引人入胜的是议会大厦前的平台上有两个硕大的"大碗"，一个平放着，那里是联邦众议院；一个倒扣着，那是参议院。众议院碗口朝上，寓意着众议院广开言路、广纳良言，倾听民意，也就我们所说的民主；而

图 35 - 5　在巴西总统府前留影

参议院"碗口倒扣",那意味着"上情下达",也就我们常说的"决策与集中"。设计者可谓用心良苦。

除此之外,分布在国会两旁的外交部水晶宫、总统府高原宫和最高法院等大楼,还有不远处矗立的线条简洁、造型别致的巴西利亚大教堂,以及形状有点像外星来客的国家博物馆,都是巴西利亚的标志性建筑。巴西利亚几乎所有主要建筑物和雕塑都具有像议会大厦那样的寓意性。最高法院的大门前的雕塑,是一个被蒙上眼睛平坐的人像,那人手中平端着一把剑,寓意为法官公正执法六亲不认。外交部办公楼被称为"伊塔马拉蒂宫"。在办公楼前有一块圆形巨石,"漂浮"在水面上。走近细看,才发现它实际上是由五块形状奇特的石块绞合在一起的。这个球象征着世界,而五块怪石代表着世界五大洲。难怪有人说,巴西利亚是当今世界的建筑博物馆,是当今世界城市规划的成功典范。

欧洲的教堂外表大多以各种浮雕装饰,教堂内阴森幽暗,给人一种神秘而庄严的氛围。而巴西利亚大教堂一反传统,外形线条简洁,教堂内光线明亮、空间宽敞,体现着现代气息。教堂的主体建筑在地下,地面上是教堂的"屋顶",它由数十根抛物状的立柱束在一起,远看像巴西印第安酋长用禽鸟羽毛做成的"王冠"。王冠四周有水池环绕,当阳光照在水面上时,水波闪动反射在教堂内的玻璃窗上,教堂内光线因此一闪一闪,给人一种既神秘又悦目的感觉。

在巴西利亚陆军司令部前的广场上,坐落着每年国庆的阅兵台。阅兵台的造型就是巴西军官佩剑的"剑柄"样式,而阅兵台前高高的旗杆仿佛是"刀鞘",两者合一就是一把佩剑,其寓意不言而喻。更有意思的是,阅兵台的造型具有特殊的声学效应。站

图 35 – 6 在巴西利亚大教堂前留影

在阅兵台上轻轻呼喊一声，就能产生强烈而连续不断的回声。

作为首都，统筹巴西全国运作的最高行政单位都很集中，各部委建筑整齐得像国内经济开发区的厂房，简洁明快。总统府、最高法院、议会大厦、政府各部、使馆区甚至是总统居住的地方，都在视线 50 米以内，使我诧异和赞赏不已。

到巴西利亚值得一看的地方很多，例如，坐落在湖边的总统官邸——曙光宫、巴西利亚规划设计师卢西奥·科斯塔纪念馆、巴西独立纪念馆，等等。如果赶上每月第一个星期日举行的三权广场换旗仪式，你还可以领略一下一派古代装束的总统府三军卫队的雄姿和风采。

走过巴西利亚大街，只见社区内的民房错落有致、整齐划一。那里的楼房不是很高，一般就那么五六层，结构大同小异，栋与栋之间、排与排之间，都留有足够的空间进行美化、绿化。每栋楼的一楼都是开放式的，但不是让你停车，而是用作整栋楼住户的公共娱乐用地。此外每栋楼都设计有地下车库，免费分配到各户的是一家两个车位，如果你要用三个，那第三个车位你就得自己掏钱——令人称奇的是，所有这些，都是人家 50 年前就想好了、建好了的，现在去看，一点也不比我们国内这几年才刚建起的小区差。这自然引起我无穷的联想。

城市管理的大创新

巴西利亚城里很少看到大盖帽，但整个城市管理管而不死、活而不乱。

一是城市管理体现了开放化。每逢节假日，总统府、最高法院和参众两院均对外开放，可免费参观。总统府是一栋四四方方、四处都是玻璃窗、透明光亮的七、八层楼房，总统府的一楼只象征性地站着一个卫兵，行人都可以从那楼下通过。就连总统官邸，每周也有两个下午，在总统上班之际对公众开放，可以参观。这在一些国家是不可思议的。位于湖边的巴西总统官邸，那里没有栏杆、没有围墙，一道宽约三米、深约一米的水带，就象征性地成为这座"皇宫"的"护城河"。顺着"护城河"前的一片草地远远望去，只见总统官邸前一面旗帜在高原的夕阳下轻轻摇曳，人们告诉我，如果挂旗了，则说明总统正在办公。国会大厦是巴西利亚城的标志性建筑，据说整个巴西利亚的建筑高度都不能超过国会大厦——可见这个大厦的地位是至高无上的。但就是这么一个重要机关、重要建筑，其四周没有一条栏杆，没有一个站岗的警察。你可以随意进去，里面只有几个工作人员例行看一下你的门票。上到四楼，左边是国会会议厅，右边是议会的会议厅。无论是国会还是议会，开会期间，巴西的任何民众都可以从容进去旁听。为方便群众和记者旁听，两个会议厅都设有群众旁听席和记者采访席。其开放程度实在令人难以置信。我问了问导游，那巴西当局就不怕民众闹事、搅乱会场？导游告诉说，巴西人一般都不关心政治，也不关心是谁上台，只要政府能让他生活过得去，他什么都不闻不问、心满意足了。与国会大厦"三足鼎立"的还有总统府和高等法院，巴西高等法院也是如此，是一栋并不起眼的平顶大楼。没有围墙、没有卫兵，唯有那尊寓意深长的法官雕像喻示着这就是巴西最高法院。巴西利亚建筑的开放性折射出其精神气质的开放性。从政府机关、大学、居民小区到总统府和总统官邸，任何单位均不建造围墙或不建造封闭式围墙，许多建筑物直接与社区或马路相连。没有围墙的都市设计，不仅拓展了城市的公共空间和视野，而且表现的是一种平民化的透明的政治、自信开放的心态和建

图 35 - 7　快乐的巴西利亚人

图 35 - 8　拉美风情之夜

设和谐社会的人类理想。

　　二是城市管理体现了亲民化。例如总统府门前有位戴着头盔，手提军刀，身着白色礼服、红色围腰的黑人卫兵，只见他目视前方，眼珠一动不动地站立，忠实地履行他的神圣职责。但我看到游客们在导游的提示下，都争着与他合影留念。他站他的岗，你照你的相，也算是一种各司其职、互利共赢。

　　三是城市管理体现了人文化。例如，在路上，我看到巴西利亚公交车站旁都搭有一个书架，只要你想读，随手拿起就可翻阅，而且可以带回家去。这细节让我很是震撼。使馆同志告诉我说，书架上的书不会丢，反而有越来越多的有心人往书架上添书。这个书架既不是政府机关，也不是某一个组织建立的，而是城里的一位屠夫，是他执着于自己的梦想和持之以恒的努力，引起了大家的共鸣和响应，终于为这城市打造了一道难得的文化风景。巴西利亚三权广场上的建筑群作为"现代文物"受到法律保护。南湖别墅区的私人住宅限高三层以下，市区的公寓楼限高七层以下，任何人不得违反。曾经有人在南湖岸边盖了一栋超高的饭店，被责令停工后炸掉。

　　四是城市管理体现了环保化。巴西利亚虽然是一座现代化城市，可是，这个城市却也是数百种野鸟的栖息之地，也是鸟类乐园。在巴西利亚市区，鸟类的世界非常丰富多彩。巴西利亚登记注册的鸟类有454种之多。巴西利亚面积不到全国的0.07%，但拥有的鸟类品种却占全国的1/4。巴西利亚大大小小的社区公园有700个之多。树木茂盛，野鸟有了栖身之地，所以巴西利亚的野鸟就特别多。为什么会出现这种情况呢，因为巴西利亚在市区及城市周边规划了一系列国家公园、生物保护区和环境保护区。在公共绿地与私家花园之中，遍植香蕉、芒果、菠萝蜜、柠檬、油梨等众多水果供野生动物取食。正因为如此，鸟的种群数量极其繁多，即使是鹤、鹳和天鹅之类的大型珍禽，也随处可见，并不时光顾私人宅邸和公共场所。

　　巴西利亚作为现代化的城市，体现了三大共存：一是自然化与现代化的共存；二是昨天与今天、国际化与个性化（或全球化与民族化）的共存；三是节俭与繁荣、穷人与富人、温情与财富的共存。自巴西利亚建成以来，几十年过去了，巴西利亚还是那么年轻，充满着时代的新气息；巴西利亚还是那么的宁静与和谐，决然不为大都市的珠光宝气所动。我带着依依不舍的心情离开巴西利亚，乘车前往机场登机前，抬头看，白云朵朵，碧空如洗，吸一口清新空气，沁人肺腑，神清气爽，处处透着舒适与惬意。心中默念着：巴西利亚，等着我，我还会回来！

第三十六章　漫步在世界文化遗产
——帕拉马里博古内城

　　由于工作带来的便利，我得以无数次游览加勒比岛国苏里南的世界文化遗产——帕拉马里博古内城。中国是世界文明古国，世界文化遗产数量居世界前列，我对中国的世界文化遗产较为熟悉，因而常常会不自觉地拿中国的世界文化遗产与国外的世界文化遗产作比较。用对比性的眼光游览、欣赏和审视帕拉马里博古内城，确有非同一般的感受。

古内城是哪里来的

　　帕拉马里博是苏里南首都，全国最大港市，位于南美洲热带地区北海岸上，苏里南河下游西岸，实际上处于大西洋与苏里南河交汇处不远的地方，面积 17 平方公里。帕拉马里博原为印第安人渔村，1630 年英国建立殖民据点，1651 年成为首府。1667 年被荷兰侵占，1816—1975 年成为荷属圭亚那首府。1613 年，两个荷兰人迪尔克·克利斯佐恩·范萨恩（Dirck Cleaszoonvan Sanen）和尼古拉斯·巴列斯特尔（Nicolaas Baliestel）在印度乡村附近创建了一个小商业公司。这个位于苏里南河西岸、距大西洋 23 公里的殖民地，就是苏里南共和国的首都帕拉马里博的基础。

　　帕拉马里博古内城 2002 年被确定为世界文化遗产，说是古内城，按中国人的眼光来看，根本算不上"古"。因为，明末清初时，帕拉马里博还只是一个乡村。所谓古内城，实际上是沦为殖民地之后逐渐发展起来的。

　　古内城是殖民进程的产物，凝聚了殖民的历史。古内城的建立与殖民者的到来分不开，不同的殖民者在古内城留下了不同历史遗迹。古内城十

图 36 - 1　内大街上的年轻女郎

分雅致，走进古内城，你可以欣赏荷兰、法国、西班牙、英国等各式殖民地建筑。壮丽的砖结构建筑与绿色的广场为邻，木制的房子拥挤在狭窄的街道上；高耸的棕榈形成林荫道，红树林排列在河岸两旁。

古内城是移民进程的产物，反映了移民的历史。几百年的殖民历史，苏里南经历了多个资本主义列强的统治，导致不同时期不同的外来族群大量涌入，有统治者、有种植园主、有契约劳工，也有奴隶，当然还有后来的新移民。鸠占鹊巢，无论接受与否，外来族群必定是要来的，土著居民虽心有不甘，也进行了顽强的抵抗，但终是力不从心，阻挡不住这股洪流。外来族群人口比重不断增加，久而久之，变客为主，反而成为社会的主体，族群的多样化越来越明显。正是由于苏里南民族构成的多元化，来自不同国家的人及其后裔在此地得以生生繁衍，代代相传。

古内城是宗教传播进程的产物，见证了宗教传播的历史。随着殖民者的到来和移民的到来，不同的宗教也来到了苏里南，古内城里不同的宗教

图 36 - 2　内大街里看热闹的人群

图 36 - 3　节日的内大街里人流如织

设施见证了这一点。苏里南也是一个多宗教的国家，信仰自由在这个国家体现得最为彻底，人们可以自由选择宗教信仰，基督教、天主教、印度教、伊斯兰教、犹太教在这里应有尽有，从风格迥异的各式教堂、寺庙便可见一斑。

　　古内城是文明发展进程的产物，承载着文明发展的历史。帕拉马里博城内古老的市中心仍然保持着昔日那富有创意、极具特色的街道布局。内城的建筑物依然在向世人展示着荷兰、法国、西班牙、英国等建筑风格与当地传统建筑方法和建筑材料的逐步融合。古老的街道上，有电子票务中心、有到世界各地的特快专递、有证券交易场所、有办理各种金融业务的银行，等等，说明当年的渔村在与时俱进。还有爪哇小贩沿街叫卖加香烤肉，夹杂着荷兰语口音的人们坐在路边狂饮啤酒，等等，这一幕幕，同几百年前又仍然相似。

古内城里的独特景观

　　独特景观之一是拉美最大的木质天主教大教堂。紧邻苏里南国民银

图 36 - 4　苏里南首都天主教堂全部是木制结构，并且没刷油漆

行，高高矗立着一个黄蓝相间的大教堂，比左近的建筑高出许多，有如鹤立鸡群，两个尖顶上的十字架离很远就能看见，那就是拉美最大的木质结构的天主教堂，已有140多年历史了。新近进行了大修，于2010年底重新启用。走进大教堂，可以闻到木头的香味，整个教堂用木头盖成，木头没有刷漆，木头纹路完全裸露，显示出原生态的美。

独特景观之二是建筑风格迥然不同的阿拉伯伊斯兰教教堂和以色列的犹太教教堂，两教堂一墙之隔，和平共处，彼此为邻，一张照片可以容下两个教堂，成为教派间和谐共处的奇妙一景。在中东地区，以色列与阿拉伯伊斯兰国家交恶那么多年，流血事件频仍，时有冲突消息见诸新闻，可谓深仇大恨，迄今远没有和解的迹象，即便同为伊斯兰教，什叶派和逊尼派两大教派之间也是摩擦不断，搅得世界不得安宁。可是这里则完全不同，没有敌对，没有冲突，没有仇恨，大家和谐、融洽，宗教纠纷极为罕见。居民中约40%信奉基督教，约30%印度教徒，约20%的人信奉伊斯兰教，还有一些天主教、犹太教信奉者。不同宗教间互不排斥，和平相处，各信各的神，各进各的庙，各念各的经，各传各的教，一条街上几种寺庙并存，街坊邻里信什么教的都有，甚至一家人中有几种信仰。伊斯兰教、印度教的寺庙更是随处可见：四根立柱拔地而起、主体建筑的圆顶上

图36－5　苏里南的印度教神庙

突出一个月牙儿的，是伊斯兰教的显著标志；而色彩斑斓、规模宏大、南瓜或螺旋形屋顶的则是印度教的特征。从散落于城市各处教堂的建筑风格上，便可区别出不同的宗教信仰。人们看到的只是不同信仰间的和谐共处，相互尊重，不同宗教信仰的人为同一件事捐款、共行善举的情况屡见不鲜。

独特景观之三是极具特色的民居建筑风格。荷兰对苏里南的长期统治，影响了这里的几代人，使其在各方面都留下了原宗主国的烙印，城市建设和建筑风格方面也不例外。早年的一些建筑，多为荷兰模式，方方正正的木质楼体，高高的门窗，脊形屋顶上常留有一个或多个小天窗，是这一时期建筑物的典型特征。同时，也有一些西班牙、英国等当年西方列强的痕迹。首都帕拉马里博市独立广场周围，有时代特色的建筑物比比皆是，广场东侧刮打路（Kwattaweg）及其延伸的银行街上的一些建筑，以及左近街道上殖民时期留下来的老房子，包括著名的"角楼"，由于较好地保留了那一时期的建筑特征，而被列入世界文化遗产名录。1821 年的那一场烧了一天一夜的冲天大火，毁掉了包括"角楼"在内的一条街道上 400 余间木质建筑，让后人不胜惋惜。今天我们所看到的这条街道上的木质建筑，大都是其原型的翻版，或仿造，或改建，已不是最初的"原作"了。而就是这些"赝品"的人文内涵，也足以令人叹为观止的了。这里高层建筑并不多，更多的是随处可见的小洋楼，无论是城里还是郊区，一幢幢独门独户的花园洋房彼此毗邻。特别是在那些"富人"区，更是多姿多彩，款式多样、各具特色的小洋楼让人目不暇接。这些建筑，很难归类于什么风格，荷兰式、法国式、英国式、印度式、西班牙式……它们千姿百态，风格迥异，无奇不有，早已不是单一风格的建筑了。设计者或房屋的主人来自不同国家，他们以独具匠心的创造理念，把各自国家的建筑特点和结构元素融入其中，同时采纳了众家之长，又结合了当地的风俗习惯和气候特点，最终完成了自己饱含智慧、与众不同的杰作。一条街上走过，洋楼款式丰富多彩，格调各异，绝无重样，且一个比一个雅致。这些洋房多数为二层结构，虽然造型奇特、风格不同，建筑用材却多为轻型材料，以木质结构为主。近年多了一些砖石钢混结构的建筑，即使是钢混建筑，钢筋也用得很少、很细，原因就是前文说过的，这里没有地震，没有风灾，故无必要在这方面过多地采取措施。楼前屋后的院落，大都进行了精心的设计，修剪齐整的花草树木，成型成景，十分协调，伴以精雕细刻的塑像，匠心独运，新颖别致，各有千秋。在苏里南，印度人及其后裔很多，约占其总人口的三分之一，因此，印度风格的建筑也多，常可听到从那些小洋楼中传出悠扬的印度音乐声。

内城外城各显娇娆

　　帕拉马里博中心区是总统宫殿前面的独立广场，其在苏里南人心目中的地位类似于在中国人心目中的天安门广场。走出内城就进入了独立广场，广场中最显著的建筑物是总统宫殿。白色宫殿建于 18 世纪前半期，但是许多部分都是后来添加的。对于普通人来讲，只有在独立日 10 月 25 日才能进入该建筑和它后面的私人花园。帕拉马里博的许多建筑都是木制的。在独立广场可以看到一些砖构造建筑，例如 1836 年建的财政部，它是一座白顶的红色建筑。砖用来负担那些来自欧洲船只的重量，当时苏里南是荷兰的殖民地。许多古老的木制建筑都是用这些红砖来打基础的。在财政部的前面是苏里南最著名的政治家，一位 60 岁的首相约翰·阿道夫·彭赫尔（JohanAdolfPengel）的雕像。漫步在格劳特大道，走在这条大道和苏里南河之间，可以看到 Palmentuin（棕榈花园）。在 19 世纪，Palmentuin 是总统宫殿花园的一部分。20 世纪初开始对公众开放。在 Palmentuin 你可以看到部分总统私人花园。在克雷恩大道和花园之间的这片区域有许多纪念碑，其中最著名的是泽兰迪亚堡垒。这座堡垒有 350 多年的历史。它建于法国殖民时期，英国殖民时期将其改良，后来用于荷兰殖民时期。1667 年命名为现在的名字。在 20 世纪堡垒用来做博物馆。从 1981 年到 1992 年，它被苏里南军队用做军事基地。军队从堡垒撤退，现在它又一次成为博物馆。从泽兰迪亚堡垒沿着河穿过河畔林荫大道，可以看到的建筑是 1821—1832 年间城市大火之后建造的。右边可以看到古老的警察办公室遗址。这座建筑物于 1980 年军队袭击政府时被毁坏。在克雷恩中心，可以看到翻新过的教堂。教堂是 1837 年建成，建筑包括八个侧面，十分像 1821 年在城市大火中毁坏的原教堂。教堂的左侧可以看到帕拉马里博最好的邮政大楼。

　　站在独立广场南侧的苏里南河边远眺，一座雄伟的彩虹大桥飞跨苏里

南河直通对面海。所谓对面海，是这里的人们对苏里南河对岸科默韦纳区
（首府新阿姆斯特丹）的习惯称谓，这应该与此处为苏里南河的出海口，
临近大西洋有关。这是一座混凝土拱桥，夸张的桥拱高高隆起，形成一条
弧形抛物线，更显桥体伟岸、壮观。该桥全长 1504 米，可谓苏里南的最
大建筑，由荷兰提供贷款、荷兰建筑公司承建，于 2000 年 5 月竣工，以
时任总统的名字命名为"韦登博斯"。当年建桥时，首都帕拉马里博曾爆
发有 5 万人参加的游行，不是庆祝建桥，而是表示抗议。游行的人手中举
根棍子，棍子上戳一个面包，喊着"要面包，不要大桥"的口号。要知
道，苏里南人口当时不到 50 万人，可见当时反对之声不小，但是它的建
成确实给两岸人带来了极大方便，从此改变了两岸鸡犬之声相闻、无船不
得往来的历史，人们可开车自由通行，使大河变为通途。如今该桥已成为
帕拉马里博市一大标志性建筑。然而，该桥美中不足的是只可行车，不可
走人，设计者没有留出人行道，使得革命纪念碑前从前的那个渡口不得不
继续保留着，一条条破旧不堪的小船依然如故地忠实地履行从前的职责，
承担着摆渡任务。

图 36 - 6　古内城附近的苏里南河

从"韦登博斯"大桥顺河眺望，不远处一块孤伶伶的"陆地"凸出水面，貌似河心小岛。这个似岛非岛的"陆地"，是见证当年一段历史的沉船。那是一艘建造于 1929 年、名为"戈斯拉尔号"的德国商船。1939年，第二次世界大战爆发，是时正停靠于美国东海岸的"戈斯拉尔号"被迫驶往中立国避难，这条原本经营德国至澳大利亚航线的商船就这样鬼使神差地来到了当时为荷兰殖民地的苏里南（时称荷属圭亚那）。不久后，德荷成为敌国，在无处可躲的情况下，为防止该船落入敌手，船长下令自毁船只，沉入水中。传说船上还有 36 名华人。屈指算来，这条船已在这里沉睡了 70 多年。时光荏苒，这么多年过去了，始终无人将其打捞出水，每每看到它，时常让人想起迄今未曾解开之谜：当年何以改变路线来到苏里南？包括 36 名华人在内的船员是葬身鱼腹还是弃船逃生？这一切都不得而知。有人说，这条船并非真正意义上的商船，而是德国人当初的一个移民计划，想把大圭亚那地区作为犹太人流放国，该船上满载着犹太人；甚至有人说，船靠岸后，华人哗变，揭竿而起，导致该船翻沉。"沉舟侧畔千帆过，病树前头万木春"，历史毕竟已经久远，很难找到一个正确的答案，如今谁还会在意过去的是是非非？甚至把从前那个真实的船名都淡忘了，只记住了当年执行缉捕任务的苏里南警长的名字——范·贝克，人们习惯上称这艘沉船为"范·贝克岛"。

（本文起草过程中参考、引用了使馆同事高广灵的有关文章，谨致谢意）

第三十七章　走近全球最大的沥青湖

　　沥青湖位于加勒比岛国特立尼达和多巴哥的特立尼达岛上，占地 44 万平方米，深约 90 米，于 1595 年由一位英国探险家发现，现在每年有 2 万多人次的旅游者会前来观光。沥青湖在特立尼达岛西南角的拉布里半岛上，湖面呈圆形，面积超过 0.5 平方公里，四周环绕着茂密的热带植物，临近湖岸的地方有腰果、面包果之类的大树生长。湖面也汪着大片的水，乍看上去，除了浅些，和正常的湖大致无二。而走进去才会发现，脚下全是油黑锃亮的天然沥青。

　　2010 年的一天，我第一次到加勒比岛国特立尼达和多巴哥,驻特多使

图 37 - 1　在特立尼达和多巴哥

图 37 - 2　在特多沥青湖

馆特意安排我去参观了特多神奇的沥青湖。使馆同事梁刚告诉我：在加勒比小岛上有这样一个湖，它并不出产鱼虾，也没有美丽的风光，却吸引了世界各国建筑公司争相前往，这就是特立尼达和多巴哥（以下简称"特多"）的沥青湖。特多人民自豪地称它为世界第八大奇迹。他们还说：天然沥青湖全世界有三处，另两处一在美国，一在委内瑞拉，只不过两处面积都不大，从景观和实用两方面看，都不具什么价值。言下之意，只有特多的沥青湖不仅面积最大，也是唯一具有经济开采价值的。参观完毕后，给我的印象是，特多的沥青湖，既有观赏价值，更有经济价值。

令人小心的怪湖

到了特多，人们十之八九要去世界最大的沥青湖去看看。一说到世界最大，人们很容易联想到一望无际、辽阔宽广之类的形容词，但是把沥青湖面积一换算也就不到一平方公里，一眼望去，绝对的尽收眼底了。对通常意义的湖来说，的确不大，可是对于天然露天沥青的"湖"，这里真是令人称奇的。

特多的沥青湖几乎到了特立尼达岛的西南端最尽头，离首都西班牙港有八九十公里。我们驱车到那里，时间不短。到沥青湖后，方知雨季、旱季景色有别。我去时是旱季，虽然连月的干旱使得这片沼泽有些干涸了，不过脚底下依然韧性十足，像踩在刚铺好的柏油路上，既不粘脚，又有弹性，是恰到好处的感觉。看沥青湖最好是旱季。旱季湖面上积水不多，成片的沥青裸露出来，可以走到湖中间。走过的一洼洼积水里含有硫磺和其他矿物质，因含量不同而呈深浅不同的绿色。经验丰富的导游告诉我们哪里可以伸手去感觉水中的沥青，哪里不能去碰。她说硫磺水对多种疾病，尤其是皮肤病有疗效。果然，不远处就有人泡在积水里。导游还带我们走到一块有软沥青的地方。她捡来一根木棍，让我们把漆黑油亮的沥青挑起来。挑出的沥青黏稠润滑，可以扯成一面旗帜，再滑落下去，令人情不自禁地啧啧赞叹大自然的神奇。

人们告诉我，雨季的沥青湖有湿地的感觉，走进沥青湖景区，一眼望去，并不是沥青，是水！只是感觉很浅，也不清。出乎意料的是，湖边全是大树，湖里有密密的水草。倘不是事先知道这是沥青湖，准以为是个管理不太好的公园。但沥青湖的奇迹是要一步一步走下去，才能体会出的。每到雨季，沥青湖会积满雨水，湖上总是长着一丛丛的水草，还有睡莲夹杂其间，看上去更像是公园里普通的湖。这时的游人并不比旱季少，男男女女，老老少少，排着队，趟着水，从几个方向朝湖中心走去。

而最令人感慨的还是雨季生活在沥青湖的鱼儿。是不是很奇怪，沥青湖里有鱼！沥青湖下面就像是一个个的火山口，每个火山口都会汩汩地自顾自的冒着自己的油泡泡，这些油泡泡在雨季里不会完全黏合在一起，就向两个球形体，接触的地方还有空隙，这样就积累下雨水。那小小的一湾湾雨水就成了沥青湖鱼儿的家。看到它们的时候，真的很吃惊。导游告诉我们，它们不会长得超过手指那么长，随着旱季到来，雨水越来越浅，水的温度越来越高，鱼儿就死去了。但这不是生存的结束，在它们死之前，会产下鱼卵，这样在又一个雨季到来的时候，就重新孕育出了生命，这样周而复始，就像沥青湖里的沥青一样源源不断，生生不息。

有人曾把生命比喻成从光阴长河里借来的一段时光，对他的诠释，就意味着不同的生命旅程。沥青湖的鱼儿只借到了半年的光阴，但是依然那样顽强地诠释着那短短的生命。那我们会给我们自己的生命旅程留下什么样的印记和思考呢？

游沥青湖需特别小心，因为稍不注意会有大麻烦。因此，沥青湖的管理很严格。有经过专业培训的专职导游。跟着导游，才能向湖的深处走。沥青密度大，湖面上层往往干成一层壳，看起来像不平整的路面，给人的错觉是可以一脚踏上去。其实只有导游才知道，哪些地方下面也凝固了，可以走，哪些地方只是上面薄薄一层，绝对不能踩的。此前有一位"不听话"的游客，一脚陷进去，被人七手八脚地拉了上来，但全身80%的皮肤二度烧伤。事情过去很多年了，一直被用作反面教材，每个到沥青湖的人都要先学习一遍。游览沥青湖不但要跟着导游，而且如果是一队人马，还要排成一路纵队。湖的边缘有大片的草，过了这一段，草木没有了，也绝不能东张西望看风景，因为脚下"险恶"起来，有的地方导游会提醒你一大步跳过去，因为两步之间就可能有"险境"。离岸边远了，沥青湖面上没了尘土，这才露出黑亮的本色。湖面总有一汪一汪的积水，杂陈着黑色的气泡孔，深一点的水里，会有一串串的气泡往上冒，表明下面仍有活跃的地质运动。有的水很清，大多数却有些浑浊的黄绿色。导游会告诉你，这是含有硫磺和其他矿物质的水，对皮肤尤其好。在有的地段，导游还会拉着你的手伸进去感受一下，泡过以后的手，的确非常舒服。但有的地方却不能碰，硫磺含量太高，会把皮肤烧坏。

启发灵感的圣湖

驻特多使馆的同事对我说：设计特多国旗的灵感源自沥青湖。刚开始，说实在的，我听一半，信一半。参观完沥青湖后，我信了。为什么说设计特多国旗的灵感来自于沥青湖？国旗设计的灵感怎么会扯上沥青湖？

导游的一番话说明了这个问题。我随导游走到湖中一个地方，看到地面的硬壳开始出现大的间隙，有的间隙里已经露出黑亮黏稠的部分，这时导游多半会停下来，随手抄一根树棍，伸进去像卷面条一样卷几圈，然后慢慢拉起来，沥青就连成一条线，缓缓落下去，如滑落的一缕缎条。然而沥青湖的魅力还没有完全领略，还需要跟着导游往前走。会有那么一处，周围全是干硬的沥青，中间有绵软的一块。看过去也并不特别，导游拿起一根树棍，伸进一米左右，卷几卷，慢慢拉起来，这回的景象完全不同：树棍上如搭着一匹油黑厚重的缎子，沥青一边慢慢地落，一边慢慢地变薄，颜色由黑而棕黑，而深棕，渐渐薄得透明，竟成亮眼的橙红色！在众人的惊叹中，一阵风吹来，如在缎子中间剪开一个洞，渐渐撕裂、消失。有人称，怪不得特多的国旗是黑白红三色，一定是这里来的灵感！

能换爵位的妙湖

到19世纪初，特多人自己开始用沥青修路。19世纪中叶，特多的天然沥青开始出口，其质量不凡的名声不胫而走。有趣的是，一些国家刚开始进口特多沥青的时候，发现它"不好用"，后来向其他有使用经验的国家讨教，才知道特多沥青的纯度太高，必须要掺上其他沥青，才能作修路等用。特多人对自己的天然财富十分珍惜。沥青湖由专门成立的国有公司掌管。虽然沥青源源不断，但它每年甚至每天的开采却都是严格限量的。

几百万年前，因地壳运动，岩层破裂，地下石油和天然气涌溢而出，长期同地下软泥化合而成沥青，再通过裂隙，涌进死火山口，溢满而成湖，油气随着时间挥发，残渣便成了如今价格不菲的天然沥青。上帝使特多地理条件如此特殊，沥青湖所在的大岛特立尼达曾因地壳运动西部下沉海水涌入而与南美大陆分开，但水下其实连在一起，因此特立尼达和水那边的委内瑞拉以及连接两国的海峡底部，共享丰富的油气资源。这一块地区也是地壳运动活跃的地区。

最初发现沥青用处的还是古代印第安人，他们以出海捕鱼为生。尽管古代印第安人显然不喜欢黑色的沥青湖，甚至把它视作不祥之物，但在生活中他们逐渐发现，沥青可用于修补木船。这对靠捕捞为生的人们来说十分重要。船漏了，到沥青湖挖一点沥青抹上去晾干，船便完好如初，又可以出海捕鱼。1595年，英国探险者雷莱登陆特立尼达岛，当地人把他带到沥青湖，告诉他沥青的用处。雷莱照做后发现果然有效，随后不远万里运了一船沥青回国，献给英王，英王高兴之下，封了这位探险家一个爵位。

采之不竭的仙湖

特多沥青湖是世界上唯一的天然沥青产地，这样高质量、高性能的沥青在全球建材市场中都非常少见，特多沥青湖聚集着 1200 万吨的优质资源，几乎不用加工就可以装箱出口了。这里的生产工人定期采收大自然的恩赐，旱季等个 7 天，雨季等个 21 天，黑亮的沥青就会悠悠地泛到先前的平面，真是传说中的聚宝盆，难怪这里的人说这是上帝赐予特多人的礼物。

特多人开始使用沥青修路是在 19 世纪初，之后便开始出口其他国家，100 多年来已累计开采 1000 多万吨。特多天然沥青因质量不凡而闻名于世，据说因纯度太高，不掺上其他沥青就无法修路。随着各国对天然沥青的需求增加，沥青的资源属性愈显重要。沥青湖曾多次转手，现归特多国有，每年生产限量为四五十万吨。

沥青湖是特立尼达和多巴哥的重要收入来源之一。近几年，中国成为特多沥青最大的买家。这里出产的沥青质量优良，铺成的路面经久耐用，酷暑不软，严冬不裂，具有抗老化、耐高温、抗水侵害、黏附力强等特点，而且与基质沥青结合性好，生产工艺简单便易，包括首都机场跑道、北京二环路、三环路、长安街、首都机场高速路，武汉绕城公路，山东潍青高速公路、上海虹桥机场跑道、上海东海大桥和江苏江阴大桥等在内的许多重要市政工程和国家重点工程，都采用了该湖沥青。

特立尼达和多巴哥的沥青湖贮量目前达 1200 万吨，是世界上最大的沥青天然产地。自 1870 年以来，人们已不停地在此开采了 100 多年，而湖面也下降了将近 10 米。我曾问为我讲解的特多沥青湖旅行社的导游：照现在的开采速度，还能开采多久。他笑着告诉我，沥青湖的面积虽不大，但深达 83 米，估计还能开采 400 年。看我将信将疑，他说沥青湖迄今开采的只是一小部分，沥青还在源源不断往上冒，储量究竟有多大，谁也说不清。开采沥青的工人会在湖面开出一个一平方米左右的洞来抽取沥青，当这个洞废弃后，不过几周，沥青又会源源地涌出把洞填满，就像人的伤口愈合一样。不仅如此，沥青湖上还经常看到一种黄绿色的液体，据说这种液体含有多种金属离子，是非常好的护肤品。沥青湖入口处还有湖

图 37 - 3　在特多沥青湖

里出产的天然沥青被当做艺术品在出售。当然，作为一种重要的工业原料，它们更多的用途是出口。湖边就有加工厂在抽取湖下的沥青。由于常年抽取，湖面已经比周围明显凹陷下去。

对特多而言，沥青湖真是不折不扣的一个采之不竭、用之不尽的宝湖。

传说奇特的神湖

相传，古时候拉布里半岛上生活着一支土著印第安人部落，他们供奉蜂鸟为神灵。但有一次他们打败入侵之敌后举办庆功宴，有人竟不顾禁忌捕杀了蜂鸟，还烹制成菜肴让大家享用，结果触怒天神，天神下令将整个村庄埋入地下。不知过了多久，村庄被埋处源源不断流出黑色的沥青，汇聚成湖。这是一个悲惨离奇的传说。

然而神奇的是，沥青湖中确曾发现不少史前动物骨骼、牙齿和各种鸟类化石，还发现过印第安人使用的生产工具和打仗用的弓箭等武器，成为史学家们研究印第安人历史的一座宝库。

　　沥青湖表面坑洼不平、布满沟壑，还常有远古时代的树枝露出湖面。湖中央有一块地方非常柔软，沥青缓缓地从那里涌出来，被人们誉为"沥青湖的母亲"。加勒比的炙热阳光往往把湖面的其他部分烤得非常柔软，游客在上面站上半分钟就会留下深深的脚印，湖面也经常出现天然气气泡。

　　离开沥青湖前，我故意稍微多站一会，以便把自己的脚印无比清晰地印在沥青湖上。看到自己脚下踩着的就是天然、高品质的沥青，留点类似于"某某到此一游"的痕迹，心中颇感惬意。

图 37 - 4　在特多沥青湖

结语:努力做好对小国外交中的大文章

想不到有机会出任中国驻拉美国家的大使;想不到我 2009 年 8 月 29 日抵达苏里南,2013 年 2 月 20 日离开首都帕拉马里博,作为第十任中国驻苏里南大使,我在这个拉美国家工作了约三年半时间;想不到拉美国家是如此富有特色;想不到我有机会能拉美寻美,同时能为拉美添美贡献微薄之力。我在苏三年多的工作实践中体会到,在对小国的外交工作中,必须做好大文章,能够做成大文章。

在促进华界联合上上台阶

我刚到苏里南时,77 岁的侨领、时为总统顾问的周友仁对我说:苏侨界不联合,侨民吃大亏,但联合起来太难了,前任不少大使都做过努力,可惜都没有成功。大使来苏里南工作几年,如果能推动各侨团联合起来,成立苏里南华人华侨社团联合总会,侨胞会永远记得你。当时,华人移民苏里南已有 156 年历史,129 年前成立了侨团广义堂,87 年前(1922 年)开始分裂,我抵苏时仅首都已有 14 个侨团,中资企业、侨界妇女却没有自己的组织。

促进联合,先易后难,循序渐进。先从推动十几家中资企业联合起来开始,与中资企业一家一家地谈,有的还与其国内总部领导直接沟通,使中资企业协会于 2010 年 1 月成立,结束了中苏建交 34 年来中资企业没有联合组织的历史。这时,我到苏里南工作刚过 4 个月。

中资企业协会的成立为侨团联合起来树立了一个榜样,使馆也积累了做这方面工作的经验,于是,又开始推动把侨界"半边天"联合起来。2010 年 3 月 8 日使馆推动成立了苏里南华人华侨妇女联合会,结束了华

人来苏 157 年来没有妇女组织的历史。鲍特瑟总统夫人英格丽德和我妻子
为妇女会名誉会长。妇女会成立后支持华人女性参加大选并获得成功，在
实施关爱行动、配合使馆工作等方面做了大量工作。特别是妇女会牵头，
于 2010 年成立了苏里南华人华侨文艺中心。苏里南独立几十年来，年年
在独立日前夕举行各民族文艺汇演，移民苏里南的印度人、印尼人以及黑
人、克里奥尔人，还有土生土长的印第安人，每年在文艺汇演中都闪亮登
场，但华人年年缺席。华人华侨文艺中心成立当年首次参加一年一度的苏
里南各民族汇演，不仅填补了几十年来华人缺席演出的空白，而且轰动苏
里南全国，影响波及特多等国家，由此获得总统夫妇特殊奖励。中心配合
使馆和总统府等完成多次演出任务。

华人妇女会成立一个月后，使馆趁热打铁，一鼓作气，推动苏 14 个
侨团于 2010 年 4 月 8 日成立了苏里南华人华侨社团联合总会，实现了广
大侨胞多年未了的心愿，结束了侨界分裂的历史。推动工作无比艰辛，和
每个侨团的主要侨领，至少每人谈话三次，约到使馆谈，上门谈，集体
谈，个别谈，反复谈，谈反复，在集体协商、章程起草、与政府协调等方
面，使馆提供力所能及的支持。使馆和总会共同举行成立招待会，内阁中

图 1   三位华人议员候选人和第一任苏里南华人华侨社团联合总会会
　　　　长张秋源（右）

的华人部长、议会里不同党派的华人议员、侨界所有精英人物全部出席,广大侨胞兴高采烈,喜气洋洋,国侨办、全国政协侨委会、全国侨联致电祝贺,当地报纸头版套红表示庆祝。至今为止,全世界只有苏里南侨界各个侨团实现了大联合。

为了使侨团总会成为名副其实的所有华界侨团的联合组织,使馆出面多次做工作,推动地方各侨团联合起来并加入总会。例如,苏里南第二大城市日计里广东、浙江和海南人三个侨团分立,我前往日计里,一方面帮助解决侨界种种关切,另一方面推动他们实现联合,使三个侨团取消独立,合并成立了日计里华人华侨社团联合会,并成为苏华人华侨社团联合总会的会员单位。

在加强公共外交上上档次

推动苏方 2011 年将春节定为苏全国性假日,围绕春节开展系列公共外交。华人移民苏里南早于印度人、爪哇人等苏主体民族,已占苏人口约十分之一,其他民族在苏都有自己的国家性节日,唯独华人没有。侨团为此争取了几十年,一直没有成功。侨界实现大联合之后,我觉得做工作的时机成熟了,一方面建议总会代表全体华侨向苏里南有关部门正式提出要

图 2　中苏两军军乐团在苏里南总统府国庆招待会联合演奏苏中两国国歌

图3 中国艺术团体访问苏里南

图4 乐于与来访的解放军音乐家合影

求，另一方面使馆不失时机地向总统、外长、内政部长等转达侨界关切。内政部长把内阁会议已就此通过决议只等总统批准的消息及时告诉我。我邀请并陪同总统夫妇、议长、七名部长、多名议员和驻苏使节等出席侨界198桌春节盛宴。总统以"中国是苏真正的朋友"为主题发表热情洋溢的讲话，当地报纸春节当天头版刊印总统向苏里南人民拜年和向中国祝贺春节的套红版面，苏多家媒体对总统参加春节活动予以密集报道。使馆还推动侨界媒体开设春节专栏，连续十余天集中报道春节消息、介绍春节历史知识。广义堂电视台大年三十晚播放我向苏里南人民拜年的专题节目。首都燃放了以使馆和侨界名义共同捐赠的烟花。

图5 鲍特瑟总统接见解放军军乐团访问团全体成员

围绕 2010 年苏里南独立 35 周年开展系列公共外交。35 年前，南京杂技团访苏后中苏立即建交，苏独立 35 周年之际，使馆特意邀请南京杂技团访苏，同时邀请解放军军乐团访苏，两团同台演出，在苏精彩亮相。首先，使馆精心设计，将军乐团、杂技团访苏和中国援助项目等作为中方对苏国庆贺礼集中打出。11 月 25 日庆典前后，苏媒体集中报道了中方上述友好举措，赢得了各界聚焦，营造了浓厚的中苏友好氛围。其次，创新工作形式，增加与普通百姓的互动机会。军乐团除了与苏国防军联欢外，还分赴帕拉省和首都的中学、师范院校等演出，将演出场地设在社区、学校，并邀请苏音乐家、学生、百姓等共同参与。大家载歌载舞，互动频繁，苏主流电视台等进行了现场直播，取得良好效果。军乐团还为华人华侨举办专场慰问演出，华人歌手与军乐团同台献艺。再次，选好亮相舞台，提升宣传力度。军乐团参加阅兵分列式，高奏一路，帅气一路，精彩一路，赢得沿途观众欢呼一路。军乐团赴总统府演出，在总统独立日招待会上，中方指挥家在数百名国内外贵宾和记者面前，指挥两国军乐团奏响中苏两国国歌。使馆推动总统先后两次接见军乐团，总统夫妇还踏着我军乐团演奏的乐曲翩翩起舞。使馆还积极安排苏国防部长和国防军司令分别与军乐团举行会见和会谈，军乐团结束访问前，将全套乐器捐给苏军方，

图 6　与副总统阿梅拉里在中苏建交 35 周年纪念首日封上盖章留念

图 7　时任苏里南总统费内西安（右一）、副总统萨灸（右二）、外长
（女）和防长出席使馆宴会

苏国防部隆重举行了我援苏乐器交接仪式。苏主流媒体予以大篇幅报道，大大提升了此次访问影响效果。央视、新华社、国际台等也发了"中国军乐团惊艳苏里南"、"中国军乐团亮相苏里南国庆阅兵"等重要新闻。

　　围绕中苏建交35周年开展系列公共外交。2011年8月25日是两国建交35周年。两国元首、外长互致贺电，两国同时发行纪念邮票。在北京和帕拉马里博同时举行了庆祝招待会，总统派前外长、前驻华大使为特使，专程到京参加庆祝活动。使馆上年就开始策划庆祝活动，除邀请天津歌舞团民乐团来苏里南访问演出外，还接受电视台专题采访，举行媒体会、使馆与苏外交部官员大型联谊宴会、与苏第一大报《真理时报》编辑团队交流晚餐会等系列活动。特别是在400人出席的建交35周年招待会上，代总统阿梅拉里发表热情洋溢的讲话，邀我一起为首枚中苏建交35周年纪念首日封盖上纪念邮戳，使纪念活动达到高潮。

　　围绕辛亥革命100周年开展系列公共外交。从年初开始，使馆有计划、有步骤地先后开展了向孙中山铜像敬献花圈，辛亥革命纪念座谈会、纪念招待会，大使在电视台发表纪念讲话，辛亥革命图片展，苏里南中文电视台21部有关辛亥革命人物、事件的电影电视剧系列展播等十几项活动。特别是辛亥革命百年纪念文艺晚会暨中秋晚会,观众 5000 人,创苏里南同类活动规模之最,赢得出席活动的苏总统代表、首都市长等好评。华侨商会举办的 50 桌纪念晚宴,出席人数 400 余人,我陪同外长、防长、公共工程部长等高官出席,他们表示中国纪念辛亥革命 100 周年和中国取得的进步令人印象深刻。《中华日报》、《洵南日报》等中文报纸开设纪念专栏,先后刊登系列文章 28 篇。

首次策划了中国美术家苏里南写生活动。活动得到苏文化部和苏驻华使馆大力支持。2012 年,中国美术学院教授安滨博士、《中国油画家》杂志主编、湖南油画院院长蔡国胜来苏 20 天,写生创作了 40 幅油画作品和若干水彩、素描等作品,总统、副总统、议长与驻苏使节参观了作品展,使馆还将一幅作品送给总统收藏。两位艺术家到苏里南文化部做客,与当地艺术家广泛交流,在当地产生极大反响,主流媒体重点报道,作品后来在国内展出、发表和出版,为苏人民了解中国艺术和中国人民了解苏里南找到了一个好的平台。

加强公共外交的努力得到外交部的肯定,使馆 2010 年、2011 年、2012 年连续三年获得外交部公共外交创新实践奖。

图 8　将中国画家画的苏里南写生油画送给鲍特瑟总统

图9　陪同时任苏里南总统费内西安（左二）
和苏文教部长参观新中国成就图片展

在创新外交平台上上水平

　　虽然中方和苏里南大学校长签署了中苏合办孔子学院的协议，但因客观上的困难这一计划一时难以落实。后来在苏外交部支持下，苏里南成立了使馆领导下的汉语培训中心。中国首次派来了四位汉语教师，帮助苏里南第二大城市日计里中文学校在停课十年后恢复开学，并使广义堂中文学校增开了两个中文班，还先后新办了三个国画班。国家汉办和国侨办支援了近千套中文教材，并推动了至今只有荷兰语教学的苏里南大学于2011年2月首次开办了两个中文班。最重要的是，使馆成功推动具有华人血统的总统夫人、副总统夫人学习汉语，国内专门派来教员，每周分别在总统府和副总统官邸上课两次，这在世界上史无前例。我夫妇陪同总统夫人开始第一课，我妻子陪同副总统夫人开始第一课。汉语培训中心无孔子学院之名，起的作用却丝毫不亚于孔子学院。中国派遣中文教师赴苏、使馆成立汉语培训中心的消息经媒体刊发后，咨询电话络绎不绝。迄今为止，全世界只有两个第一夫人学习汉语，第一位是津巴布韦总统夫人格蕾丝，我出任驻津巴布韦大使期间，推动和帮助她学习汉语，她是世界上第一个学习汉语的第一夫人，中国人民大学教师牟云峰担任她的汉语教师。经过几年学习，格蕾丝已获得人大的中文专业的毕业文凭。第二个学习汉语的第一夫人就是苏里南总统夫人，在她的带动下，副总统夫人、外长夫人都在学习汉语。

2010年8月，在使馆的推动下，北京大学和苏里南大学在苏首都成功召开了第一届中加、中苏关系国际研讨会，在任总统和新当选总统均表示祝贺。王缉思等来自北大、中国社会科学院、中央党校、中国国际问题研究所的六位学者和苏议长西蒙斯等新旧政府多名重要内阁成员应邀与会。来自苏政府、学界、媒体、驻苏使节和各界友好人士等150余人出席了研讨会，围绕气候变化、经贸合作、台湾问题等议题展开研讨。由于准备充分、组织严密，此次研讨会成为苏历史上最成功的研讨会，苏主流媒体对研讨会进行了广泛、正面的报道，这是中国和拉美国家第一次举行这样的交流活动，在苏里南产生了全国性的影响。

研讨会结束后，在国务院侨办支持下，使馆联合侨界又成功举行了为期五天的第一届中华美食节，苏总统和议长分别祝贺中华美食节开幕，并

图10　援苏的中文教师

图 11　第一届中国—加勒比、中国—苏里南关系国际研讨会在苏首都
帕拉马里博召开

图 12　苏里南第一届中华美食节的获奖者

先后率家人做客使馆，品尝了五位来访的中国厨艺大师现场制作的美味菜
肴，对中国厨艺魅力赞叹不已。来访厨师深入多家中餐馆现场演示并和苏

同行交流，举行了十余家中餐馆厨师参加的烹饪大赛，苏当地数百名观众现场观摩并品尝，苏电视台对美食节活动现场直播，其他媒体也对总统、议长参与美食节活动等广泛报道，当地电视台还开设"中国名菜"节目，定期介绍中国烹调艺术，当地报刊也开设"一日一菜"专栏，介绍中国名菜烹调方法，在苏掀起了中华饮食文化热。

使馆还推动苏里南大学和浙江师范大学于 2010 年建立了友好校际关系，这是苏高校与中国高校首次建立这种关系。

在关爱弱势群体上上高度

第一，首次组织中资企业、侨团和当地政要联手实施关爱行动。2010年 1 月，邀时任总统夫人一起慰问孤儿院，捐赠电视、冰箱、学习用品，价值 1 万多美元。同年 3 月，邀请总统夫人和 15 位聋哑盲人到官邸做客。同年 5 月，组织华人艺术中心和华人议员一起到老人院为孤寡老人专场慰问演出，同时捐赠物资。同年 8 月，组织南京杂技团为 700 名残疾人进行专场慰问演出。2011 年 3 月，邀新任总统夫人和 7 位部长夫人一起走访孤儿院。2012 年 9 月 18 日，与大连集团联手，与总统夫人一起，资助了

图 13　中国驻苏里南使馆官邸一角

200 位贫困学生。2012 年 12 月底，邀总统夫人一起出席使馆策划的华商圣诞义卖活动，邀请孤儿院、老人院、残疾人中心等弱势人员现场参与，送钱送物，安排华人、印尼、印度、巴西、克里奥尔人艺术团体在街头舞台表演节目，吸引成千上万人驻足观看。使馆、中资企业和侨商首次共同开展的爱心活动，变以往我在苏慈善事业中的个别行为为集体行为、偶然行为为计划行为、短期行为为长期行为，在当地产生广泛影响。总统夫人两次写来感谢信，当地媒体给予高度评价。

第二，关心帮助印第安人，树立我道义形象。印第安人是世界知名弱势群体，我馆首次与印第安人组织全国主席交上朋友，邀请其多次到官邸做客；首次组织印第安人派团访华，推动对外友协首次接待美洲印第安人访华；首次选送、资助印第安人学生到中国留学；首次安排印第安人来使馆联欢，等等，多次参加印第安人组织的活动，访问印第安人部落并提供适当资助等，当地报纸特别报道了"中国对苏里南印第安人的关心"。

第三，为苏里南援建一所大型医院。鲍特瑟当选总统后，第一次在总统府约见我时，提出瓦尼卡省只有小型诊所，老百姓有重大疾病时必须到首都医院就诊，老百姓看病非常不便。他代表苏里南政府正式向中国政府提出，希望中方能在瓦尼卡省援建一所医院。中国有关部门对总统请求十分重视，使馆予以积极推动，苏外长和我分别代表本国政府就此项目签署有关文件，医院建设项目已正式启动。

在落实外交为民上上层次

第一，为维护侨民和中资企业权益服务。2009 年圣诞前夜，阿明那当地居民与巴西移民发生严重冲突，华人商店被烧被抢。这是苏独立以来第一次发生这样的事件，引起世界关注。事件发生后，使馆官员立即看望受伤害的华侨，就保护侨民利益及时与其他使馆协调立场，同时，就善后事项多次亲自做外长、司法警察部长工作。我外交部致电，称我馆"反应迅速，措施到位，工作值得肯定"。国侨办对使馆这次护侨工作也表示充分肯定。

第二，为宣传侨民、提高侨民影响力、改善侨民形象服务。2010 年 8

月，适逢苏最大侨团广义堂成立130周年，使馆充分调动国内资源，协调广东电视台和广东电台派出6人联合记者团来苏采访。在使馆积极安排下，记者团先后采访了总统夫人、副总统、国防军司令、议员、侨领和普通华人华侨等，走访了华人报社、电视台、学校、菜市、超市、工厂、贸易公司等，全面报道了华人华侨抵苏157年来自强不息、艰苦奋斗所创造出的伟大业绩。记者团制作的三集、长达一个半小时的电视系列片《走进苏里南》和两集电台专访节目《感受苏里南》，先后在国内和苏里南播出，反响巨大。上述举措对提高华人华侨在苏社会的影响力、在国内的知名度，增加华人华侨对祖国的向心力具有重要作用。为克服侨胞习惯称黑人为"鬼佬"、"鬼婆"等不良现象，使馆推动侨界开展了"树文明形象，做文明华人"活动，我在侨界会议上三次就此发表专题讲话，接受电视台专访，使馆起草了五论"做文明的苏里南华人"系列文章，以特约评论员名义在侨报上连载。

第三，为实现中苏经济合作、互利共赢服务。苏里南低造价住房建设关系到老百姓的切身利益，苏里南自身解决这一问题有难度，既缺乏足够

图14　苏里南公共工程部长阿布拉汉斯、中国湖南省副省长何报翔、
长沙远大住工集团董事长张健为150套住房工程项目奠基

图 15　时任总统费内西安与外长、社会福利和住房部长、司法警察部
长出席中国援助苏里南低造价住房移交仪式

的资金，又缺乏施工力量，使馆主动帮助到中国住宅产业化龙头企业、绿
色建筑制造商——远大住宅工业有限公司（简称远大住工）与苏里南政
府及有关企业签约，探索以企业行为建设 18000 套低造价预制型住房的方
式取得成功，首期 150 套住房已在湖南下线生产，2013 年 10 月运往苏里
南组装，由苏政府收购再以适当方式进入市场。2013 年 6 月 24 日，苏里
南共和国总统鲍特瑟携近 80 人的政务与商务团队来长沙访问，上午 10 点
30 分左右，抵达远大住工麓谷工厂，对工业化方式造房的全流程以及工
业化式建造的住房产品进行了实地考察，他称赞远大住工建房技术太棒
了，表示希望远大住工尽快登陆苏里南，推动苏里南保障房项目建设。远
大住工将在苏里南建设混凝土预制构件生产工厂，引进类似远大住工麓谷
工厂的自动化生产线，为苏生产 17850 套住房，同时为巴西建造 20 万套
住房打基础。这一方式解决了苏方大规模建房的融资困难和中方的投资风
险。这是中资企业在海外最大的住房建造项目。同时，使馆推动湖南隆平
高科集团就杂交水稻落户苏里南，湖南与苏里南在苏建立农业合作园区达
成协议，这是湖南杂交水稻技术首次出口加勒比地区。

　　第四,为丰富侨民生活和开展侨团活动服务。2010 年是世界上最老的华人侨团之一广义堂成立 130 周年,使馆亲自策划了 12 项庆祝活动并全部到位,特别是邀请苏代总统夫妇、议长等许多政要出席庆典;推动代总统宣布在庆典上公开承诺解决华侨签证难、取得营业执照难、获得居留许可难和入籍难的问题,承诺对非法居留 5 年以上的华侨进行大赦;邀请国侨办专门派出代表团参加庆典;请国侨办、全国政协侨委会和全国侨联发来贺电;请国内有关部门对中文学校提供资助等;邀请国内文艺团体来苏访问演出;邀请国内记者团来苏采访报道等,赢得苏侨界和苏朝野一致好评。日计里离首都较远,侨民到使馆办证有实际困难,使馆从 2009 年开始建立了领事定期到日计里现场办公的制度,受到侨界热烈欢迎。

　　做好对小国外交中的大文章,多交深交朋友是前提。总统、议长、部长也是人,处理好与他们的关系,既要尊重他们,更要关心他们。对他们的生日及他们亲人的婚丧嫁娶等,使馆予以特别关注。谁当了部长,发个贺信;谁生日,送个礼物;谁去世,亲自吊唁或发个唁函。使馆对总统、总统夫人、议长、议长夫人等政要生日活动,能帮助操办的帮助操办,遇

图 16　陪同苏里南总统出席百年侨团广义堂春节团拜

图 17　出席中国国庆招待会的苏里南总统、财政部长、副总统夫妇和议长（从左二开始）

到了困难，能帮助的尽量帮助。圣诞前夕，亲自上门拜节。费内西安总统下台离开总统府前夕，我专程前往看望；女议员分娩，我妻子亲自从北京带来婴儿用品，并上门祝贺；司法警察部长单多吉夫人和总统顾问住院，我妻子分别专程探望；等等。多交朋友赢得了友谊，新政府成立后使馆首次国庆招待会，总统、副总统、议长、17 位部长中的 12 位部长出席。我在苏里南期间，4 次举行国庆招待会，总统每次都出席，这在苏里南史无前例。特别是 2012 年，鲍特瑟总统除了出席中国大使馆举行的国庆招待会外，任何别的国家的国庆招待会他都没有出席。使馆三八妇女节晚会，总统夫人和 7 位部长夫人出席。从 2011 年开始，鲍特瑟总统夫妇每年都给我送生日花篮，即使我生日时在北京，不在苏里南，也照送。我的离任招待会，在任总统、离任总统、执政党领袖、反对党领袖同时出席，这在苏都史无前例。

　　2013 年 2 月下旬，我离开苏里南，转往美国出任中国第十一任驻旧金山总领事。真到走的时候，我依依不舍，感觉呆得越久，越觉得苏里南太美，加勒比太美，拉美太美！

图 18　鲍特瑟总统在家里展示上世纪访问中国的影集

希望再有机会来拉美寻美,有机会为拉美添美!

愿苏里南更美,愿加勒比更美,愿拉美更美!

后　记

　　《拉美寻美》一书是在中国社会科学出版社王茵博士的支持鼓励下完成的。此前，根据我驻印度经历和驻津巴布韦经历分别写成的《感受印度》一书和《走近非洲》一书，王茵博士都是责任编辑。对她长期以来的支持和帮助，特表示由衷的谢意。

　　书是零零碎碎写成的，不少章节先后在《学习导报》、《清风》、《同舟共进》、《湘潮》等杂志发表。《清风》杂志总编辑汪太理教授对本书的完成贡献良多，专此致谢。

　　本书在起草过程中，驻苏里南使馆同事高广灵热心提供自己的文章为我作参考，陈绪峰参赞夫妇、马英莉参赞夫妇、阎侃、杨静、申钦民、肖力、吕东、李保全、苏建锋、徐贤浩夫妇、李海臣、王前、杨建国、朱祥林等同事以及苏里南中文电视台记者提供照片，特此表示感谢。

　　谨以此书献给我的妻子贺丽娜女士，她在苏里南度过了她生命中最后的岁月。2013 年 2 月，苏里南共和国总统鲍特瑟授予我苏里南国家最高荣誉——苏里南总统一等绿色棕榈勋章，这是苏里南开国以来第一次授予外国使节一等勋章。这一荣誉多半归于我的妻子。

袁南生

2013 年 6 月 25 日